高等职业教育新商科系列教材 金融保险专业系列

U0659762

保险理论与实务

（第2版）

主 编◎王亚芬

副主编◎崔玉江 朱丽莎

BAOXIAN LILUN YU SHIWU

北京师范大学出版集团
BEIJING NORMAL UNIVERSITY PUBLISHING GROUP
北京师范大学出版社

图书在版编目(CIP)数据

保险理论与实务/王亚芬主编. —2 版. —北京：北京师范大学
出版社，2017.4(2024.7 重印)
（高等职业教育新商科系列教材·金融保险专业系列）
ISBN 978-7-303-22138-7

Ⅰ. ①保… Ⅱ. ①王… Ⅲ. ①保险学－高等职业教育－教
材 Ⅳ. ①F840

中国版本图书馆 CIP 数据核字(2017)第 028133 号

教 材 意 见 反 馈　　010-58805079　gaozhifk@bnupg.com
编 辑 联 系 方 式　　010-58806750　baotong@bnupg.com
营 销 中 心 电 话　　010-58802755　58800035

出版发行：北京师范大学出版社 www.bnupg.com
　　　　　北京市西城区新街口外大街 12-3 号
　　　　　邮政编码：100088
印　　刷：北京虎彩文化传播有限公司
经　　销：全国新华书店
开　　本：787 mm×1092 mm　1/16
印　　张：15
字　　数：210 千字
版　　次：2017 年 4 月第 2 版
印　　次：2024 年 7 月第 8 次印刷
定　　价：32.80 元

策划编辑：包　彤　　　　责任编辑：包　彤
美术编辑：焦　丽　　　　装帧设计：焦　丽
责任校对：陈　民　　　　责任印制：马　洁　赵　龙

前　言

随着我国各产业的转型升级，对金融保险领域高素质、高技能人才的需求日益增大，而高质量的教材是培养高素质人才的重要因素之一。"保险理论与实务"作为高职高专金融保险类专业的重要核心能力课程，其教材建设尤为关键。根据党的二十大报告提出的"全面贯彻党的教育方针，落实立德树人根本任务，培养德智体美劳全面发展的社会主义建设者和接班人"，以及国务院印发的《国家职业教育改革实施方案》的精神，总结我们长期在高职高专金融保险课程教学一线积累的实际经验，联系保险业发展的现状，编写了本教材。希望本教材能更适合高职高专金融类学生的学情，更符合国家对职业教育的相关规定，更能与保险市场的最新发展动向相结合，把爱国主义、公平公正、敬业诚信、法治思维和风险意识等思想价值贯穿在教育教学全过程和各环节，引导学生树立正确的世界观、人生观、价值观、法治观和专业伦理道德观。

在编写过程中，我们力求体现以下几个特点。

（1）通俗易懂。现代保险理论内容博大精深，术语较多。为方便高职学生更好地理解，本教材力求以通俗易懂的语言，真实生动的案例，丰富翔实的资料，深入浅出地向学生介绍保险学的基础理论知识。

（2）明确素质教育目标，注入思政教育内容。本教材结合各位编写教师一线教育教学的实践经验，每一章都提出明确具体的知识目标、能力目标和素质目标，并把思政教育内容融入教材中，设置"思政融入"栏目。

（3）针对性强。考虑到高职高专学生的学情特点，本教材以"重流程、重方法、重操作"为编写理念，遵循"理论够用、强化实践、突出技能和加强能力培养"的教学要求，在编写中注重实用性，努力突出知识内容的可操作性，每章后都有实训项目，要求学生根据实训目的要求，按实训步骤一步步操作，最后完成实训作业。

本教材由浙江经济职业技术学院的教师编写，王亚芬担任主编，崔玉江、朱丽莎担任副主编。各章执笔分工：王亚芬执笔第一章，崔玉江执笔第四章、第五章，朱丽莎执笔第六章、第七章，王嘉佳执笔第二章、第八章，王凯炯执笔第三章。最后由王亚芬负责全书的统稿和定稿。

本教材在编写过程中参考了国内外大量的书刊资料，得到了有关专家、学者和保险公司第一线营销人员的帮助，在此一并表示衷心的感谢。

　　本教材可作为各高职院校和继续教育学院的保险专业、金融专业、投资理财专业及经济类相关专业的教学用书，也可供中等职业学校使用，还可作为从事金融保险工作人士的参考用书。

　　为了达到理想的教学效果，本教材另配有拓展资料、教学课件等材料，选用本教材的教师请与北京师范大学出版社的策划编辑联系。

　　由于作者水平有限，书中难免有不足之处，敬请读者批评指正。

编　者
2022 年 11 月

目 录

第一章　风险、风险管理与保险

知识目标

1. 掌握风险的概念、特征、构成和种类。
2. 了解风险管理的概念、基本程序和基本方法。
3. 理解保险的职能与作用。

能力目标

1. 能够快速识别风险。
2. 能够利用风险管理的基本方法处理风险。
3. 能区别保险与赌博、储蓄及救济等。

素质目标

1. 培养学生具备风险意识，能够寻找风险发生的原因。
2. 增强学生以保险化解风险方法的运用能力。

导入案例

我国是世界上遭受各类巨灾损失最为严重的国家之一。2003年"非典"疫情、2008年汶川地震、2010年玉树地震、2015年天津港"812"大爆炸、2019年年末始发至今的新型冠状病毒感染疫情、2021年7月河南暴雨等，给人民群众的生命财产带来巨大的损失。

以2021年7月河南暴雨为例，7月26日暴雨发生后，7月28日下午，国务院新闻办公室举行新闻发布会，介绍防汛救灾工作情况。国家防汛抗旱总指挥部秘书长、应急管理部副部长兼水利部副部长介绍，自2021年以来气候异常，极端天气事件多发频发。一年来，全国洪涝灾害受灾3 481万人次、146人死亡失踪，7.2万间房屋倒塌，直接经济损失1 230亿元。7月暴雨，河南地区1 366.43万人受灾，因灾遇难人数73人，直接经济损失885.34亿元。

不得不承认，一场天灾，落到个人头上，就是一座不可逾越的大山。对每个家庭来说，都能引发巨大的地震和海啸。一场灾难往往给当事人及其家庭带来极大痛苦和损失，不可回避的就是如何解决赔偿问题，所以，灾难发生后银保监会发布的《关于支持防汛救灾加强金融服务工作的通知》指出，应全力做好保险理赔服务。按照"特事特办、急事急办"原则，集中调配查勘人员、救援设备，建立理赔服务绿色通道、简化理赔流程、提高理赔效率，做到应赔尽赔、早赔快赔。

【案例分析】自古以来，自然风险一直是人类主要面临的风险之一。如何面对自然风险，成为人类所要解决的难题之一。除此之外，人类还要面临各种其他风险，如受伤、疾病、意外死亡等。如何识别风险、如何应对风险、如何防范风险，成为人们研究的重要问题，而保险成为人们处理自然风险及其他风险的重要方式。

第一节　风险与风险管理

风险的存在是保险业产生的基础，没有风险也就不可能产生保险。因此，研究保险应该从研究风险开始。

一、风险概述

(一)风险的含义

从一般意义上讲，风险是指未来结果的不确定性。只要某一事件的结果与预期的不同，就存在着风险。风险的不确定性体现为某一事件的发生可能导致三种结果：损害、无损害或收益。如果未来结果低于预期价值，就称为损失或伤害；如果未来结果高于预期价值，就称为收益。在未来不确定的三种结果中，损害尤其值得我们注意。因为如果事件发生的结果不会产生损害，就没有必要谈论风险。换言之，正是因为损害发生的不确定性可能在将来引起不利结果，才需要对风险进行管理。作为风险管理方式之一的保险因此产生和发展。保险理论中的风险，通常是指损害发生的不确定性。

只要风险存在，就一定有发生损害的可能。但是，如果发生损害的可能性为零或百分之百，则不存在风险。因为无论发生损害的可能性为零，还是发生损害的可能性为百分之百，其结果都是确定的，与风险的意义相背。

根据概率论，风险的大小取决于损害的概率。若损害的概率是 0 或 1，就不存在不确定性，而当损害的概率介于 0~1，概率越大，则风险越大。从概率论的角度来分析认识问题，就不难理解风险的含义。

(二)风险的构成要素

为了更深入地理解风险的含义，需要分析风险的三个构成要素：风险因素、风险事故和损失。

1. 风险因素

风险因素(hazard)是指促使某一特定损失发生或增加其发生可能性的原因。例如，在加油站吸烟是导致爆炸事故的风险因素，气候干燥是森林大火的风险因素。

风险因素根据其性质不同，可分为物质风险因素、心理风险因素和道德风险因素。

(1)物质风险因素(physical hazard)。物质风险因素是指能直接影响事件的物理功能的有形风险因素。例如，汽车的刹车系统、发动机功能，建筑物的坐落地址、建筑材料、结构和消防系统等，均属于物质风险因素。

(2)心理风险因素(morale hazard)。心理风险因素是指与人的心理状态有关的可能引起或增加事故发生的无形风险因素。例如，一个不注意道路行车安全的驾驶员的心理状态，预防事故发生意识的淡薄等，均属于心理风险因素。

(3)道德风险因素(moral hazard)。道德风险因素是指与人的品德修养有关的一种无形风险因素，源于一个人的心理态度，即由故意行为而引起损失或使损失扩大。例如，纵火、欺诈等行为。

2. 风险事故

风险事故(peril)又称风险事件，是指引起损失或使损失增加的直接的或外在的事件。风险事故使风险的可能性变成了现实结果，即风险只有通过风险事故的发生，才能导致损失。例如，火灾造成企业厂房、机器、设备的焚毁，则火灾即是造成损失的直接原因，使发生火灾的可能性变成火灾现实，所以火灾本身就是风险事故。

3. 损失

损失(lose)是指非故意的、非计划的和非预期的经济价值的减少。这一定义包含两个重要条件：一是"非故意的、非计划的、非预期的"，二是"经济价值的减少"。两者缺一不可，否则就不构成损失。例如，恶意行为、固定资产折旧及面对正在遭受损失的房子可以抢修而不抢修等造成的后果，因分别属于故意的、计划的和预期的，因而不能成为损失。再如，记忆力的衰退，虽然满足第一个条件，但不满足第二个条件，因而也不是损失。又如，车祸使某受害人丧失一条胳膊便是损失，车祸的发生满足第一个条件，而人的胳膊虽然不能以货币价值来衡量，但丧失胳膊后所需的医疗费及因残疾而导致的收入减少却可以用金钱来衡量，所以车祸的结果也满足第二个条件。

风险因素、风险事故和损失三者之间存在着密切的因果关系，即风险因素引发风险事故，而风险事故导致损失。这三者的关系，如图1-1所示。

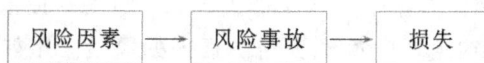

```
┌──────────┐      ┌──────────┐      ┌──────────┐
│ 风险因素 │ ───→ │ 风险事故 │ ───→ │  损失    │
└──────────┘      └──────────┘      └──────────┘
```

图 1-1　风险构成要素之间的相互关系

一般来说，风险因素越多，造成风险事故的可能性越大，从而导致遭受损失的概率和损失程度也就越大。

(三)风险的种类

人类在日常的生产与生活中，面临着各式各样的风险。为了对风险进行管理，需要对风险进行分类。按照不同的分类方式，可将风险分为不同的种类。

1. 纯粹风险和投机风险

按风险的性质不同，可将风险分为纯粹风险和投机风险。

(1)纯粹风险。纯粹风险是指可能造成损害的风险。其所导致的结果有两种，即损害与无损害。或者说，纯粹风险是指只有损害机会而无获利可能的风险。例如，房屋所有者的房屋遭遇火灾，会造成房屋所有者经济上的损失。各种自然灾害、意外事故的发生，都可能导致社会财富的损失或人员的伤害，因此，都属于纯粹风险。纯粹风险的变化较为规则，有一定的规律性，可以通过大数法则加以测算。纯粹风险的结果往往是社会的净损害。因而，保险人通常将纯粹风险视为可保风险。

🔗 知识链接

大数法则

人们在长期的实践中发现，在随机现象的大量重复中往往出现几乎必然的规律，这种规律被称为大数法则或大数定律。

风险单位数量越多，实际损失的结果会越接近从无限单位数量得出的预期损失可能的结果。据此，保险单位就可以比较精确地预测危险，合理地厘定保险费率。

按照大数法则，保险公司承保的每类标的的数目必须足够大，如果缺少一定的数量基础，就不能产生所需要的数量规律。但是，任何一家保险公司都有其局限性，即承保的具有同一风险性质的单位是有限的，这就需要通过再保险来扩大风险单位及风险分散面。

(2)投机风险。投机风险是指既有损害机会又有获利可能的风险。投机风险是相对于纯粹风险而言的。投机风险所导致的结果有三种：损害、无损害和收益。比如，赌博、买卖股票等风险行为，都可能导致赔钱、赚钱和不赔不赚三种结果。投机风险的变化往往是不规则的，无规律可循，难以通过大数法则加以测算；发生投机风险的结果往往是社会财富的转移，而不一定是社会的净损害。因而，保险人通常将投机风险视为不可保风险。

2. 财产风险、责任风险、信用风险和人身风险

按风险对象，可将风险分为财产风险、责任风险、信用风险和人身风险。

(1)财产风险。财产风险是指导致一切有形财产发生损毁、灭失和贬值的风险。例如，火灾、爆炸、雷击、洪水等事故，可能引起财产的直接损失及相关的利益损失，因而都是财产风险。财产风险既包括财产的直接损失风险，又包括财产的间接损失风险。

(2)责任风险。责任风险是指个人或团体因疏忽、过失造成他人的财产损失或人身伤害，根据法律规定或合同约定，应负经济赔偿责任的风险。比如，驾驶汽车不慎撞伤行人，构成车主的第三者责任风险；专业技术人员的疏忽、过失造成第三者的财产损失或人身伤亡，构成职业风险；等等。责任风险较为复杂和难以控制，其发生的赔偿金额也可能是巨大的。

(3)信用风险。信用风险是指在经济交往中，权利人与义务人之间，因一方违约或违法给对方造成经济损失的风险。例如，借款人不按期还款，就可能影响到贷款人的资金是否可以正常周转，从而使贷款人因借款人的不守信用而遭受损失。

(4)人身风险。人身风险是指由于人的生理生长规律及各种灾害事故的发生导致的人的生、老、病、死、残的风险。这些风险一旦发生，可能给本人、家庭或其抚养者造成难以预料的经济困难和精神创伤等。人身风险所导致的损害包括损失和伤害，即人的生、老、病、死、残等引起的收入损失、额外费用损失或灾害事故的发生导致人的身体的伤害。

3. 自然风险、社会风险、政治风险、经济风险和技术风险

按风险产生的原因，可将风险分为自然风险、社会风险、政治风险、经济风险和技术风险。

(1)自然风险。自然风险是指自然力的不规则变化引发的种种现象所造成的财产损失

及人身伤害的风险，如洪灾、旱灾、火灾、风灾、雹灾、地震、虫灾等。自然风险是客观存在的，不以人的意志为转移的，但其形成与发生具有一定的周期性。自然风险是人类社会普遍面临的风险，一旦发生波及面很大，会使社会蒙受巨大的损失。

(2)社会风险。社会风险是指个人或团体的故意或过失行为、不当行为等所导致的损害风险。例如，盗窃、玩忽职守等引起的财产损失或人身伤害。

(3)政治风险。政治风险是指在对外投资和经济贸易过程中，因政治因素或其他订约双方所不能控制的原因所致的债权人损失的风险。例如，因战争、暴动、罢工等原因致使货物进出口合同无法履行的风险。

(4)经济风险。经济风险是指个人或团体的经营行为或者经济环境变化导致经济损失的风险。例如，在生产或销售过程中，由于市场预期失误、经营管理不善、消费需求变化、通货膨胀、汇率变动等致使产量增加或减少、价格涨跌等的风险。

(5)技术风险。技术风险是指伴随着科学技术的发展、生产方式的改变而发生的风险。例如，核辐射、空气污染、噪声等风险。

4. 基本风险和特定风险

按风险的影响程度，可将风险分为基本风险和特定风险。

(1)基本风险。基本风险是指非个人行为引起的风险。基本风险是一种团体风险，可能影响整个社会及其主要生产部门，且不易防范。例如，政局变动、经济体制改革、巨灾等，都属于基本风险。

(2)特定风险。特定风险是指风险的产生及其后果，只会影响特定的个人或组织。此风险一般可以通过个人或组织对其采取某种措施加以控制。特定风险事件发生的原因多属个别情形，其结果局限于较小范围，本质上较易控制及防范。例如，火灾、盗窃等可能导致财产损失或人员伤亡，属于特定风险；又如，某企业生产的产品因质量引起经济赔偿责任的风险，也可列入特定风险范畴。

(四)风险的特征

风险的特征是指风险的本质及其发生规律的外在表现。正确认识风险的特征，对于建立和完善风险应对机制、加强风险管理、减少风险损失具有重要意义。

1. 风险的客观性

风险是客观存在的，自然界的地震、台风、洪水，人类社会中的瘟疫、意外事故等风险，都是不以人的意志为转移的，它们是独立于人的意志之外客观存在的。人们只能在一定的时间和空间内改变风险存在和发生的条件，降低风险发生的频率和损害程度，却难以彻底消除风险。

2. 风险的普遍性

人类社会自产生以来就面临着各种各样的风险。随着科学技术的发展、生产力的提高、社会的进步，新的风险不断产生，且风险事故造成的损害也越来越大。在现代社会，个人及家庭、企事业单位、机关团体乃至国家都面临着各式各样的风险。风险的发生具有普遍性，风险无时不在、无处不在。

3. 风险的可测性

个别风险的发生是偶然的，但通过对大量风险的观察可以发现，风险往往呈现明显的规律性，从而体现风险是可以测定的这一特性。根据以往的大量资料，运用概率论及数理统计的方法处理大量的、相互独立的偶然风险事故，就可以测算出风险事故发生的概率及其损害范围，对风险损害的大小进行较为准确的预测，从而较为准确地反映风险发生的规律性。由此可见，通过对大量偶发事件的观察分析，可以揭示出风险潜在的规律性，使风险具有可测性。

4. 风险的可变性

在一定的条件下，风险可能发生变化。随着科学技术的发展与普及，可能产生一些新的风险，而有些风险会发生新的变化；随着人们对风险认识程度的加深和风险管理方法的完善，有些风险在一定程度上得到控制，人们可设法降低其发生频率和损害幅度，使风险的量发生变化；还有一些风险可能在一定的时间和空间范围内被消除。总之，人类社会的进步与发展，既可能使新的风险产生，也可能使原有的风险发生变化。

5. 风险的社会性

风险具有社会属性，而不具有自然属性。就自然现象本身而言是没有所谓的风险的，各种自然灾害、意外事故可能只是大自然自身运动的表现形式，或者是自然界自我平衡的必要条件。然而，当灾害事故与人类相联系，对人类的财产、生命等造成损害时，对人类而言就成为风险。因此，没有人类社会，就没有风险可言，这正体现出风险的社会性。

6. 风险的偶然性

虽然风险是客观存在的，但就某一具体风险来说其发生是偶然的，是一种随机现象，具有不确定性。风险的偶然性主要表现为：某一风险事故是否发生是偶然的，在何时、何地发生是偶然的，发生的后果是偶然的，等等。

二、风险管理

(一)风险管理的含义与演变

风险管理是指人们对各种风险的认识、控制和处理的主动行为。人们应研究风险发生和变化的规律，估算风险对社会经济生活可能造成损害的程度，并选择有效的手段，有计划、有目的地处理风险，以最小的成本获得最大的安全保障。

风险管理的对象是风险。人类一直以来都在寻求减少不确定性的方法，这就促进了早期氏族、部落和其他群体组织的形成。这种群体结构与单个人或家庭相比减少了生活必需品来源的不稳定性，这就是早期的风险管理方法。但是，风险管理作为独立的管理系统并成为一门新兴的科学，是 20 世纪 50 年代才在美国兴起，并广泛运用到企业财务管理和投资管理中去。

(二)风险管理的程序

风险管理的基本程序包括风险识别、风险衡量、风险处理和风险管理效果评价等。

1. 风险识别

风险识别是指在风险事故发生之前，运用各种方法系统地、全面地、连续地认识所面临的各种风险，分析风险事故发生的潜在原因的过程。风险识别主要通过对大量来源可靠的信息资料进行系统了解和分析，辨别经济单位存在的各种风险因素，进而确定经济单位面临的风险及其性质，并把握其发展趋势。

风险识别的方法有很多种，有用于一般性风险识别的专家法、保险调查法等，也有针对经济单位内部特有状况而设计的财务报表分析法、流程图分析法和投入产出分析法等。

2.风险衡量

风险衡量是指在风险识别的基础上，通过对所收集的大量详细损失资料加以分析，运用概率论和数理统计，估计和预测风险发生的概率和损失程度的过程。

风险衡量通常包括以下三个方面。

(1)损失概率衡量。损失概率衡量是指预测风险损失在一定时间范围内实际发生或预期发生损失数量与所有可能发生损失数量的比值。

(2)损失程度衡量。损失程度衡量是指预测标的物发生一次风险事故的平均损失额度。它是发生损失金额的算术平均数。

(3)风险损失的变异程度衡量。风险损失的变异程度衡量也称风险损失的波动程度，通常用损失变量的方差或标准差来衡量。某种损失的波动性越大，则其损失额度的不确定性也就越大，其风险也就越大。

3.风险处理

风险处理是指在风险识别和风险衡量基础上，采取有效的风险管理技术来处理风险。风险管理技术分为控制型和财务型两类。控制型风险管理的目的是降低损失频率和减少损失程度，重点在于改变引起意外事故和扩大损失的各种条件。财务型风险管理的目的是以提供基金的方式，消化发生损失后的成本，即对无法控制的风险所做的财务安排。

4.风险管理效果评价

风险管理效果评价是指对风险管理技术适用性及其收益性情况的分析、检查、修正和评估。风险管理对策选定之后，在实施过程中仍然需要跟踪监测其执行情况，并不断修正和调整计划。风险管理技术是否为最佳，可通过评估风险管理的效益来判断，即实施该风险管理对策可减少的风险损失与该风险对策实施费用和机会成本之和的比值，比值越大，效果越好。

(三)风险管理的目标

风险管理的基本目标是以最小成本获得最大的安全保障。风险管理具体目标可以分为损失前目标和损失后目标。

1.损失前目标

损失前目标是指通过风险管理消除和降低风险发生的可能性。损失前目标具体包括以下几种。

(1)减小风险事故的发生机会。风险事故是造成损失的直接原因，减小风险事故的发生机会，有助于人们直接获得安全保障。

(2)以经济、合理的方法预防潜在损失的发生。这需要对风险管理各项技术的运用进行成本和效益分析，力求以最小费用支出获得最大安全保障效果。

(3)减轻企业、家庭和个人对风险及潜在损失的烦恼和忧虑，为企业提供良好的生产经营环境，为家庭提供良好的生活环境。

(4)遵守和履行社会赋予家庭和企业的社会责任和行为规范。例如，交通管制、噪声限制、环境污染控制、公共安全等，都是政府规定的种种社会责任。企业、家庭和个人都要认真遵守和履行社会责任和行为规范。

2.损失后目标

损失后目标是指通过风险管理在损失出现后及时采取相应的措施。损失后目标具体包括以下几种。

(1)减轻损失的危害程度。损失一旦出现,风险管理者及时采取有效措施予以抢救和补救,可防止损失的扩大和蔓延,将已出现的损失后果降到最低限度。

(2)及时提供经济补偿,使企业和家庭恢复正常的生产和生活秩序,实现良性循环。及时地向受灾企业提供经济补偿,可以保持企业经营的连续性,稳定企业收入,为企业的成长与发展奠定基础;及时向受灾家庭提供经济补偿,能使其尽早获得资金,重建家园,从而保证社会生活的稳定。

(四)风险管理的方法

风险管理的方法很多,但最常用的有风险回避、风险自留、风险预防、风险抑制和风险转移。

1.风险回避

风险回避是指设法回避损失发生的可能性,即从根本上消除特定的风险单位和中途放弃某些内含风险的活动。该方法可以将风险降为零,但这是一种处理风险的消极方法。比如,处于江边地势低洼地区的工厂,经常遭受洪灾,可以将工厂搬迁到地势高的地区;一个怕发生空难事故的人,可以一生不坐飞机而回避这种空难风险。

风险回避技术一般在两种情况下采用:一是某特定风险所致损失频率和损失幅度相当高时,二是处理风险时其成本大于其产生的效益时。

风险回避技术也存在两个缺陷:一是不可能回避所有风险,且回避风险的技术要求有时很高;二是回避一种风险的同时,会带来另一种风险,如不坐飞机避免了空难风险,但可能面临车祸风险。

2.风险自留

风险自留是指风险的自我承担,即企业或个人自我承受风险损害后果的方法。风险自留是一种重要的财务型风险管理对策,但风险自留必须具备以下三个条件:一是没有其他处理风险的方法可以利用,二是企业遭受的最大损失不会影响其财务稳定,三是损失可以较准确预测。在这样的情况下采用风险自留,其成本要低于其他处理风险技术的成本,且处理方法有效。

虽然风险自留有减少潜在损失、节省费用支出和增加现金流量等优点,但风险自留有时也会因风险单位数量的限制而无法实现其处理风险的功效,一旦发生较大的风险损失,可能因导致财务上的困难而失去其作用。

3.风险预防

风险预防是指风险事故发生前为了消除或减少可能引起损失的各种因素所采取的具体措施。损失预防通常在损失频率高且损失幅度低时采用,预防措施通常有两种:一是工程物理法,是指损失预防措施侧重于风险单位的物理功能改进,如防火结构设计、防盗装置的安装等;二是人类行为法,是指损失预防侧重于人们行为教育的一种方法,如职业安全教育、消防知识培训等。

4.风险抑制

风险抑制是指风险事故发生时或发生后,采取措施减少损失波及的范围或损失程度的行为。

风险抑制的重点在于降低损失的程度,通常有两种方法:一是分割风险单位,将面临损失的风险单位分割，即"化整为零"，而不是将它们全部集中在可能毁于一次损失的同一处，如波音公司在世界各处的几家工厂生产同一部件；二是复制风险单位，即通过增加风险单位数量来分散风险，如企业配备后备人员，储存设备的重要部件等。

5. 风险转移

风险转移是指一方（转移方）向另一方（受让方）转移支付行为，从而把风险转嫁出去的一种方法。风险管理者会尽一切可能回避并排除风险，把不能回避和排除的风险尽可能地转移给第三方。

风险转移的方式主要有两种：保险转移和非保险转移。保险转移是指向保险公司投保，以缴纳保险费为代价，将风险转移给保险人承担，当发生风险时，由保险人按照合同约定责任给予经济补偿。非保险转移又分为出让转移和合同转移，前者一般适用于投机风险，如当预测股市行情要下跌时，迅速出让手中的股票，从而把股票跌价损失的风险转移出去。非保险转移主要适用于企业将具有风险的生产经营活动承包给另一方，明确规定由对方承担风险损失的赔偿责任。

第二节　保险

一、保险的要素与特征

(一)保险的定义

保险可以从不同的角度进行定义。

从经济学的角度看，保险是分摊意外事故损失的一种财务安排。通过保险，少数不幸的被保险人的损失由包括受损者在内的所有被保险人分摊，是一种非常有效的财务安排。

从法律的角度看，保险是一种合同行为，是一方同意补偿另一方损失的一种合同安排，提供损失赔偿的一方是保险人，接受损失赔偿的另一方是被保险人。投保人通过履行缴付保险费的义务，换取保险人为其提供保险经济保障的权利，体现民事法律关系主体之间的权利和义务关系。

从社会学的角度看，保险是社会保障制度的重要组成部分，是社会生产和社会生活"精巧的稳定器"。

从风险管理角度看，保险是风险管理的一种方法，通过保险，可以起到分散风险、消化损失的作用。

> **法律链接**
>
> 《中华人民共和国保险法》第二条　本法所称保险，是指投保人根据合同约定，向保险人支付保险费，保险人对于合同约定的可能发生的事故因其发生所造成的财产损失承担赔偿保险金责任，或者当被保险人死亡、伤残、疾病或者达到合同约定的年龄、期限等条件时承担给付保险金责任的商业保险行为。

(二)保险的要素

保险的要素是指进行保险经济活动所应具备的基本条件。一般地说，现代商业保险的要素包括以下几个。

1. 可保风险的存在

可保风险是指符合保险人承保条件的特定风险。一般地说,理想的可保风险应具备以下条件:

(1)风险必须是纯粹的风险。风险一旦发生,便成为现实的风险事故,只有损失的可能,没有获利的机会。

(2)风险必须具有不确定性。风险发生的时间是不确定的,风险发生的原因是不确定的,风险发生的结果是不确定的。

(3)风险必须使大量标的均有遭受损失的可能。这一条件要求大量的性质相近、价值相近的风险单位面临同样的风险。

(4)风险必须有导致重大损失的可能。风险一旦发生,由其导致的损失是被保险人无力承担的,是一种发生概率较小,但发生后会导致重大损失的可能性较大的风险。

(5)风险不能使大多数的保险对象同时遭受损失。这一条件要求损失的发生具有分散性,因此,保险人在承保时应力求将风险单位分散。

(6)风险必须具有现实的可测性。保险业的经营,要求制定准确的费率,费率的计算依据是风险发生的概率及其所导致标的损失的概率,因此,风险必须具有可测性。

2. 大量同质风险的集合与分散

保险的经济补偿活动的过程,既是风险的集合过程,又是风险的分散过程。保险人通过保险将众多投保人所面临的分散性风险集合起来,当发生保险责任范围内的损失时,又将少数人发生的风险损失分摊给全体投保人,即通过保险的补偿或给付行为分摊损失或保证经营稳定。

保险风险的集合与分散应具备以下两个前提条件。

(1)大量风险的集合体。互助性保险的特征之一是保险实现互助的方法在于集合多数人的保费,补偿少数人的损失。大量风险的集合,一方面是基于风险分散的技术要求,另一方面是概率论和大数法则在保险经营中得以运用的前提。

(2)同质风险的集合体。所谓同质风险,是指风险单位在种类、品质、性能、价值等方面大体相近。如果风险为不同质风险,那么风险损失发生的概率就不相同,这样风险也就无法进行统一集合与分散。此外,由于不同质的风险,损失发生的频率与幅度是有差别的,若对不同质的风险进行集合与分散,则会导致保险经营财务的不稳定。

3. 保险费率的厘定

保险在形式上是一种经济保障活动,而实质上是一种商品交换行为,因此,制定保险商品的价格,即厘定保险费率,便成为保险的一个基本要素。但是,保险商品交换行为又是一种特殊的经济行为,为保证保险双方当事人的利益,保险费率的厘定要做到以下几点。

(1)遵循费率厘定的基本原则。保险费率的厘定应当遵循以下几个基本原则。

①适度性原则。适度性原则是指保险费率的确定应当能够足以抵补一切可能发生的损失及有关的营业费用。但是,保险费率是否适当,应当就保险人整体业务而言。单个业务保险费率不适度,不等于保险人对被保险人的利益有所侵害,还应当结合保险人的经营和效益决定。

②合理性原则。合理性原则是指保险费率不应在抵补一切可能发生的损失及有关的营业费用后，获得过多或者说超额的利润。如果保险费率厘定不遵循合理性原则，保险监督管理部门将采取措施将保险费率控制在其规定的幅度范围内。

③公平性原则。公平性原则是指被保险人的风险状况与其承担的保险费率要尽量一致，或者说被保险人能按照风险的大小、比例分担保险的损失与费用。此外，保险费率厘定公平性原则同样也是就整个保险产品定价而言的，也要求保险人收取的保险费与被保险人缴纳的保险费在保险商品交换上是等价的。

(2)以完备的统计资料为基础，运用科学的计算方法。保险费率的厘定是依据历史的资料来预测未来。比如，财产保险纯费率的厘定是以平均保额损失率来测算损失概率，因而必须选择适当的历年保额损失率，而且每年的保额损失率必须基于大量的统计资料，从中筛选一组比较稳定的保额损失率数列。根据大数法则的要求，保额损失率指标必须有足够的年数，一般至少需要有保险事故比较正常发生的连续 5 年以上的资料，而不能以 1 年为限。因为各年的保额损失率只是频率值，具有不稳定性，只有将若干年的保额损失率加以平均，才能接近损失概率。但这也仅是厘定费率的基本依据，考虑到以后年度的变化因素，通常又会在平均保额损失率的基础上，另加一次、二次或三次均方差数值，作为风险附加。

(3)接受国家或政府保险监管机关的审核或备案。保险费率竞争同样是保险市场竞争的有效手段之一。为了防止各保险公司间保险费率的恶性竞争，一些国家对于保险费率的厘定，采取同业公会制定统一费率或国家保险业监管部门审定某些费率的方式予以制约。

扫描二维码，获取《财产保险公司保险条款和保险费率管理办法》的相关内容。

拓展阅读	学习笔记

4. 保险基金的建立

保险的分摊损失与补偿功能是建立在具有一定规模的保险基金基础之上的。保险基金是用以补偿给付因自然灾害、意外事故和人体自然规律所致的经济损失、人身损害及收入损失，并由保险公司筹集、建立起来的专项货币基金。它主要来源于开业资金和保险费，其中保险费是形成保险基金的主要来源。由于保险性质和经营上的特殊性，保险基金具有来源的分散性和广泛性、总体上的返还性、使用上的专项性、赔付责任的长期性和运用上的增值性等特点。

保险基金是保险业现实存在的基础，也是保证保险企业财务稳定性的基础，与此同时，保险基金也制约着保险企业的业务经营规模。从保险公司财务管理的角度看，保险基金是以各种准备金的形式存在的。就财产保险与责任保险而言，保险基金表现为未到期责任金、赔款准备金、总准备金和其他准备金几种形式；就人身保险准备金而言，保险基金主要以未到期责任准备金形式存在。可见，保险的赔偿与给付的基础是保险基金。此外，保险基金也是保险公司进行投资活动的基础。

5. 保险合同的订立

作为一种经济关系，保险是投保人与保险人之间的商品交换关系，这种经济关系需要有关法律关系对其进行保护和约束，即通过一定的法律形式固定下来，这种法律形式就是保险合同。风险的最基本特征是不确定性，这就要求保险人与投保人应在确定的法律或契约关系约束下履行各自的权利与义务。倘若不具备在法律上或契约上规定的各自的权利与义务，那么，保险经济关系便难以成立。

(三)保险的特征

1. 经济性

保险是一种经济保障活动。保险的经济性主要体现在保险活动的性质、保障对象、保障手段、保障目的等方面。保险经济保障活动是整个国民经济活动的一个有机组成部分，其保障对象即财产和人身直接或间接属于社会生产中的生产资料和劳动力两大范畴；其实现保障的手段，最终都必须采取支付货币的形式进行补偿或给付；其保障的根本目的，无论从宏观角度还是从企业微观角度来看，都是为了经济发展。

2. 商品性

在商品经济条件下，保险是一种特殊的劳务商品，保险业属于国民经济第三产业。保险体现了一种等价交换的经济关系，也就是商品经济关系。这种商品经济关系直接表现为个别保险人与个别投保人之间的交换关系，间接表现为在一定时期内全部保险人与全部投保人之间的交换关系。

3. 互助性

保险具有"一人为众，众为一人"的互助性。保险在一定条件下分担了个别单位和个人所不能承担的风险，从而形成了一种经济互助关系。这种经济互助关系通过保险人用多数投保人缴纳的保险费所建立的保险基金对少数遭受损失的被保险人提供补偿或给付而得以实现。

4. 法律性

从法律角度看，保险是一种合同行为。保险是依法按照合同的形式存在的。保险双方当事人要建立保险关系，其形式是保险合同；保险双方当事人要行使其权利和履行其义务，其依据也是保险合同。

5. 科学性

保险是以科学的方法处理风险的有效措施。现代保险经营以概率和大数法则等科学的数理统计理论为基础，保险费率的厘定、保险准备金的提存等都是以科学的数理统计计算为依据的。

(四)保险与相似制度的比较

从表面上看，现有一些制度与保险相似。因此，人们很容易把商业保险与这些相似制度混淆，为了更清晰地了解保险概念，现将商业保险与一些相似制度作一比较。

1. 保险与互助保险

保险与互助保险既有共同性，也有差异性。

保险与互助保险的共同性主要表现为：一是保险与互助保险均以一定范围的群体为条件；二是保险与互助保险均具有"一人为众，众为一人"的互助性质。

保险与互助保险的差异性主要表现为：一是保险的互助范围以全社会公众为对象，而互助保险的互助范围则是以互助团体内部成员为对象；二是保险的互助是其间接后果而不是直接目的，而互助保险的互助则是直接的；三是保险是按照商品经济原则，以营利为目的而经营的商业保险行为，而互助保险则是以共济为目的的非商业活动。

由于两者有上述性质上的差别，所以成为两种不同的事物。互助保险不属于商业保险的范畴。

2. 保险与社会保险

保险与社会保险的共同之处主要表现为：一是保险与社会保险均以社会公众为对象，二是保险与社会保险均以缴纳一定的保险费为条件。

保险与社会保险的区别主要表现为：一是保险大多采取自愿原则，而社会保险则是由法律或行政法规规定的强制性行为；二是保险公司经营以营利为目的，而国家举办社会保险则是以社会安定为宗旨；三是保险是以"公正性"费率为准则，而社会保险则是以"均一保费制"为主要缴费原则；四是保险以现代企业为其经营主体，而社会保险则是以事业单位为经办主体。

3. 保险与社会福利

保险与社会福利对社会经济生活的安定作用具有共同之处，但保险与社会福利之间的差异是十分明显的：一是保险以商业保险公司为提供保障的主体，而社会福利则是以社会为主体；二是保险以投保人缴纳保险费用为前提，而社会福利则不以个人缴费为前提；三是保险是以损失或收入减少为受益条件，而社会福利则无此限制，是以国家规定的某些条件为依据；四是保险是以补偿损失为己任，而社会福利则是以改善和提高公民的生活为宗旨。社会福利不同于商业保险。

4. 保险与社会救济

保险与社会救济，就其都是以一定的风险事故的发生而对人们的生产或生活带来一定的困难为条件这一点来说，具有相同之处。但保险与社会救济的根本性质是不同的：一是保险风险事故是以保险合同规定的范围为限，而社会救济的风险事故则是以造成生产或生活的困难为前提；二是被保险人所得到的保险补偿保险金与其缴纳的保费收入的多少有直接关系，而在社会救济下个别人所得到的救济金额与其对社会的贡献无直接关系；三是提供保险补偿的主体是商业保险公司，而社会救济是以国家为主体；四是保险是商业行为，而社会救济是社会行为。

5. 保险与储蓄

保险与储蓄都具有以现在的积累解决以后的需要这一共同特点。保险与储蓄的差异在于：一是保险是以一定的群体为条件，而储蓄则是以个人或单位为主体；二是保险属于他助行为，而储蓄属于自助行为；三是保险与储蓄的受益期限不相同，保险由保险合同规定受益期限，在合同有效期内，不论何时出险，均可得到补偿，而储蓄则以本息返还期限为受益期限。

单纯的储蓄行为不属于保险范畴，但保险与储蓄相结合的储蓄性保险，则属于商业保险范畴。

二、保险的分类

(一)自愿保险和强制保险

按照实施方式不同，保险可分为自愿保险和强制保险。

1. 自愿保险

自愿保险是指投保人和保险人在平等自愿的基础上，通过订立保险合同或自愿组合而建立起保险关系的保险，如商业保险、相互保险和合作保险等。在自愿保险中，投保人自主决定是否参加保险，自由选择保险人、保险险种、保险金额和保险期限等，也可以中途退保；保险人也可以决定是否承保、承保金额等。

2. 强制保险

强制保险是指根据法律、法令或行政命令，投保人和保险人之间强制建立起保险关系的保险。强制保险主要是为了保护公众利益和维护社会安定。例如，有些国家法律规定雇主必须为其雇员投保人身意外伤害保险，各国普遍规定汽车第三者责任险为强制保险等，都是为了保护公众利益。又如，职工养老保险、基本医疗保险、失业保险等均为强制保险，是为了维护社会安定和保障公民福利。

(二)财产保险、人身保险、责任保险和信用保证保险

按照保险标的不同，保险可分为财产保险、人身保险、责任保险和信用保证保险。

1. 财产保险

财产保险是指以财产及其相关利益为保险标的，因保险事故发生导致财产利益损失，保险人以保险赔款进行补偿的一种保险。财产保险有广义与狭义之分。广义的财产保险包括财产损失保险、责任保险、信用保证保险等；狭义的财产保险是以有形的物质财富及其相关利益为保险标的的保险，包括火灾保险、海上保险、汽车保险、航空保险、工程保险、利润损失保险、农业保险等。

2. 人身保险

人身保险是以人的身体或生命作为保险标的的一种保险。根据保障范围的不同，人身保险可以分为人寿保险、意外伤害保险和健康保险等。

3. 责任保险

责任保险是以被保险人依法应负的民事赔偿责任或经过特别约定的合同责任为保险标的的一种保险。责任保险的种类包括公众责任保险、产品责任保险、职业责任保险、雇主责任保险等。

4. 信用保证保险

信用保证保险是一种以经济合同所约定的有形财产或预期应得的经济利益为保险标的的一种保险。信用保证保险是一种担保性质的保险。按担保对象的不同，信用保证保险可分为信用保险和保证保险两种。

(三)原保险、再保险、重复保险和共同保险

按照保险人承保方式不同，保险可分为原保险、再保险、重复保险和共同保险。

1. 原保险

原保险是指投保人与保险人直接签订保险合同而建立保险关系的一种保险。在原保险关系中，保险需求者将其风险转嫁给保险人，当保险标的遭受保险责任范围内的损失时，

保险人直接对被保险人负损失赔偿责任。

2. 再保险

再保险简称分保，是指保险人将其承担的保险业务，部分转移给其他保险人的一种保险。再保险是保险的一种派生形式。原保险是再保险的基础和前提，再保险是原保险的后盾和支柱。

3. 重复保险

重复保险指投保人以同一保险标的、同一保险利益、同一风险事故分别与数个保险人订立保险合同，且保险金额总和超过保险价值的一种保险。

4. 共同保险

共同保险是几个保险人，就同一保险利益、同一风险共同缔结保险合同的一种保险。在实务中，数个保险人可能以某一家保险公司的名义签发一张保险单，然后每一家保险公司对保险事故损失按比例分担责任。

(四)单一风险保险和综合风险保险

按照承保风险不同，保险可分为单一风险保险和综合风险保险。

1. 单一风险保险

单一风险保险是指在保险合同中只承保一种风险责任的保险。根据合同规定，保险人只对该种风险事故的损失进行经济补偿。

2. 综合风险保险

综合风险保险是指在保险合同中，保险人承保两种及两种以上风险责任的保险。根据合同规定，凡是约定的风险事故损失，保险人都要进行经济补偿。保险人承保风险责任多而且广泛的保险，在业务中称为一切险(或全险)保险。

三、保险的职能

保险的职能是由保险的本质和内容决定的，它是保险内在的、固有的功能。保险的职能包括基本职能和派生职能。保险的基本职能不会随着时间和外部环境的改变而改变。保险的派生职能是随着保险业的发展和客观环境的变化，在基本职能的基础上派生出来的职能。一般认为，保险的基本职能是经济补偿和经济给付，保险的派生职能是融通资金和防灾防损。

(一)保险的基本职能

1. 经济补偿职能

保险从产生时起，其目的就是对保险标的发生保险事故后导致的经济损失进行补偿，因而，经济补偿是保险的基本职能。保险发展到现在，这一职能仍然没有改变。在保险活动中，投保人根据保险合同约定，向保险人支付保险费，保险人对于保险合同约定的可能发生的事故因其发生所造成的财产及其相关利益的损失承担赔偿保险金的责任。显然，经济补偿的职能主要适用于广义的财产保险，即财产损失保险、责任保险和信用保证保险等。

2. 经济给付职能

对于人身保险而言，保险的基本职能不是经济补偿，而是经济给付。在人身保险中，由于人的价值无法用货币来衡量，人所遭受的伤害也难以用货币形式进行补偿，因此，人身保险的保险金额是由保险双方当事人在订立保险合同时通过协商确定的。根据保险合同的约定,人身保险的投保人应向保险人支付保险费,当被保险人死亡、伤残、疾病或者达到合同约定的年龄、期限时,保险人应承担给付保险金的责任。

保险人通过保险的经济补偿和给付的职能,为被保险人及其关系人提供经济保障。

(二)保险的派生职能

1.融资职能

融资职能是指保险人将保险资金中的暂时闲置部分,以有偿返还的方式重新投入社会再生产过程,以扩大社会再生产规模的职能。融资职能就是保险业进行资金融通的职能。

从保险公司收取保险费到赔付保险金之间存在着时间差和规模差,这使得保险资金中始终有一部分资金处于暂时闲置状态,从而为保险公司融通资金提供了可能性。

2.防灾防损职能

保险业是经营风险的行业。保险人作为风险经营者,为了稳定经营,需要分析、预测、评估哪些风险可以作为承保风险,哪些风险可以进行分散,哪些风险不能承保。由于人为因素与风险发生的可能性具有相关性,通过人为的预防措施,可以减少损害的产生,因此,保险又派生出防灾防损的职能。

在发达国家的保险经营活动中,该职能受到广泛重视。保险人通过分析潜在的损害风险,评价保险标的的风险管理计划,提出费用合理的替代方案和采取损害管理措施等风险管理服务来实现保险的防灾防损职能。保险的防灾防损职能,既具有社会效益,又具有经济效益。

四、保险的作用

保险的作用是保险职能发挥的结果,是指保险在实施其职能时所产生的客观效应。保险既有积极作用,又有消极作用。其积极作用又分别体现为在微观经济中的作用和宏观经济中的作用。

(一)保险的积极作用

1.保险在微观经济中的作用

(1)有助于受灾企业及时恢复生产或经营。风险是客观存在的。自然灾害、意外事故的发生,尤其是重大灾害事故的出现,会破坏企业的资金循环,缩小企业的生产经营规模,甚至中断企业的生产经营过程,使企业蒙受经济损失。但是,如果企业参加了保险,在遭受了保险责任范围内的损失时,就能够按照保险合同的约定,从保险公司及时获得赔款,尽快地恢复生产或经营活动。

(2)有助于企业加强经济核算。财务型的风险管理方式之一是通过保险方式转移风险。如果企业参加了保险,就能够将企业面临的不确定的大额的损失,变为确定的小额的保险费支出,并摊入到企业的生产成本或流通费用中,使企业以缴纳保险费为代价,将风险损失转嫁给保险公司。这既符合企业经营核算制度,又保证了企业财务成果的稳定。

(3)有助于促进企业加强风险管理。保险本身就是风险管理方式之一,而保险防灾防损职能的发挥,更促进了企业加强风险管理。保险公司常年与各种灾害事故打交道,积累了较为丰富的风险管理经验,可以帮助投保企业尽可能地消除潜在的风险,达到防灾防损的目的。保险公司还可以通过保险费率这一价格杠杆调动企业防灾防损的积极性,共同做好风险管理工作。尽管保险能对自然灾害、意外事故造成的损失进行经济补偿，但风险一旦发生，就可能造成社会财富的损失，被保险企业也不可能从风险损失中获得额外的利益。因此，加强风险管理符合企业和保险公司的共同利益。

(4)有助于安定人民生活。灾害事故的发生对于个人及家庭而言都是不可避免的。参加保险不仅是企业风险管理的有效手段，也是个人及家庭风险管理的有效手段。家庭财产保险可以使受灾的家庭恢复原有的物质生活条件；人身保险可以转嫁被保险人的生、老、病、死、残等风险，对家庭的正常生活起到保障作用。也就是说，保险可以通过保险赔偿或给付保险金，帮助被保险人及其关系人重建家园，使获得保险保障的个人及家庭的生活，能够保持一种安定的状态。

(5)有助于保证民事赔偿责任的履行，保障受害的第三者的利益。在日常生活及社会活动中，难免发生因致害人等的过错或无过错导致受害的第三者遭受财产或人身伤亡引起的民事损害赔偿责任。致害人等可以作为被保险人，将这种责任风险通过责任保险转嫁给保险人。这样，既可以分散被保险人的意外的责任风险，又能切实保障受害的第三者的经济利益。

2. 保险在宏观经济中的作用

(1)有助于保障社会再生产的顺畅运行。社会再生产过程包括生产、分配、交换和消费四个环节，这四个环节互相联系、互为依存，在时间上继起，在空间上并存。但是，社会再生产过程会因遭受各种自然灾害和意外事故而被迫中断或失衡。其中任何一个环节的中断或失衡，都将影响整个社会再生产过程的均衡发展。保险对经济损失的补偿，能及时、迅速地对这种中断或失衡发挥修补作用，从而保障社会再生产的延续及其顺畅运行。

(2)有助于推动科学技术转化为现实生产力。现代社会的商业竞争越来越趋向于高新技术的竞争，在商品价值方面，技术附加值的比重越来越大。但是，对于熟悉原有技术工艺的经济活动主体来说，新技术的采用，既可能提高劳动生产率，又可能意味着新的风险。而保险的作用正是在于通过对新技术风险提供保障，支持企业开发新技术、新产品及使用专利，以促进科学技术向现实生产力转化。

(3)有助于促进对外经济贸易的发展和国际收支平衡。在对外贸易及国际经济交往中，保险是不可或缺的重要环节。保险业务的发展，如出口信用保险、投资保险、海洋货物运输保险、远洋船舶保险等险种的发展，既可以促进对外经济贸易，保障国际经济交往，又能带来无形的贸易收入，平衡国际收支。因此，外汇保费收入作为一项重要的非贸易收入，已成为许多国家积累外汇资金的重要来源。

(4)有助于促进社会稳定。社会是由千千万万的家庭和企业构成的，家庭和企业是社会的组成细胞，家庭的安定和企业的稳定是社会稳定的基础。保险通过对保险责任范围内的损失和伤害的补偿和给付，分散了被保险人的风险，使被保险人能够及时地恢复正常的生产和生活，从而为社会的稳定提供了切实有效的保障。

(二)保险的消极作用

保险的消极作用可以说是在保险产生后，社会不得不付出的代价。

1. 产生道德风险，出现保险欺诈

保险产生后，道德风险也随之而来，出现了形形色色的保险欺诈现象。例如，为了获得巨额保险金而杀害被保险人的事件在国内外时有发生。

2. 增加费用支出

一方面,伴随着保险的产生,开设机构、开办业务、雇用工作人员等,使社会支出中新增了一笔保险公司的业务费用支出;另一方面,其他职业的工作者借保险之机漫天要价,甚至有原告律师在重大责任事故的案件中索价高昂,大大超过原告的经济损失,以图在原告多得赔款的同时自己多得诉讼费用。此外,保险欺诈带来的查勘乃至侦破费用,事实上也使保险经营成本增大,费用开支增加。

可见,保险给社会带来很大效益的同时,也使社会付出较大代价。但对全社会而言,取得的效益大于所付出的代价,此代价是社会为获得保险效益而必须作出的一种牺牲。所谓有利必有弊,有得必有失,不能因噎废食,而应尽可能充分发挥其积极作用,避免或减少消极作用。

五、保险的产生与发展

(一)中国保险业的产生与发展

1. 1949 年以前的中国保险业

中国近代保险业是从西方传入的。1805 年英国人首先在广州开设广州保险社,主要经营海上运输业务。随后,扬子保险公司、太阳保险公司、巴勒保险公司等英资保险机构在中国纷纷成立。19 世纪下半叶,为了维护清政府的统治,发展民族工商业,以曾国藩、李鸿章为首的洋务派发起洋务运动,民族保险业随之产生。1865 年义和公司保险行在上海成立,标志着我国第一家自办保险机构的诞生。1875 年招商局在上海成立,并于 1885 年拨付 20 万两在上海创办了"仁和""济和"两家保险公司,后来合并为仁济和保险公司,承保招商局所有的船舶、货栈及货物运输保险业务。

第一次世界大战期间,因帝国主义国家之间忙于战争,暂时无暇顾及对中国的侵略,中国的民族工商业和金融保险业得到一个短暂的发展机会,到了 20 世纪 30 年代,民族资本的保险公司发展到 30 多家。我国民族资本的保险公司虽然大多数是由私营银行投资创办的,依靠银行的力量开展业务,但同外商相比,其力量仍极其薄弱,根本无法同西方列强资本抗衡,加之国民党政府对其不予保护和支持,所以在保险业务的经营上完全听任西方保险公司的摆布和主宰,其所承保的业务大部分都分保给外商保险公司,自留业务量很小,同时分保的费率和条款均由外商制定。

抗日战争爆发后,国内保险公司大举内迁,重庆取代上海成为当时的保险中心。抗日战争胜利后,各保险公司纷纷将总部迁回上海,外资保险公司在上海复业,上海又成为中国的保险业中心。此时,中国保险市场上的格局起了变化:美资企业取代了英资企业,占据了主导地位。这一时期,新的投机性保险公司不断涌现,呈现出一派虚假繁荣的局面。新中国成立前夕,国民经济濒临崩溃,通货膨胀率居高不下,保险市场陷入了巨大的混乱之中,许多民族保险公司不得不宣告破产。

2. 1949 年以后的中国保险业

新中国成立以后,我国的保险业大致经历了以下五个阶段。

第一阶段(1949—1958 年):国内保险业务整顿、创立和迅速发展时期。1949 年 10 月 1 日以后,一方面整顿和改造旧中国的保险业及保险市场,接管了官僚资本的保险公司,并批准一部分私营公司复业;另一方面,1949 年 10 月 20 日经中央人民政府批准成立了中国人民保险公司，截至 1952 年年底已在全国设立了 1 300 多个分支机构。这一时期，中国人民保险公司相继开办了团体和个人人寿保险、国家机关和国营企业财产强制保险、旅客意外伤害保险、货物运输保险和运输工具保险等业务，并试办了农村牲畜保险和棉花收获保险，保险业务发展迅速。据统计，1949—1958 年的 10 年间，各种保险费收入总计 16 亿元，共支付赔款 3.8 亿元，上缴国库 5 亿元，积累保险资金 4 亿元，拨付防灾费 2 300 万元，结余资金全都存入银行作为信贷资金使用。

第二阶段（1959—1979 年）：国内保险业务全面停办时期。这一时期由于"左"倾思想的干扰，认为人们的生、老、病、死，企业的自然灾害和意外事故所造成的损失应该由财政来承担，这是社会主义制度的优越性的体现，商业保险是资本主义制度的产物，应该停办。但考虑到对外贸易需要保险，所以在广州、重庆、上海等大城市保留了涉外保险。1966 年后，涉外保险业务几乎停办，从业人员一度减少到 9 人。

第三阶段（1980—2002 年）：国内保险业务恢复和发展时期。这一时期，保险机构由 1家发展到 2002 年年末内外资保险公司及代表处 60 家；保险费收入从 4.6 亿元发展到 3 053.1 亿元；保险深度从 1980 年的 0.1% 提高到 2002 年的 3%；保险密度从 1980 年的 0.47 元提高到 2002 年的 237.6 元；从业人员从 2 000 人发展到近 30 万人，这还不包括 130 多万保险营销员队伍；保险险种从 30 多种发展到 800 多种；保险法规从无到有，从不完善到逐步完善。1995 年 10 月 1 日颁布并实行《中华人民共和国保险法》之后，相继颁布了《保险公司管理暂行条例》《保险代理人管理条例》《保险经纪人管理规定》《保险公估人管理规定》《保险机构高级管理人员任职资格暂行规定》等法规条例。

第四阶段（2002 年—2018 年）：国内保险市场全面开放和保险法逐步完善时期。随着我国加入 WTO，按照承诺，我国的保险市场在入世三到五年要全面开放，保险业迎来机遇和挑战。为了应对国外保险业的竞争，完善保险法显得十分重要和迫切。2002 年 10 月28 日第九届全国人大常委会第一次修正《中华人民共和国保险法》，从而初步形成了以保险法为核心的法律法规体系。2004 年 5 月保监会公布《外资保险公司管理条例实施细则》。2009 年 2 月 28 日第十一届全国人民代表大会常务委员会第七次会议第二次修订《中华人民共和国保险法》。2014 年 8 月 31 日中华人民共和国第十二届全国人民代表大会常务委员会第十次会议第三次修订《中华人民共和国保险法》。2015 年 4 月 24 日中华人民共和国第十二届全国人民代表大会常务委员会第十四次会议第四次修订《中华人民共和国保险法》。2018 年 4 月 8 日上午中国银行保险监督管理委员会正式挂牌，中国保险监督管理委员会成为历史。

第五阶段（2018 年以后）：保险业持续发展时期。随着国民经济的发展，保险市场主体增加迅速，根据银保监会最新公布的名单显示，截至 2021 年 12 月末，我国现有保险机构 235 家，包括财产险公司 87 家、寿险公司 75 家、资产管理公司 33 家、集团公司13 家、养老险公司 9 家、再保险公司 7 家、健康险公司 7 家、其他机构 3 家（农村保险互助社）、1 家出口信用保险公司，保险专业中介机构法人名单 2 610 家、外国再保险公司分公司名单 7 家。保险险种不断增多，包括信用保险和责任保险在内保险险种超过了千种。保险业务持续发展，保费收入连年增加。根据银保监会最新公布的统计数据显示，2021年保险业累计实现原保费收入 4.49 万亿元。其中财产险业务实现原保费收入 1.17 万亿元，人身险业务实现原保费收入 3.32 万亿元，其中寿险业务原保费收入 2.36 万亿元、健康险业务原保费收入 8 447 亿元、人身意外伤害险原保费收入 1 210 亿元。

(二)世界保险业的发展趋势

第二次世界大战后,世界保险业得到了极大的发展。保费收入 1950 年为 207 亿美元,2002 年达到了 26 270 亿美元,其中寿险保费收入为 15 360 亿美元,市场比重为 58.5%,非寿险保费收入 10 910 亿美元,市场比重为 41.5%。从总体上看,世界保险市场的格局没有大的变化,2002 年发达国家仍占总保费收入的 90%,但新兴工业国家寿险的增幅引人瞩目,保费收入增幅达 12.7%,远高于发达国家的 1.9%,发达国家引人注目的是非寿险的高速增长。

世界保险业的发展趋势主要体现在以下几个方面。

1. 保险市场全球一体化趋势

当今世界,经济的发展尤其是国际贸易与国际资本市场的发展决定了市场开放的必要性,而通信、信息等高新技术的发展又为实现全球经济一体化创造了技术条件。在高新技术的推动下,全球经济一体化的趋势越来越明显,作为世界经济重要组成部分的保险业,必然要受其影响,保险业国际化趋势也日益明显。为了适应世界保险业一体化需要,发达国家纷纷放松了对本国保险市场的监管,发展中国家也在作出自己的努力,如中国、印度、东盟国家及拉美国家都不同程度地开放本国的保险市场,以吸引外国投资者。

2. 保险机构规模大型化趋势

20 世纪末全球保险领域掀起了一股兼并浪潮,加速了保险机构之间的联合与兼并。19 世纪初,全世界只有 30 多家保险公司,到 20 世纪 90 年代初,全世界保险公司的数量增加到上万家。而在面临全球化竞争的情况下,许多保险公司又开始广泛地合作。竞争与合作呈现出一种相互推动的态势。近年来,合作进一步演化成保险公司之间的并购,保险机构规模呈现大型化趋势。

3. 保险竞争以非价格竞争为主的趋势

市场竞争的白热化使保险业面临的价格压力越来越大,长期的亏损使许多保险公司破产倒闭,严重地影响了保险人与被保险人双方的利益。因此保险人越来越注重非价格的竞争,努力在保险经营上积极创新,力求在保险技术和保险服务上吸引顾客。与此同时,保险人不再被动地提供事后补偿,而是积极地参与事前和事中的防灾减损,在成本收益分析的基础上联合各类技术专家从事风险的识别、测定与预防工作,这一方面可提高自己的服务水平;另一方面可减少被保险损失和赔款支付。

4. 保险业内产、寿兼营的趋势

综观保险业发展的历史,其经营模式可分为三类:混合经营、分业经营和兼业经营。

在保险发展初期,一般都是混合经营,即一家保险公司同时销售产、寿险产品。这样做有利于节约成本,提高利润水平;但产、寿险资金性质不同,混合经营容易导致相互挪用资金,尤其是产险发生大灾而挪用寿险资金,增加保险经营的风险。

当保险业发展到一定程度时,各国都摒弃了混合经营的模式,采用分业经营模式。

分业经营模式难以适应全球经济一体化条件下保险集团给付的需要,所以又出现了兼业经营模式,即在一个保险集团内,同时经营财产险与人寿险,但由两个子公司分别经营,两种业务的财务核算严格分开,经营管理完全独立。兼业经营有其独特优势:一是保险集团可以最大限度地利用人员和设备,把经营成本降到最小;二是保险集团通过对产险

危险周期和寿险危险周期的综合管理，可降低经营风险；三是可以充分利用已有销售网络，销售人员可同时销售产险和寿险。

5. 银行、证券与保险混业经营的趋势

在历史上，曾出现过银行、证券业和保险业混业经营的情况，但由于当时风险防范能力和监管能力不足，导致了 1929—1933 年的经济金融危机。在这之后，以美国为代表的世界大多数国家实行了金融分业经营，银行、证券和保险由各自的机构经营，严格分开。但近年来，一方面，由于金融市场竞争日趋激烈，混业经营有利于成本的降低；另一方面，由于金融机构防风险能力及金融监管能力增强，这种混业经营的情况重新出现，并有不断发展的趋势。银行、证券和保险混业经营成为全球趋势。

思维导图

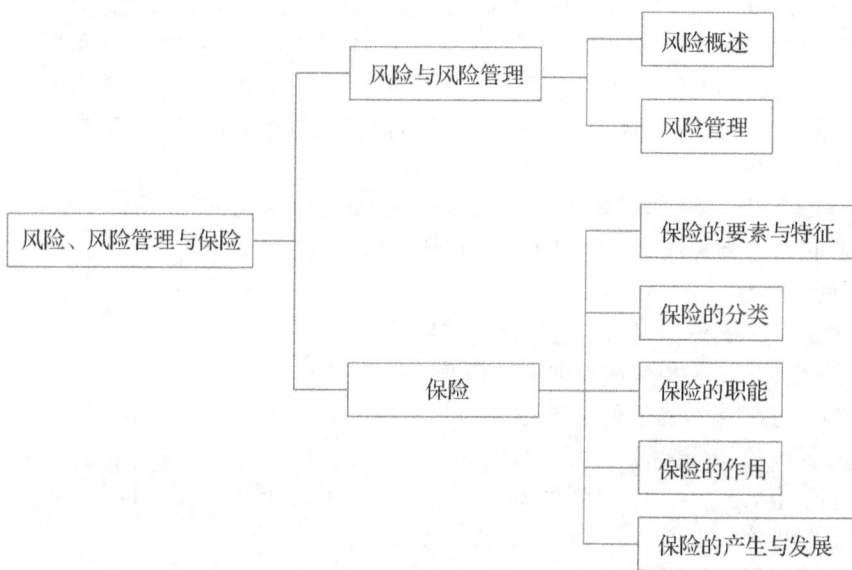

本章习题

一、简答题

1. 什么是风险？风险的构成要素有哪些？

2. 简述风险管理的目标及其基本程序。

3. 什么是保险？保险的要素有哪些？

4. 保险与风险有什么关系？

5. 保险与赌博、储蓄、救济有何本质区别？

6. 简述社会保险与商业保险的区别。

7. 如何理解保险的社会管理职能？

二、单选题

1. 在风险管理中，主体可以采取主动放弃，从根本上消除特定的风险单位和中途放弃某些既存的风险单位。这一方式称为( )。

    A. 转移   B. 预防   C. 避免   D. 抑制

    2. 依据风险产生的原因分类,风险可以分为( )。

    A. 自然风险、社会风险、政治风险、经济风险和技术风险

    B. 财产风险、人身风险、责任风险和信用风险

    C. 纯粹风险和投机风险

    D. 静态风险与动态风险

    3. 根据保险理论,可保风险的条件之一是( )。

    A. 风险应当是投机性风险

    B. 风险应当具有明确性

    C. 风险应当使大量标的均有遭受损失的可能性

    D. 风险应当有导致重大损失的确定性

    4. 根据风险原理,一次风险事故可能造成保险标的损失的范围称为( )。

    A. 风险单位   B. 事故单位   C. 损失单位   D. 标的单位

    5. 人们只能在一定的时间和空间内改变风险存在和发生的条件,降低风险发生的频率和损失程度,但是,从总体上说,风险是不可能彻底消除的,这一原理所体现的风险特征是( )。

    A. 发展性   B. 普遍性   C. 客观性   D. 不确定性

    6. 根据风险管理理论,控制型风险管理技术的重点表现之一是( )。

    A. 事故发生前,进行财务安排

    B. 事故发生后,解除对人们造成的经济困难

    C. 事故发生时,将损失减少到最低程度

    D. 为维持正常生活提供财务支持

    7. 人寿保险的保险标的是( )。

    A. 人的身体   B. 人的寿命   C. 人的健康   D. 保险金额

    8. 在保险理论与实务中,风险的定义可以表述为( )。

    A. 风险是指损失发生的不确定性

    B. 风险是指损失发生的必然性

    C. 风险是指损失发生的偶然性

    D. 风险是指损失发生的意外性

    9. 在按照风险性质划分的风险种类中,既有损失机会又有获利可能的风险称为( )。

    A. 纯粹风险   B. 投机风险   C. 动态风险   D. 特定风险

    10. 在保险发展历史上,海上保险的雏形是( )。

    A. "黑瑞甫"制度   B. 公典制度   C. 船舶抵押借款制度   D. 基尔特制度

三、判断题

    1. 保险是指被保险人或受益人根据合同约定,向保险人支付保险费,保险人对于合同约定的可能发生的事故因其发生所造成的财产损失承担赔偿保险金责任,或者当被保险人死亡、伤残、疾病或者达到合同约定的年龄、期限时承担给付保险金责任的商业保险行为。

                                                             ( )

2. 保险人为维护保险标的的安全，经被保险人同意，可以采取安全预防措施。

（　　）

3. 保险公司的业务范围分为人寿保险、健康保险和意外伤害保险。（　　）

4. 保证保险是指以被保险人对第三者依法应负的赔偿责任为保险标的的保险。

（　　）

5. 保险人将其承担的保险业务，以分保形式，部分转移给其他保险人的，为再保险。

（　　）

6. 人身保险合同是以人的寿命和身体为保障范围的保险合同。（　　）

7. 人身保险业务包括人寿保险、健康保险、意外伤害保险等保险业务。（　　）

8. 重复保险的保险金额总和超过保险价值的，各保险人的赔偿金额的总和不得超过保险价值。除合同另有约定外，各保险人按照其保险金额与保险金额总和的比例承担赔偿责任。（　　）

9. 保险公司未按照《保险法》规定提取或者结转各项准备金，由保险监督管理机构责令该保险公司停业并调整负责人及有关管理人员。（　　）

10. 保险公司应当根据提高经济效益的原则，提取各项责任准备金。（　　）

实训项目

实训内容：分析保险与储蓄的关系

情境描述：保险营销人员向客户推销一种储蓄型的保险产品，客户听完营销人员解释后说："我认为保险与储蓄一样，都是存一笔钱将来用，为自由方便起见，我还是把钱存入银行吧。"请帮助该营销人员说明保险与储蓄的最大区别是什么，帮助说服该客户认识保险的保障功能。

实训目的：通过本次实训，掌握保险的功能，理解保险的作用。

环境要求：课堂理论教学环境、模拟客户角色扮演。

实训步骤：

步骤一：学习保险的职能和保险与相似制度的比较的理论知识。

步骤二：一名学生扮演保险营销人员，另一名学生扮演准客户，进行面对面的演练训练。

步骤三：双方互换角色进行训练。

步骤四：选择两组学生在全班进行演练表现，学生讨论，教师点评。

考核标准：根据演练时的口才、态度和业绩评定实训成绩。

实训报告：把演练结果写成实训报告。

思政融入

中国保险业：聚焦国家重大战略投入资金同比增 22.4%

近日，中国保险行业协会发布《2021 中国保险业社会责任报告》，围绕保险业服务国家战略、社会民生、行业发展、国际合作等方面介绍 2021 年保险业履行社会责任的实践成果。报告显示，保险业为国家重大战略发展提供长期稳定的资金支持，截至 2021 年，聚焦乡村振兴等国家重大战略投入资金超过 4.5 万亿元，同比增长 22.4%。

保险业积极保障民生安康，助力灾害救助、老有所养、病有所医。2021 年，商业健康险提供保险保障 2 110.98 万亿元，覆盖 7 亿以上人群，赔付支出 4 074.74 亿元。积极承办大病保险业务，当前覆盖 12.2 亿城乡居民，累计赔付超过 6 000 万人次。积极参与应对重大灾害事故，住宅地震共同体累计为全国 1 588.95 万次户居民提供风险保障 6 221.66 亿元。

发展普惠金融，助力全民共同富裕。2021 年，我国农业保险为 1.8 亿户次农户提供风险保障超过 4.7 万亿元。积极开发专属保险产品，服务小微企业降风险、保生产、促发展，为外贸企业提供进出口一揽子风险保障。2021 年，共为 528 万户次小微企业提供保险保障 181 万亿元。

保险业数字化转型加快，大数据、物联网、人工智能等科技应用不断加强，保险产品服务的可得性、保险核保理赔的时效性和便捷性进一步提升。积极引入先进的 ESG 与责任投资理念，13 家保险公司设立 ESG 常设工作机构，助力保险业转型升级。

加强国际合作，提升跨境服务能力。保险业对外开放深入推进，截至 2021 年年底，来自 16 个国家和地区的境外保险机构在华设立 66 家外资保险机构、84 家代表处和 17 家保险专业中介机构，在华外资保险公司总资产达 2 万亿元。保险业致力于共建"一带一路"，支持沿线项目 1 700 余个，为中国企业"走出去"提供全面服务。

中国保险行业协会会长表示，保险业将充分发挥保险风险保障、社会管理和资金融通功能，在服务构建新发展格局、服务保障人民美好生活中发挥更大作用。

资料来源：王俊岭. 人民日报海外版，2022-11-20.（有修改）

第二章　保险合同

知识目标

1. 了解保险合同的定义、特征和种类。
2. 掌握保险合同的构成要素。
3. 理解保险合同的形式及效力。
4. 了解保险合同的订立、生效、履行、变更、终止和争议处理。

能力目标

1. 能正确解释保险合同涉及的专业术语和保险合同内容。
2. 能正确填写各类投保单。

素质目标

1. 培养学生理论联系实际的工作作风。
2. 培养学生认真细致严谨的精神，提高发现问题、分析问题和解决问题的能力。
3. 培养学生重合同、守信用的职业道德。

导入案例

2021年7月9日，某制药厂厂长与某财产保险公司业务员洽谈订立财产保险合同的相关事宜。该制药厂于当日下午填写的投保单的保险期限为2022年7月9日12时止，并在投保单上盖了制药厂的公章。9日下午5时，因工人操作不当导致设备和厂房起火，使制药厂的直接经济损失达到250多万元。10日，保险公司签发财产综合险保单送至制药厂，保单约定保险期限为从2021年7月10日零时起至2022年7月9日24时止。制药厂8月18日将保险费缴至保险公司，保险公司以火灾事故发生在保险责任期限之外为由拒赔。制药厂起诉保险公司，请求判令保险公司承担保险责任。

请问：在该起事件中，该保险合同是否有效？该制药厂的诉讼请求能否成立呢？

【案例分析】在此案例中，该制药厂的投保单上填写的时间是9日12时，但该投保要求并未被保险公司所接受，其保单上订立的保险生效时间是10日零时起，虽然该厂在次月18日才缴纳保险费，但该保险合同已经生效。又因为该制药厂发生的火灾事故发生在9日下午，并不在保险期间内，所以保险公司不予赔付，该制药厂的诉讼请求因此也不成立。一般人身或财产保险合同生效时间都不是投保当日，而是从投保次日零时开始算起。

第一节　保险合同的特征与种类

一、保险合同的定义

保险合同是商业保险中投保人与保险人约定保险权利和义务关系的协议。其中,投保人是指与保险人订立保险合同,并按照保险合同规定负有支付保险费义务的人。对于投保人而言,支付保险费是其在保险合同中约定应该履行的义务,并因此而得到保险人提供保险保障的权利;对于保险人而言,为投保人或被保险人提供保险保障是其应尽的义务,而获取保险费是其应得的权利。

二、保险合同的特征

(一)保险合同是射幸合同

射幸即碰运气。一般的经济合同多数是等价交换的合同,而保险合同则不同,保险合同的射幸性是由风险事故发生的偶然性决定的。在保险合同有效期内,若保险标的发生损失,被保险人从保险人处得到的将远远超过支付的保险费;若无损失发生,则只有保费的付出而无任何收入。保险人的情况则恰恰与此相反,当保险事故发生时,它所赔付的金额可能大于它所收缴的保费;而如果保险事故没有发生,则保险人只有收取保费的权利,而无赔付的责任。

(二)保险合同是双务合同

保险合同的双务性与一般买卖合同的双务性有所不同。在买卖合同中,双方的权利和义务都是确定的,即一方交钱,一方交货。但在保险合同中投保人的债务是确定的,即需要支付保险费,而保险人承担的赔偿或给付保险金的责任则是不确定的,这取决于偶然事件的发生与否。

(三)保险合同是最大诚信合同

最大诚信原则是保险的基本原则之一。保险合同也要求投保人和保险人遵循最大诚信原则,即投保人和保险人都要把已知或应知的有关保险合同的重要事实如实告知对方。如投保人或被保险人未如实告知有关保险标的的重要事实,或不主动通知保险标的危险增加的情况,都会使保险人受损;若保险人存在欺诈的言行或借故推卸应负的保险责任,就会使被保险人遭受损失。

(四)保险合同是附合合同

附合合同也成格式合同或标准合同,保险合同通常都是由保险人事先制定并使用,投保人只能在此基础上作出投保或不投保的决定,即只能接受或不接受保险人提供的保险合同。

三、保险合同的种类

根据不同的分类标准,保险合同可以分别进行以下几种分类。

（一）财产保险合同和人身保险合同

按照保险合同标的的不同，保险合同可以分为财产保险合同和人身保险合同。

1.财产保险合同

财产保险合同是以财产及其有关利益为保险标的的保险合同，包括财产损失保险合同、责任保险合同、信用保险合同。

2.人身保险合同

人身保险合同是以人的寿命或身体为保险标的的保险合同，包括人寿保险合同、意外伤害保险合同、健康保险合同。

这是对保险合同最基本和最常见的分类方法。

（二）原保险合同和再保险合同

按照保险合同是否必须以已经存在的保险合同为基础，保险合同可以分为原保险合同和再保险合同。

1.原保险合同

原保险合同是指保险人对被保险人因保险事故所遭受的损失给予原始赔偿的合同，是投保人和保险人最初订立的保险合同。

2.再保险合同

再保险合同是指保险人以其承保的危险责任，再向其他保险人投保而签订的保险合同，是保险人之间订立的保险合同。

一般的保险合同都是原保险合同。

（三）足额保险合同、不足额保险合同和超额保险合同

按照保险金额和保险标的价值的关系不同，保险合同可以分为足额保险合同、不足额保险合同和超额保险合同。

1.足额保险合同

足额保险合同是指保险金额等于保险标的价值的保险合同。订立足额保险合同后，当保险标的因保险风险责任范围内的事故的发生而遭受全部损失时，保险人按照保险金额进行赔偿；如保险标的发生部分损失，则按照实际损失进行赔偿。

2.不足额保险合同

不足额保险合同是指保险金额比保险标的价值低的保险合同。在不足额保险合同中，当保险标的因保险事故而遭受全损时，保险人按照保险金额进行赔偿；如保险标的遭受部分损失，由保险人按照保险金额与保险标的价值的比例相应承担赔偿责任。

3.超额保险合同

超额保险合同是指保险金额高于保险标的价值的保险合同。

在实务中足额保险合同比较多见，在保险标的存在明显折旧的情况下可以考虑采用不足额保险合同，而在高估保险标的价值或恶意骗保的时候就会出现超额保险的情况，在财产保险中一般不允许保险金额高于保险标的价值，超过的部分视为无效。

《中华人民共和国保险法》第五十五条　投保人和保险人约定保险标的的保险价值并在合同中载明的，保险标的发生损失时，以约定的保险价值为赔偿计算标准。

投保人和保险人未约定保险标的的保险价值的，保险标的发生损失时，以保险事故发生时保险标的的实际价值为赔偿计算标准。

保险金额不得超过保险价值。超过保险价值的，超过部分无效，保险人应当退还相应的保险费。

保险金额低于保险价值的，除合同另有约定外，保险人按照保险金额与保险价值的比例承担赔偿保险金的责任。

第二节　保险合同的要素

一、保险合同的主体

保险合同的主体可以分为两类，分别是保险合同的当事人和关系人。其中，保险合同的当事人包括投保人和保险人，保险合同的关系人则包括被保险人和受益人。

(一)保险合同的当事人

1. 投保人

投保人又称要保人，是指与保险人订立保险合同，并按照合同约定负有支付保险费义务的人。投保人可以是自然人，也可以是法人。

投保人通常要具备三个条件：①应具有完全的民事权利能力和民事行为能力，即年满18周岁的公民或年满16周岁但未满18周岁，但是以自己的劳动收入为主要生活来源的公民；②投保人应该对保险标的(被保险人)具有保险利益；③投保人负有按约定支付保险费的义务。

2. 保险人

保险人又称承保人，是指与投保人订立保险合同，并按照合同约定承担赔偿或者给付保险金责任的保险公司。

保险人也要具备三个条件：①必须是依法成立的；②必须以自己的名义订立保险合同；③在保险事故发生后承担赔偿责任。

(二)保险合同的关系人

1. 被保险人

被保险人是受保险合同保障的人，也就是指保险事故发生后或保险期满时，有权利按照保险合同向保险人要求赔偿损失或给付保险金的人。在财产保险合同中，被保险人同时又是投保人；在人身保险合同中，被保险人可以是投保人，也可以是与投保人具有保险利益关系的其他人。

被保险人享有对保险金的请求权，但在实际应用时要根据具体情况而定：①在财产保险合同中，保险事故的发生未造成被保险人死亡的，保险金的请求权由被保险人行使；保险事故发生造成被保险人死亡的，保险金的请求权则由被保险人的继承人行使。②在人身保险合同中，保险事故发生未造成被保险人死亡的，保险金请求权由被保险人行使；造成被保险人死亡的，保险金请求权由投保人和被保险人指定的受益人行使；在未指定受益人（或受益人先于被保险人死亡的并且无其他受益人以及受益人依法丧失或放弃受益权而无其他受益人）的情况下，保险金的请求权仍由被保险人的继承人行使。

2. 受益人

受益人是指人身保险合同中由投保人和被保险人指定的享有保险金请求权的人。投保人、被保险人均可以为受益人。受益人应该具备两个条件：①受益人应由投保人或被保险人指定（由投保人指定时必须要经过被保险人同意），可以指定一人或者数人为受益人，并在保险合同中载明。在未指定受益人的情况下，被保险人的法定继承人就是受益人。②受益人有权领取的保险金不属于被保险人的遗产，无须用来清偿被保险人生前的债务。

法律链接

《中华人民共和国民法典》第一千一百二十七条　遗产按照下列顺序继承：

（一）第一顺序：配偶、子女、父母；

（二）第二顺序：兄弟姐妹、祖父母、外祖父母。

继承开始后，由第一顺序继承人继承，第二顺序继承人不继承；没有第一顺序继承人继承的，由第二顺序继承人继承。

本编所称子女，包括婚生子女、非婚生子女、养子女和有扶养关系的继子女。

本编所称父母，包括生父母、养父母和有扶养关系的继父母。

本编所称兄弟姐妹，包括同父母的兄弟姐妹、同父异母或者同母异父的兄弟姐妹、养兄弟姐妹、有扶养关系的继兄弟姐妹。

案例分析 2-1

合理设置受益人的重要性

P女士，43岁，2010年投保信诚"康乐人生"两全保险计划，2020年缴满，保障20年。

2022年2月下旬，中信保诚人寿广西分公司收到P女士儿子H先生的理赔报案，称P女士1月初不明原因在职工宿舍内死亡，被人发现后通知H先生。H先生在整理遗物时发现P女士生前在公司投保的保单，故报案并提出理赔申请。

P女士为某学院教职工家属，居住在其父亲的职工宿舍内，P女士父亲及配偶早年已身故。相关部门排除刑事案件，初步确定P女士为猝死，H先生无异议。由于P女士未设置身故保险金受益人，故其受益人为法定继承人（父母、配偶、子女）。经公司调查人员向H先生了解情况，P女士父母结婚时并未领取结婚证，两人户口也未迁在一起，P女士年幼时其父母二人便分开各自成立新家庭，P女士与父亲生活，很少与母亲联系，故H先生对P女士母亲知之甚少，甚至未曾见过面。H先生能提供P女士配偶、父亲及自己的身份资料证明，但缺少P女士母亲的证明，导致P女士的理赔陷入困境。中信保诚人寿广西分公司本着对客户尽责，让客户得到更好的服务体验的原则，按照相关法律法规及理赔规则，由于P女士的父亲、配偶已身故，母亲情况不详，只有H先

生的资料齐全，故先行给付 H 先生可领取的部分。随后 H 先生在历经长达一个多月的
多方寻找后，终于找到 P 女士母亲，P 女士母亲保存有 P 女士的出生证，可证明其身
份，剩余的理赔款得以顺利给付。

【案例分析】身故保险金受益人，是指人身保险合同中，接受保险合同利益的人，可
由投保人和被保险人(成年人)指定。由于本案中 P 女士作为投保人和被保险人在投保时
未指定其身故保险金受益人，因此 P 女士的父母、配偶和子女作为法定继承人均属于身
故保险金受益人。实务操作中发现有较多的客户在投保过程中未重点关注身故保险金受
益人的设置，默认身故保险金受益人为法定，导致在发生保险事故需要申请理赔时遇到
一定困难，就像本案中的 P 女士的理赔，受益人历经一番波折才拿到理赔款。假设 P 女
士在投保时指定身故保险金为其子 H 先生，则 H 先生只需要提供自己与 P 女士的关系
证明和身份证等资料即可，无须再去多方收集 P 女士父母的资料，可大大简化申请手
续。本案充分体现了身故保险金受益人的设置理赔流程及客户体验中的重要性。

风险提示：带有身故保险责任的保单均需要设置身故保险金受益人，如在投保时未
进行设置，可以通过后续的保全操作进行补充，且在保单有效期内可以按照投保人和被
保险人的要求进行变更。在购买保单时切勿忽视身故保险金受益人的设定，避免将来理
赔时因受益人较多或关系无法证明，在收集资料时遇到困难，导致无法顺利获赔。

资料来源：韩定宏.广西新闻网，2022-09-21.(有修改)

二、保险合同的客体

保险合同的客体是指投保人对保险标的或被保险人的保险利益。无保险利益则保险合
同不成立，投保人对保险标的(或被保险人)应当具有保险利益，投保人对保险标的(或被
保险人)不具有保险利益的，保险合同无效。

法律链接

《中华人民共和国保险法》第十二条　人身保险的投保人在保险合同订立时，对被保
险人应当具有保险利益。

财产保险的被保险人在保险事故发生时，对保险标的应当具有保险利益。

人身保险是以人的寿命和身体为保险标的的保险。

财产保险是以财产及其有关利益为保险标的的保险。

被保险人是指其财产或者人身受保险合同保障，享有保险金请求权的人。投保人可
以为被保险人。

保险利益是指投保人或者被保险人对保险标的具有的法律上承认的利益。

《中华人民共和国保险法》第三十一条　投保人对下列人员具有保险利益：

(一)本人；

(二)配偶、子女、父母；

(三)前项以外与投保人有抚养、赡养或者扶养关系的家庭其他成员、近亲属；

(四)与投保人有劳动关系的劳动者。

除前款规定外，被保险人同意投保人为其订立合同的，视为投保人对被保险人具有保险利益。

订立合同时，投保人对被保险人不具有保险利益的，合同无效。

三、保险合同的内容

保险合同的内容是指保险合同约定的投保人和保险人的权利和义务，主要通过保险条款来体现。

我国《保险法》第十八条规定，保险合同应当包括下列事项：①保险人的名称和住所；②投保人、被保险人的姓名或者名称、住所，以及人身保险的受益人的姓名或者名称、住所；③保险标的；④保险责任和责任免除；⑤保险期间和保险责任开始时间；⑥保险金额；⑦保险费以及支付办法；⑧保险金赔偿或者给付办法；⑨违约责任和争议处理；⑩订立合同的年、月、日。投保人和保险人可以约定与保险有关的其他事项。

案例分析 2-2

中国平安财产保险股份有限公司
平安产险学生意外伤害保险(互联网版)条款(节选)
保险责任

第六条　本保险合同的保险责任分为"必选责任"及"可选责任"。投保人在已投保"必选责任"的前提下，可以同时投保"可选责任"；若投保人未投保"必选责任"，则不得投保"可选责任"。保险责任由投保人在投保时与保险人协商确定，并在保险合同中载明。

第七条　保险期间内，被保险人因遭受意外伤害事故导致身故、伤残或医疗费用支出的，保险人依照下列约定给付保险金。

(一)必选责任：身故保险责任

在保险期间内，被保险人遭受意外伤害事故，并自事故发生之日起一百八十日内因该事故身故的，保险人按意外伤害保险金额给付身故保险金，对该被保险人的保险责任终止。

被保险人因遭受意外伤害事故且自该事故发生日起下落不明，后经人民法院宣告死亡的，保险人按意外伤害保险金额给付身故保险金。但若被保险人被宣告死亡后生还的，保险金受领人应于知道或应当知道被保险人生还后三十日内退还保险人给付的身故保险金。

被保险人身故前保险人已给付第(二)款约定的伤残保险金的，身故保险金应扣除已给付的伤残保险金。

(二)必选责任：伤残保险责任

在保险期间内，被保险人遭受意外伤害事故，并自该事故发生之日起一百八十日内因该事故造成《人身保险伤残评定标准及代码》(标准编号为 JR/T0083—2013，下简称《伤残评定标准》)所列伤残之一的，保险人按该表所列给付比例乘以意外伤害保险金额给付伤残保险金。如第一百八十日治疗仍未结束的，按当日的身体情况进行伤残鉴定，并据此给付伤残保险金。

1. 当同一保险事故造成两处或两处以上伤残时，应首先对各处伤残程度分别进行评定，如果几处伤残等级不同，以最重的伤残等级作为最终的评定结论；如果两处或两处以上伤残等级相同，伤残等级在原评定基础上最多晋升一级，最高晋升至第一级。同一部位和性质的伤残，不应采用《伤残评定标准》条文两条以上或者同一条文两次以上进行评定。

2. 被保险人如在本次意外伤害事故之前已有伤残，保险人按合并后的伤残程度在《伤残评定标准》中所对应的给付比例给付伤残保险金，但应扣除原有伤残程度在《伤残评定标准》所对应的伤残保险金。

在保险期间内，前述(一)(二)款下的保险金累计给付金额以保险单载明的意外伤害保险金额为限。

(三)可选责任：医疗保险责任

在保险期间内，被保险人因遭受意外伤害事故，并因此在符合本保险合同释义的医院(以下简称"释义医院")进行治疗，保险人就其自事故发生之日起一百八十日内实际支出的按照当地社会医疗保险主管部门规定可报销的、必要的、合理的医疗费用扣除保险单载明的免赔额按赔付比例给付意外伤害医疗保险金。

被保险人不论一次或多次发生本项保险事故，保险人均按上述规定分别给付意外伤害医疗保险金，但累计给付金额以保险单载明的意外伤害医疗保险金额为限，累计给付金额达到意外伤害医疗保险金额时，对被保险人的该项保险责任终止。

若被保险人已从其他途径(包括基本医疗保险、公费医疗、工作单位、保险人在内的任何商业保险机构，以及依法承担侵权损害赔偿责任的第三人等)获得医疗费用补偿，则保险人仅对被保险人实际发生的医疗费用扣除其所获医疗费用补偿后的剩余部分按本保险合同约定负责赔偿。社会基本医疗保险个人账户部分支出视为个人支付，不属于已获得的医疗费用补偿。

责任免除

第八条　因下列原因造成被保险人身故、伤残或医疗费用支出的，保险人不承担给付保险金责任：

(一)投保人、被保险人的故意行为；

(二)被保险人自致伤害或自杀，但被保险人自杀时为无民事行为能力人的除外；

(三)因被保险人挑衅或故意行为而导致的打斗、被袭击或被谋杀；

(四)被保险人妊娠、流产、分娩、疾病、药物过敏、中暑、猝死；

(五)被保险人接受整容手术及其他内、外科手术；

(六)被保险人未遵医嘱，私自服用、涂用、注射药物；

(七)核爆炸、核辐射或核污染；

(八)被保险人犯罪或拘捕；

(九)被保险人从事高风险运动或参加职业或半职业体育运动。

第九条　被保险人在下列期间遭受伤害导致身故、伤残或医疗费用支出的，保险人也不承担给付保险金责任：

（一）战争、军事行动、暴动或武装叛乱期间；

（二）被保险人主动吸食或注射毒品期间；

（三）被保险人酒后驾车、无有效驾驶证驾驶或驾驶无有效行驶证的机动车期间。

第十条 下列费用，保险人不承担给付保险金责任：

（一）保险单签发地社会医疗保险或其他公费医疗管理部门规定的自费项目，如自费药品费用等；

（二）因椎间盘膨出和突出造成被保险人支出的医疗费用；

（三）营养费、康复费、辅助器具费、整容费、美容费、修复手术费、牙齿整形费、牙齿修复费、镶牙费、护理费、交通费、伙食费、误工费、丧葬费。

保险金额、免赔额与赔付比例

第十一条 保险金额是保险人承担给付保险金责任的最高限额。

本保险合同的保险金额分为意外伤害保险金额、意外伤害医疗保险金额，由投保人、保险人双方约定，并在保险单中载明。

免赔额、赔付比例由投保人、保险人在投保时协商确定，并在保险单中载明。

保险期间

第十二条 本保险合同保险期间由保险人和投保人协商确定，以保险单载明的起讫时间为准。

争议处理和法律适用

第二十三条 因履行本保险合同发生的争议，由当事人协商解决。协商不成的，提交保险单载明的仲裁机构仲裁；保险单未载明仲裁机构且争议发生后未达成仲裁协议的，依法向中华人民共和国境内（不包括港澳台地区）人民法院起诉。

第二十四条 与本保险合同有关的以及履行本保险合同产生的一切争议处理适用中华人民共和国法律（不包括港澳台地区法律）。

第三节　保险合同的订立与效力

一、保险合同的订立

保险合同的订立通常要经过两个阶段，分别是投保（要约）和承保（承诺）。

（一）投保（要约）

投保是指投保人向保险人提出明确的订立保险合同的意愿表示。在实务中，一般体现为投保人向保险人索要投保单并对其所列事项进行如实填写和回答的过程。

（二）承保（承诺）

承保是保险人完全同意投保人提出的要约的行为，构成保险合同成立的要件。在实务中，保险人收到投保人提交的投保单后并通过审核，在投保单上签字盖章的，即保险人的承保。一般认为保险人承保的时间就是保险合同成立的时间。

在实务中，投保和承保并非一蹴而就，它需要经过一个反复磋商的过程。

二、保险合同的形式与构成

通常，一份完整的保险合同由投保单、保险单或保险凭证、暂保单及其所载条款、声明、批注，以及和本合同有关的、效力恢复申请书、体检报告书及其他约定书共同构成。其中，投保单、保险单、保险凭证、暂保单等形式最为重要。

（一）投保单

投保单是保险人事先制定好供投保人要约时填写的，一般载明保险合同的主要条款。

（二）保险单

保险单又称保单，是保险人交给投保人表示其与保险公司之间订立保险合同的正式凭证。

（三）保险凭证

保险凭证是简单化的保险单，与保险单具有一样的法律效力。

（四）暂保单

暂保单又称临时保单，是指保险人在不能立即出具保险单或保险凭证的情况下，临时向投保人签发的保险凭证。暂保单具有和保险单同样的效力，但通常暂保单有一定有效期（通常为30天），并且在签发正式的保险单之后即告失效。

一般在以下两种情况下可以使用暂保单：一是保险代理人在和投保人达成签订保险合同意向后尚未向保险人办妥保险单之前，可以签发暂保单作为保险合同的凭证；二是保险公司的分支机构对某些需要总公司批准的业务，在总公司批准前可签发暂保单等。

扫描二维码，获取银保监会规范银保业务的相关内容。

拓展阅读	学习笔记

三、保险合同的效力

我国《保险法》第十三条第一款规定："投保人提出保险要求，经保险人同意承保，保险合同成立。保险人应当及时向投保人签发保险单或者其他保险凭证。"按照保险法的规定，保险合同以保险人承保（即承诺）的时间作为其成立的时间。因此，确定保险人同意承保的时间就显得尤为重要。在实务中表现为保险人在投保书上签字或盖章，就表示其已经同意承保。我国保险实务中普遍推行"零时起保制"，即合同生效时间是在合同成立的次日零时或约定的未来某一日的零时。

需要注意的是，保险合同成立的时间与保险人签发保险单的时间往往存在不一致。在许多情况下，保险单是在保险合同成立以后再由保险人签发并交给投保人的，如本章的引例就是如此。

第四节　保险合同的履行

一、投保人义务的履行

在保险关系中，投保人作为一方当事人，应该按照合同的约定履行相应的义务。

(一)支付保险费的义务

保险合同订立后，投保人应该按照保险合同约定的时间、地点、数额和支付方式，向保险人缴纳保险费。

如果投保人未按期缴纳保险费，在财产保险和人身保险中的处理方法是不一样的。在财产保险中，保险人可以通过法律手段即诉讼的方式强制投保人缴纳。因为财产保险合同一旦成立后，保险人按照合同约定承担保险责任，保费已成为保险人的既得债权，投保人则是债务人。而在人身保险中，保险人不能通过诉讼的方式强制投保人支付。这是因为投保人不按约定缴纳保费(在实务中比较常见)，最终结果只是导致保险合同的解除，保险人因此不再承担相应的保险责任，投保人和保险人之间不存在任何形式的债权债务关系。

(二)维护保险标的安全的义务

这是投保人应该履行的一项基本义务，如投保人未按约履行维护保险标的安全的义务，保险人有权要求增加保险费或者解除合同。

(三)通知保险标的危险程度增加的义务

在保险合同订立后，并在保险合同的有效期内，存在保险标的危险程度增加的情况，投保人应当及时把相关情况通知保险人。投保人如未就保险标的危险增加的情况及时通知保险人的，保险人有权增加保险费或者解除合同，并且因为危险程度增加而发生保险事故的，保险人不承担相应的赔偿责任。

(四)保险事故通知的义务

保险事故通知的义务也称出险的通知义务，是指在保险合同的有效期内保险事故发生后，投保人、被保险人或受益人应该在第一时间把相关情况及时通知保险人。该义务的履行有利于保险人迅速开展调查取证工作，采取恰当的方式防止损失扩大，为赔偿和给付保险金做好准备工作。

> **法律链接**
>
> 《中华人民共和国保险法》第二十一条　投保人、被保险人或者受益人知道保险事故发生后，应当及时通知保险人。故意或者因重大过失未及时通知，致使保险事故的性质、原因、损失程度等难以确定的，保险人对无法确定的部分，不承担赔偿或者给付保险金的责任，但保险人通过其他途径已经及时知道或者应当及时知道保险事故发生的除外。

(五)施救义务

保险事故发生时，投保人或被保险人有责任尽力采取合理必要的措施，防止损失的进一步扩大。投保人或被保险人因积极施救而支出的合理必要的费用，由保险人承担，并且在保险金额之外另行计算，但以保险金额为限。

二、保险人义务的履行

(一)签发保险单的义务

签发保险单是保险人必须履行的首要义务。

我国《保险法》第十三条第一款规定："投保人提出保险要求，经保险人同意承保，保险合同成立。保险人应当及时向投保人签发保险单或者其他保险凭证。"

(二)赔偿或给付保险金的义务

赔偿或给付保险金也是保险人应该履行的重要义务之一。投保人通过向保险人支付保险费来履行自己应尽的义务，根据等价交换原则，投保人应该享受到应有的权利，即保险人承担相应保险责任并赔偿或给付保险金。

> **法律链接**
>
> 《中华人民共和国保险法》第二十三条　保险人收到被保险人或者受益人的赔偿或者给付保险金的请求后，应当及时作出核定；情形复杂的，应当在三十日内作出核定，但合同另有约定的除外。保险人应当将核定结果通知被保险人或者受益人；对属于保险责任的，在与被保险人或者受益人达成赔偿或者给付保险金的协议后十日内，履行赔偿或者给付保险金义务。保险合同对赔偿或者给付保险金的期限有约定的，保险人应当按照约定履行赔偿或者给付保险金义务。
>
> 保险人未及时履行前款规定义务的，除支付保险金外，应当赔偿被保险人或者受益人因此受到的损失。
>
> 任何单位和个人不得非法干预保险人履行赔偿或者给付保险金的义务，也不得限制被保险人或者受益人取得保险金的权利。

第五节　保险合同的变更、中止及终止

一、保险合同的变更

在保险合同的有效期内，投保人和保险人经过协商，可以就保险合同中的内容进行变更。保险合同的变更主要涉及对主体的变更、内容的变更和客体的变更。保险合同的变更一般应采用书面形式，批单是保险合同变更时最常用的书面单证。

(一)主体的变更

保险合同的主体包括保险合同的当事人及保险合同的关系人。保险合同的当事人是指订立保险合同并享有和承担保险合同所确定的权利义务的人，包括保险人和投保人。保险合同的关系人则是指在保险事故发生或者保险合同约定的条件满足时，享有保险金请求权的人，包括被保险人和受益人。

1. 保险人和投保人的变更

保险人的变更主要是因保险企业破产、解散、合并、分立等原因导致的，一般在实务

中比较少见。

投保人的变更表现为保险合同或者保险单的转让。我国《保险法》第四十九条第二款规定：“保险标的转让的，被保险人或者受让人应当及时通知保险人，但货物运输保险合同和另有约定的合同除外。”投保人可以提出变更申请，由于投保人死亡以及投保人债权转移都可以变更投保人。

2. 被保险人和受益人的变更

被保险人的变更只能发生在财产保险合同中。在人身保险合同中，保险标的即被保险人的生命或身体在保险合同订立时就已指定，这是保险关系确立的基础，是不能进行变更的。在财产保险合同中，保险标的的变更实际上就是投保人的变更，因为投保人对保险标的所具有的保险利益因保险标的的移转而消失了，对保险标的的保险利益由受让人所有。

受益人的变更，根据我国《保险法》第四十一条规定：“被保险人或者投保人可以变更受益人并书面通知保险人。保险人收到变更受益人的书面通知后，应当在保险单或者其他保险凭证上批注或者附贴批单。投保人变更受益人时须经被保险人同意。”投保人或被保险人单纯以口头方式通知保险人，或以遗嘱方式确立受益人的都是无效的行为，不能变更受益人。

(二)客体的变更

保险合同的客体就是指保险利益，保险利益为投保人所有，其变更一定是投保人的变更所致。因此，客体的变更也只适用于财产保险合同。

(三)保险内容的变更

保险合同内容的变更是指保险合同中规定的各种相关事项的变更，包括以下几种情况。

1. 保费的增加

投保人、被保险人未按照约定履行其对保险标的的安全应尽责任的，保险人有权要求增加保险费或者解除合同；在合同有效期内，保险标的的危险程度显著增加的，被保险人应当按照合同约定及时通知保险人，保险人可以按照合同约定增加保险费或者解除合同；投保人申报的被保险人年龄不真实，致使投保人支付的保险费少于应付保险费的，保险人有权更正并要求投保人补交保险费，或者在给付保险金时按照实付保险费与应付保险费的比例支付。

2. 保费的减少

有下列情形之一的，除合同另有约定外，保险人应当降低保险费，并按日计算退还相应的保险费：一是据以确定保险费率的有关情况发生变化，保险标的的危险程度明显减少的；二是保险标的的保险价值明显减少的。

3. 保险金额的增加

如果保险标的价值因市场价格上涨而上涨，投保人可提出按照保险价值的增加比例增加保险金额，同样保费也必然增加。

4. 保险金额的减少

投保人可提出减少保险金额的请求。特别是在人身保险中，缴费期限较长，很难保证投保人的经济能力能够持续足额缴费。因此，人身保险中允许中途减少保险金额，以减轻投保人的经济负担，从而能够继续维持保险合同。

二、保险合同的中止

保险合同中止是指在保险合同有效期内，由于某种原因而使保险合同的效力暂时失效，这在人身保险合同中较常见。人身保险合同效力中止期间，即使保险合同约定的保险事故发生后，保险人也不承担给付保险金的责任。保险合同效力中止后，因保险合同既未解除也未终止，所以待符合法定或约定条件(一定期限和一定条件)时，仍然可以恢复该合同的效力，即保险合同的复效。复效的意义在于，人身保险合同的效力因投保人逾期未交续期保费而中止后，经保险合同双方当事人达成意向，保险人继续承担保险责任，即等同于保险合同效力从未中止或中断。但保险合同的中止也有一定期限，通常是两年，如保险合同中止超过两年则合同自然失效，无法进行复效。

🔗 知识链接

保险合同的复效

保险合同的复效需要满足以下条件：一是投保人应在合同效力中止后两年内提出复效申请，超过这一复效申请保留期的，保险人有权解除保险合同，但保险人未解除合同的，投保人仍可提出复效申请；二是经保险人同意，双方就合同复效条件达成书面或口头协议；三是投保人应一次性补交合同效力中止期间的保费，在实务中，保险合同一般约定，投保人在补交保费的同时应及时补足欠交部分保费的利息。

三、保险合同的终止

保险合同的终止是指保险合同当事人之间由合同所确定的权利义务关系由于特定的原因而不复存在。

导致保险合同终止的原因主要包括期限届满、合同解除、合同违约失效、合同履行。

(一)保险合同因保险期限届满而终止

保险合同订立后，如果合同的有效期届满，即使未发生保险事故，保险人的保险责任终止。这是保险合同终止的最普遍和最基本的原因。

(二)保险合同因解除而终止

保险合同因解除而终止也是一种较为常见的保险合同终止的原因。在实务中，保险合同的解除主要包括法定解除和约定解除两种。

1. 法定解除

法定解除是指法律规定的原因出现，保险合同的一方当事人依法行使解除权，解除已经生效的保险合同。

保险人行使法定解除权的具体情形包括：①投保人故意隐瞒事实，不履行如实告知义务，或者因过失未履行如实告知义务，并足以影响保险人的承保决定的，保险人有权解除保险合同；②被保险人或者受益人谎称发生保险事故，并提出赔偿或给付保险金请求，保险人同样有权解除保险合同；③投保人、被保险人或受益人故意制造保险事故；④投保人或被保险人未按照约定履行其维护保险标的安全的责任；⑤被保险人未按照合同约定履行危险增加通知义务的；⑥在人身保险中，投保人申报的被保险人年龄不真实且真实年龄不符合合同约定的年龄限制，合同订立未超过两年的，保险人有权解除保险合同；⑦在人身保险中，保险合同效力中止起两年内双方未达成合同复效协议等。

2. 约定解除

约定解除又称协议解除，是指双方当事人可以约定解除保险合同的条件，一旦约定的条件出现时，一方或双方都有权利解除保险合同。

(三)保险合同因违约失效而终止

如果投保人不能按期缴纳保费，保险人可使保险合同中途失效。但中途失效的保险合同经保险合同双方当事人协商一致，并且投保人履约并为保险人所接受，仍然可以恢复效力，这种情况主要发生在人身保险合同中。在财产保险合同中，因不能按期缴纳保费而终止合同的，通常不能恢复合同的效力。

(四)保险合同因履行而终止

保险事故发生后，保险人完成全部保险金额的赔偿或给付义务之后，保险责任即告终止。如人寿保险中被保险人死亡的，保险人给付受益人死亡保险金后，保险合同终止；或者在财产保险中，保险标的因保险事故的发生造成全损的，被保险人获得全部损失赔偿后，保险合同即告终止。

第六节　保险合同的解释与争议处理

一、保险合同条款的解释

对保险合同的条款进行解释通常遵循以下几个原则。

(一)文义解释原则

按保险合同中的条款通常的文字含义并结合上下文来进行解释，既不超出也不缩小保险合同用语的含义。

(二)意图解释原则

在无法运用文字解释时，通过利用其他背景材料进行逻辑分析来判断保险合同当事人当初订立保险合同时的真实意图，由此来解释保险合同条款的内容。

(三)有利于被保险人的解释原则

当保险合同的当事人对保险合同条款存在争议时，按照国际惯例，法院或仲裁机关往往会作出有利于被保险人的解释。因为保险合同作为一种格式合同，投保人或被保险人只能作出接受或不接受的决定，无权更改或变换保险合同的条款。

(四)批注优于正文、后加的批注优于先加的批注的解释原则

批注通常都是对保险合同条款的一种补充或更改，是在保险合同关系因为特定事项的变化而出现的。

二、保险合同争议的处理方式

保险合同争议的处理方式主要有以下几种。

(一)协商

通过保险合同当事人双方再次进行协商来解决争议。

(二)调解

保险双方或多方当事人就存在的争议,在人民法院、人民调解委员会及有关组织主持下,自愿进行协商,通过教育疏导,促成各方达成协议、解决纠纷的办法。

(三)仲裁

一般仲裁委员会就每一个案件都要设立仲裁庭,通常由一名仲裁员或三名仲裁员组成,当事人有权选择其中的任何一种方式。仲裁实行一裁终局的制度。当事人就同一纠纷不得向同一仲裁委员会或其他仲裁委员会再次申请仲裁,不得向人民法院提起诉讼,仲裁委员会和人民法院也不予受理。申请仲裁必须以双方在自愿基础上达成的仲裁协议为前提,没有达成仲裁协议或单方申请仲裁的,仲裁委员会不予受理。

(四)诉讼

保险合同争议的诉讼属于民事诉讼。在我国《民事诉讼法》第二十四条规定:"因保险合同纠纷提起的诉讼,由被告住所地或者保险标的物所在地人民法院管辖。"人民法院审理案件实行先调解后审判、二审终审制,第二审判决为最终判决。

保险合同当事人对已生效的调解书或判决书必须执行,如存在一方不执行的,对方当事人有权向人民法院申请强制执行。

有关保险合同如出现争议应该采用何种手段解决,一般都会在保险合同中详细列明。

思维导图

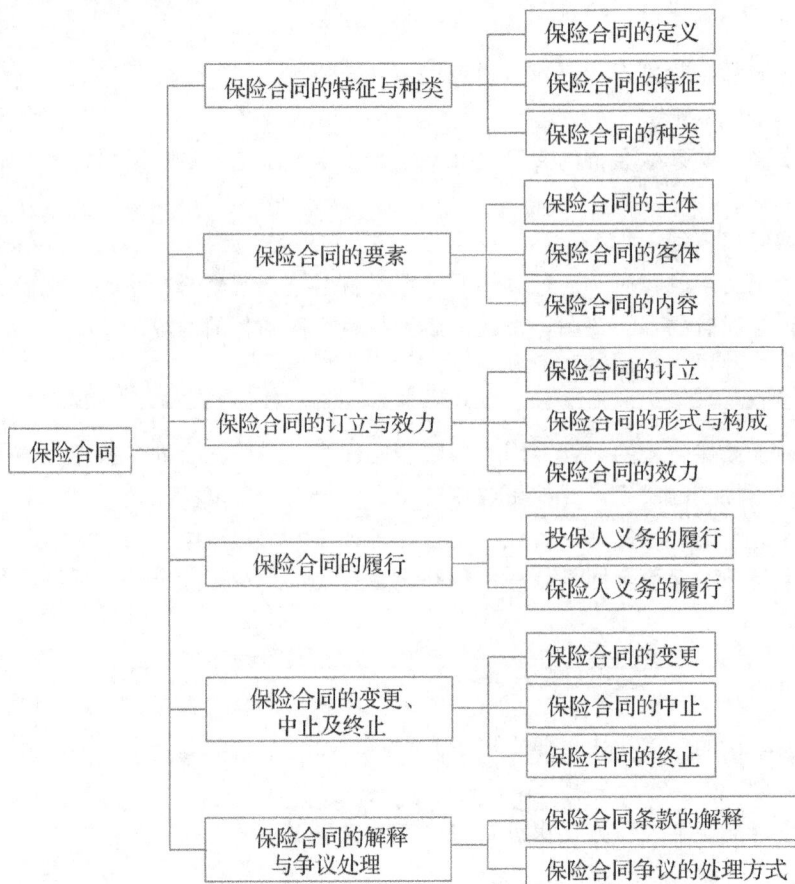

本章习题

一、简答题

1. 什么是保险合同？

2. 保险合同的主体、客体是什么？

3. 保险合同的主要形式有哪些？

4. 保险合同的变更主要涉及哪些方面？

5. 保险合同的终止有几种情况？

二、单选题

1. 当事人一方表示接受要约人提出的订立合同的建议，完全同意要约内容的意思表示，称为（　　）。

A. 要约　　　　　　　B. 承诺　　　　　　　C. 订立　　　　　　　D. 承保

2. 根据我国《保险法》的规定，下列保险合同中，自保险责任开始后，合同当事人不得解除的保险合同是（　　）。

A. 人身保险合同　　　　　　　　　B. 以古玩、字画为标的的保险合同

C. 运输工具航程保险合同　　　　　D. 责任保险合同

3. 保险人依照法律规定或合同约定，不承担赔偿和给付责任的范围称为（　　）。

A. 保险责任　　　　B. 保险范围　　　　C. 责任免除　　　　D. 保险约定

4. 人寿保险合同的被保险人由于居住地点、职业的变化，被保险人要求变更保险合同。这一变更属于（　　）。

A. 保险合同主体的变更　　　　　　B. 保险合同内容的变更

C. 保险合同客体的变更　　　　　　D. 保险合同关系人的变更

5. 在发生保险事故后，为了保证保险的损失赔偿和给付责任的及时履行，投保人必须履行的义务是（　　）。

A. 如实告知义务　　B. 及时通知义务　　C. 保证义务　　　　D. 及时证明义务

6. 按照保险承保方式分类，保险合同分为（　　）。

A. 定额保险合同和补偿保险合同　　B. 定值保险合同和定量保险合同

C. 单一保险合同和综合保险合同　　D. 原保险合同和再保险合同

7. 根据我国有关法律、法规和司法解释，如果签订的保险合同违反国家利益和社会公共利益，将导致的结果是（　　）。

A. 保险合同被变更　　　　　　　　B. 保险合同无效

C. 保险合同被解除　　　　　　　　D. 保险合同终止

8. 保险合同的主体包括（　　）。

A. 保险合同的保险人和被保险人　　B. 保险合同的保险人和投保人

C. 保险合同的当事人和关系人　　　D. 保险合同的被保险人和受益人

9. 就解释效力而言，仲裁机构对保险合同条款的解释属于（　　）。

A. 立法解释　　　B. 仲裁解释　　　C. 司法解释　　　D. 行政解释

10. 按照保险金额与实际价值的对比关系，保险合同可以分为足额保险合同，不足额保险合同和超额保险合同。其中足额保险合同是指（　　）。

A. 保险金额等于保险合同签订时的保险价值的保险合同

B. 保险金额等于保险事故发生时的保险价值的保险合同

C. 保险事故发生时保险公估人确定保险金额的保险合同

D. 保险金额少于保险事故发生时的保险价值的保险合同

三、判断题

1. 被保险人是指其财产或者人身受保险合同保障，并负有缴纳保险费义务的人。

（　　）

2. 人身保险的受益人由被保险人或者投保人指定。被保险人为限制民事行为能力人的，可以由其监护人指定受益人。（　　）

3. 在人身保险合同中，被保险人或者投保人可以变更受益人并书面通知保险人。被保险人变更受益人时须经投保人同意。（　　）

4. 投保人是指与保险人订立保险合同，并按照保险合同负有保证保险标的安全义务的人。（　　）

5. 被保险人或者受益人在未发生保险事故的情况下，谎称发生了保险事故，向保险人提出赔偿或者给付保险金的请求的，保险人有权解除保险合同，并不退还保险费。

（　　）

6. 经投保人和保险人协商同意，也可采取保险单或者保险凭证以外的其他书面协议形式订立保险合同。（　　）

7. 投保人是指与保险人订立保险合同，并按照保险合同享有保险金请求权的人。

（　　）

8. 在人身保险合同中，因投保人欠交保费而引起合同效力中止期间超过两年的，保险人有权解除保险合同，对投保人已交足两年以上保险费的，保险人应当退还现金价值加利息。（　　）

9. 在人身保险合同中，受益人依法丧失受益权或者放弃受益权，没有其他受益人的，被保险人死亡后，保险金作为被保险人的遗产，由保险人向被保险人的继承人履行给付保险金的义务。（　　）

10. 在人身保险合同中，被保险人或者投保人可以变更受益人并书面通知保险人。投保人变更受益人时须经被保险人同意。（　　）

实训项目

实训内容： 保险合同相关单据的填写

实训目的： 通过该项目的实训，使学生熟悉保险合同中的相关单据，掌握各种投保单的填写规范。

环境要求： 实训室。

实训步骤：

步骤一：辨别各类保险合同相关单据，如投保单、暂保单、保险单和保险凭证等。

步骤二：熟悉各类保险合同单据的内容。

步骤三：掌握各种投保单的填写规范，如财产保险投保单和人寿保险投保单。

步骤四：投保单填写完毕，对填写出现的问题进行交流和经验总结。

考核标准：根据实际填写投保单的情况和质量评定实训成绩。

实训报告：实训报告要求思路清楚，表述详细，能完整规范填写各类投保单。

📖 思政融入

定价不合理表述不合规　多家保险公司被通报

银保监会日前通报近期人身保险产品监管中发现的典型问题，主要集中在产品设计、产品条款表述、产品费率厘定及精算假设等方面，泰康人寿、长城人寿、幸福人寿等多家保险公司被通报。

通报显示，在产品设计方面，部分产品保险责任范围不合理，如国华人寿某意外伤害保险，保险责任包含急性病身故保险金，与意外伤害保险定义不符。部分产品设计异化，如瑞华健康某护理保险，保额增额比例高于定价利率，未明确减保规则，存在销售误导和长险短做风险。

在产品条款表述方面，部分产品条款表述不合规，如幸福人寿2款产品，条款中关于犹豫期内解除合同的费用扣除相关表述不合规。部分产品条款表述不严谨，如长城人寿某两全保险，条款中满期保险金有类似利息表述，存在销售误导风险。

在产品费率厘定及精算假设方面，部分产品定价不合理，如合众人寿、中国人寿、农银人寿、民生人寿、和谐健康、长城人寿、渤海人寿等公司的有关产品，利润测试的投资收益假设严重偏离公司投资能力和市场利率趋势，存在定价不足风险。部分产品费率厘定或精算假设不合规，如泰康人寿9款产品，精算报告中法定责任准备金评估未明确所选用的生命表。

银保监会人身险部有关负责人表示，近期，部分人身保险公司结合市场形势制定并提前布局2023年业务发展计划。为规范人身保险市场秩序，防止行业出现无序竞争，人身险部将加大监管力度，对于少数公司的销售误导、实际费用与精算假设严重偏差等违法违规行为，一经发现，将依法对公司采取监管措施或行政处罚，并严肃追究有关人员责任。

资料来源：北京青年报，2022-11-20.（有修改）

第三章 保险基本原则

知识目标

1. 掌握违反最大诚信原则的表现形式及其法律后果。
2. 掌握保险利益原则在保险实务中的应用。
3. 掌握损失补偿原则的基本内容及派生原则。
4. 理解近因与近因原则。

能力目标

1. 能够运用保险的四大基本原则分析各类案例。
2. 能够运用保险的四大基本原则解释在保险业务实际操作过程中的各种。

素质目标

1. 培养学生诚心做事，以诚待人的品德。
2. 培养学生善于分析问题、抓住主要矛盾的能力。
3. 培养学生勇于担当，敢于承担的精神。

导入案例

　　某房主钱某将其所有的用于居住的普通民宅出租给孙某，租期为1年。两人约定，由孙某出资为该房屋投保家庭财产保险，保险期限1年。后来，孙某在租来的房屋中进行烟花的制作加工，未通知保险公司。10个月后，孙某退租，孙某和房主钱某办妥了退租手续。但因当天没有合适的交通工具，孙某未将屋内的用于烟花制作加工的原材料搬离。两天后，烟花原材料着火导致房屋全部烧毁。

　　事故发生后，孙某向保险公司提出理赔，遭到保险公司拒绝。

　　【案例分析】保险公司之所以拒绝向房主钱某理赔，其原因可以从保险基本原则的角度出发进行考虑。

　　一是保险利益原则：保险事故发生时，孙某已经退租，丧失了对于房屋的保险利益，根据保险利益原则，孙某无权要求保险公司进行赔偿。

　　二是最大诚信原则：在投保时，该房屋是用于居住。孙某后来在房屋内进行烟花制作加工，危险程度增加，而孙某却没有通知保险公司，违背了最大诚信原则。

第一节　最大诚信原则

一、最大诚信原则的含义

最大诚信原则的含义可表述为：保险合同当事人订立合同及合同有效期内，应依法向对方提供足以影响对方作出订约与履约决定的全部实质性重要事实，同时绝对信守合同订立的约定与承诺。否则，受到损害的一方，可以此为由宣布合同无效，或解除合同，或不履行合同约定的义务或责任，甚至对因此受到的损害还可以要求对方予以赔偿。

🔗 知识链接

最大诚信原则的起源

最大诚信原则起源于海上保险。在早期的海上保险中，投保人投保时作为保险标的的船舶或者货物经常已在海上或在其他港口，真实情况如何，在当时的条件下，只能依据投保人的告知；保险人根据投保人的告知决定是否承保及估算保险风险、确定保险费率。因此，投保人或被保险人告知的真实性对保险人来说有重大的影响。

该原则在英国 1906 年《海上保险法》中首先得到确定，该法第 17 条规定："海上保险是建立在最大诚信原则基础上的契约，如果任何一方不遵守最大诚信原则，他方可以宣告契约无效。"

我国《保险法》第五条规定："保险活动当事人行使权利、履行义务应当遵循诚实信用原则"

二、最大诚信原则确立的原因

诚实信用原则是一切民事活动的指导准则，保险行为属于民事法律调整的范围，合同双方必须要接受诚实信用原则的强行规范。同时，由于保险具有的道德风险、技术风险、信用风险等远比其他民事活动高的特点，决定了保险行为相对于一般民事活动而言应更严格地遵循诚实信用原则，具体体现在以下两个方面。

(一)保险经营的特殊性

保险是经营风险的行业。现代保险的经营是依据大数法则开展的，在大数法则下，保险人所收缴的保险费构成用于赔偿或给付的保险基金。这个基金虽然被保险人占有，但从保险的特点来看，也可以说这个基金是所有被保险人共有的，每个被保险人的利益是一致的，这个基金如同公共财产一样，虽然利益是全体社会成员的，但任何一个人却不能随意去占有、使用、收益或处置，也不允许任何人随意破坏。因此，任何一个被保险人因不诚信行为向保险人提出索赔，其实质不仅是损害保险人的利益，而是通过破坏保险基金的稳定，直接影响了该项基金共有者——每一位被保险人的利益。从保险标的看，投保人对保险标的的风险最为了解，而保险人不可能对保险标的进行持续的监控。因此，保险人只能根据投保人提供的资料判断风险的大小，这就要求投保人在投保时如实告知并信守承诺。

保险是经营信用的行业。保险合同在履行上具有滞后性，合同交易的结果不能立时显现，主要体现在承诺及履行承诺上。但保险条款及费率由保险人单方面拟定，其专业性和技术性比较强，一般消费者并不了解。投保人是否投保以及投保的条件取决于保险人的说明，这就要求保险人遵守最大诚信原则，如实向投保人说明。

(二)为了维护和保障保险合同当事人的利益

由于保险人掌握保险专业的情况，拥有专业信息优势；而投保人掌握标的情况，拥有标的信息优势。即双方都分别处于知己不知彼的信息不对称状态。最大诚信原则要求双方当事人都必须向对方充分而准确地告知有关保险的所有重要事实，不允许存在任何虚伪、欺骗和隐瞒行为，否则保险合同无效。通过这一要求，能维护和保障当事人的利益，从而保证保险业稳定、健康发展。

三、最大诚信原则的内容

(一)告知

告知是指保险合同当事人就保险标的与合同内容的有关事项进行口头或书面陈述。告知包括投保人告知和保险人告知。

1. 投保人告知

(1)投保人告知的内容。投保人告知包括以下内容：①合同订立时，对已知或应知的与保险标的有关的重要事实(足以影响保险人决定是否承保和承保费率的保险标的的情况)如实告知保险人；②合同订立后，在有效期内，保险标的的危险程度增加时，应及时告知保险人；③保险标的发生转移或合同有关事项有变动时，应及时告知保险人；④保险事故发生后，应及时通知保险人；⑤有重复保险情况，应将有关情况告知保险人。在保险实务中，上述第②～④项一般称为"通知"。

(2)投保人告知的方式。国际上投保人的告知方式有两种：①无限告知，即法律上或保险人对告知的内容没有明确规定，投保人必须主动地将保险标的的风险状况、危险程度及有关重要事实如实告知保险人；②询问回答告知，又称主观告知，是指投保人只对保险人询问的问题如实告知，对询问以外的问题投保方无须告知。

早期保险经营活动中的告知形式主要是无限告知。随着保险经营技术水平的提高，目前世界上许多国家，包括我国在内的保险立法都是采用询问回答告知的形式。我国《保险法》第十六条第一款规定："订立保险合同，保险人就保险标的或者被保险人的有关情况提出询问的，投保人应当如实告知。"一般操作方法是保险人将需投保方告知的内容列在投保单上，要求投保方如实填写。

2. 保险人告知

(1)保险人告知的内容。保险人告知包括以下内容：①合同订立时，保险人应主动向投保人说明合同条款的内容，特别是除外责任的内容须明确说明；②保险事故发生时或合同约定的条件满足后，保险人应如实履行赔偿或给付义务，若拒赔条件存在，应发送拒赔通知书。

(2)保险人告知的方式。保险人的告知方式有两种：①明确列示，保险人将保险的主要内容明确列明在合同中，即视为告知；②明确说明，保险人不仅须将保险的主要内容明确列明在合同中，还必须对投保人进行准确的解释。

法律链接

《中华人民共和国保险法》第十七条 订立保险合同，采用保险人提供的格式条款的，保险人向投保人提供的投保单应当附格式条款，保险人应当向投保人说明合同的内容。

对保险合同中免除保险人责任的条款，保险人在订立合同时应当在投保单、保险单或者其他保险凭证上作出足以引起投保人注意的提示，并对该条款的内容以书面或者口头形式向投保人作出明确说明；未作提示或者明确说明的，该条款不产生效力。

(二)保证

保证是指保险人要求投保人或被保险人对某一事项的作为或不作为，某种事态的存在或不存在作出承诺。保险人要求保证的目的是控制风险，确保标的及周围环境处于良好的状态。

保证有明示保证和默示保证两种形式。

1. 明示保证

明示保证即以书面文字形式在合同中载明，成为保险合同的条款。明示保证可分为认定事项保证和约定事项保证。

(1)认定事项保证。认定事项保证即确认保证，是投保人对过去或现在某一特定事实存在或不存在的保证。例如，某人保证从未得过某种疾病，是指过去和现在从未得过，但不能保证将来不得。

(2)约定事项保证。约定事项保证即承诺保证，是指投保人承诺对未来某一特定事项的作为或不作为。其保证的事项涉及现在和将来。

2. 默示保证

默示保证即并未在合同中明确载明，但双方在订约时都清楚地保证。它是习惯上或社会公认的被保险人应在保险实践中遵守的规则。默示保证的内容通常是以往法庭判决的结果，是保险实践经验的总结。

默示保证与明示保证具有同等的法律效力，被保险人都必须严格遵守。

保证与告知主要是对投保人或被保险人诚信的要求，但两者还是有区别的。告知强调的是诚实，要求对有关保险标的的重要事实如实报告；而保证则强调守信、恪守诺言、言行一致、许诺的事项与事实一致。所以，保证对投保人或被保险人的要求比告知更为严格。此外，告知的目的在于使保险人能够正确估计其所承担的危险；而保证则在于控制危险。

(三)弃权与禁止反言

弃权是指保险人放弃其在保险合同中可以主张的某种权利。禁止反言是指保险人对已放弃的某种权利，日后不得向被保险人主张这种权利。两者约束的对象都是保险人。

法律链接

《中华人民共和国保险法》第十六条　订立保险合同，保险人就保险标的或者被保险人的有关情况提出询问的，投保人应当如实告知。

投保人故意或者因重大过失未履行前款规定的如实告知义务，足以影响保险人决定是否同意承保或者提高保险费率的，保险人有权解除合同。

前款规定的合同解除权，自保险人知道有解除事由之日起，超过三十日不行使而消灭。自合同成立之日起超过二年的，保险人不得解除合同；发生保险事故的，保险人应当承担赔偿或者给付保险金的责任。

投保人故意不履行如实告知义务的，保险人对于合同解除前发生的保险事故，不承担赔偿或者给付保险金的责任，并不退还保险费。

投保人因重大过失未履行如实告知义务，对保险事故的发生有严重影响的，保险人对于合同解除前发生的保险事故，不承担赔偿或者给付保险金的责任，但应当退还保险费。

保险人在合同订立时已经知道投保人未如实告知的情况的，保险人不得解除合同；发生保险事故的，保险人应当承担赔偿或者给付保险金的责任。

保险事故是指保险合同约定的保险责任范围内的事故。

四、违反最大诚信原则的表现形式及其法律后果

(一)违反告知的表现形式及其法律后果

投保人或被保险人违反告知义务的表现形式主要有四种：一是误告，即因过失而告知不实；二是漏报，即因重大过失而未予申报；三是隐瞒，即明知事项重要而故意不报；四是欺诈，即故意虚假告知。

一般而言，法律对违反告知是区别对待的：一是应区分动机是否是故意的，二是区分其违反的事项是否属于重要事实。

案例分析 3-1

2020 年上海郊县有一农村妇女因患高血压休息在家，8 月投保保险金额为 20 万元、期限 20 年的人寿保险，投保时隐瞒了病情。2021 年 2 月该妇女高血压病情发作，不幸去世。被保险人的丈夫请求保险公司给付保险金。请问：保险公司是否应履行给付保险金的义务？

【案例分析】不需要履行给付保险金的义务。因为投保人在投保时隐瞒了病情，违反了如实告知义务。根据我国《保险法》第十六条的规定，本案保险合同自成立之日起未超过 2 年，保险人有权解除保险合同，不承担给付保险金的责任，并且不退还保险费。

(二)违反保证的表现形式及其法律后果

保证的事项均属于重要事实，因而投保人或被保险人一旦违反保证的事项，保险合同即告失效，保险人不承担赔偿或给付保险金的义务。除人寿保险外，保险人一般不退还保险费。

案例分析 3-2

某银行向保险公司投保财产保险附加盗窃险，在投保单上写明"保证全天 24 小时有警卫值班"，保险公司予以承保并以此作为减费的条件。后银行被窃，经调查某日 24 小时内有半小时警卫不在岗。请问：保险公司是否承担赔偿责任？

【案例分析】保险公司不需要承担赔偿责任。因为违反保证的后果是严重的，只要违反保证条款，不论这种违反行为是否给保险人造成损害，也不论是否与保险事故的发生有因果关系，保险人均可解除合同，并不承担赔偿或给付保险金责任。在本案例中，银行在投保时保证全天 24 小时都有警卫值班，但事发当日有半小时警卫不在岗。不论警卫不在岗与银行被窃是否有因果关系，保险公司都不承担赔偿责任。

第二节　保险利益原则

一、保险利益及其确立条件

(一)保险利益及保险利益原则

保险利益是指投保人或者被保险人对保险标的具有的法律上承认的利益。它是保险合同得以成立的前提，是投保人或被保险人可以向保险人投保的利益，是保险人可提供保险保障的最大额度。保险活动必须遵循保险利益原则。所谓保险利益原则是指投保人必须以其具有保险利益的标的来投保，否则保险合同无效。

(二)保险利益确立的条件

保险利益应当是合法的、确定的、可以用经济手段衡量的(人身保险除外)、具有利害关系的利益。

1. 人身保险利益的确定

人身保险利益的确立，可以分为下列两种情况：一种本人为自己投保具有保险利益是；另一种是为他人投保应遵循三种关系，包括亲密的血缘关系、法律上的利害关系和经济上的利益关系。

2. 财产保险利益的确定

财产保险的保险利益根据下列四种情况确立：①财产所有权人、经营管理人对其所有或经营管理的财产具有保险利益；②抵押权人、质权人对其收到的抵押或质押财产具有保险利益；③负有经济责任的财产保管人、承租人对其保管、使用的财产具有保险利益；④因合同标的的损失会给其带来损失的合同双方当事人，对合同标的具有保险利益。

3. 责任保险利益的确定

责任保险的保险利益是因被保险人对第三者依法应负的经济赔偿责任而形成的，主要有以下四种。

(1)雇主责任保险的保险利益。雇主对雇员在受雇期间因从事业务遭受意外导致伤残、死亡或患有有关的职业性疾病，而依法或根据雇用合同应承担经济赔偿责任的(如医药费、工伤补贴、家属抚恤金等)，具有保险利益。

（2）公众责任保险的保险利益。例如，旅馆、商店、影剧院、工程建设工地等场所的所有者或经营者，对因这些场所的缺陷或管理上的过失及其他意外事件导致顾客、观众等人身伤害或财产损失，依法应对受害人承担经济赔偿责任，具有保险利益。

（3）职业责任保险的保险利益。各类专业人员，如医师、律师、建筑师、设计师等，可能由于工作上的疏忽或过失使他人遭受损害而必须依法承担经济赔偿责任，因而具有保险利益。

（4）产品责任保险的保险利益。制造商、销售商因商品质量缺陷或其他问题给消费者造成人身伤害或财产损失，依法应承担经济赔偿责任，因而对这种侵权责任具有保险利益。

信用保证保险的保险标的是一种信用行为。

信用保险的保险利益是指债权人担心债务人到期无法偿还债务，而致使自身遭受经济损失，因而债权人对债务人的信用具有保险利益；保证保险的保险利益是指债务人对自身的信用具有保险利益。

案例分析 3-3

李某于 2018 年以妻子为被保险人投保 10 年期人寿保险，受益人为李某，按年分期缴纳保费。夫妻双方于 2021 年离婚。此后，李某继续缴付保费。2022 年，被保险人因保险事故死亡。请问：李某作为受益人，能否向保险公司请求保险金给付？

【案例分析】本案例中，李某为其妻子投保时无疑具有保险利益，因此保险合同已经有效成立。在保险合同存续期间，除非投保人解除保险合同，否则无论投保人是否继续具有保险利益，均不构成导致保险合同丧失法律效力的事由。因此，李某有权以受益人身份向保险公司请求支付保险金。

二、保险利益原则对保险经营的意义

(一)可以避免借保险形式来达到赌博之目的

在保险业刚兴起的时候，有人以与自己毫无利害关系的远洋船舶与货物的安危为赌注，向保险人投保。若船货安全抵达目的地，则投保人丧失少量已付保费；若船货在航行途中灭失，他便可获得高于所交保险费几百倍甚至上千倍的额外收益，这种收益不是对损失的补偿，是以小的损失牟取较大的经济利益的投机行为。于是，人们就像在赛马场上下赌注一样买保险，严重影响了社会的安定。英国政府于 18 世纪通过立法禁止了这种行为，维护了正常的社会秩序，保证了保险事业的健康发展。

保险利益原则规定，投保人的投保行为必须以保险利益为前提，一旦保险事故发生，投保人获得的就是对其实际损失的补偿或给付，这就把保险与赌博从本质上区分开来。

(二)可以防止道德风险的发生

如果投保人以没有保险利益的保险标的投保，则有可能出现投保人为获得保险赔偿而任意购买保险，并盼望事故发生的现象；更有甚者，为了获得巨额赔偿或给付，采用纵火、谋财害命等手段，故意制造保险事故，增加了道德风险事故的发生。在保险利益原则的规定下，由于投保人与保险标的之间存在利害关系的制约，投保的目的是获得一种经济保障，一般不会诱发道德风险。

　　扫描二维码，获取大数据揭示车险骗保的相关内容。

拓展阅读	学习笔记

(三)可以限制损失补偿的程度

　　保险人对被保险人的保障，不是保障保险标的本身不遭灾受损，而是保障保险标的遭受损失后被保险人的利益，补偿的是被保险人的经济损失；而保险利益以投保人对保险标的的现实利益以及可以实现的预期利益为限，因此是保险人衡量损失及被保险人获得赔偿的依据。保险人的赔付金额不能超过保险利益，否则被保险人将因此获得额外利益，这有悖于损失补偿原则。再者，如果不以保险利益为原则，还容易引起保险纠纷。例如，借款人以价值 30 万元的房屋作抵押向银行贷款 15 万元，银行将此抵押房屋投保，房屋因保险事故全损，银行作为被保险人其损失是 15 万元还是 30 万元呢？保险人应赔付 15 万元还是 30 万元？如果不根据保险利益原则来衡量，银行的损失就难以确定，就可能引起保险双方在赔偿数额上的纠纷。而以保险利益原则为依据，房屋全损只会导致银行贷款本金加利息的难以收回，因此，银行最多损失 15 万元及利息，保险公司不用赔付 30 万元。

三、保险利益的时间效力及其应用

　　投保人或者被保险人对保险标的具有保险利益，是保险合同成立的前提，同时也是保险损失补偿的基础。

　　我国《保险法》第十二条第一款和第二款规定："人身保险的投保人在保险合同订立时，对被保险人应当具有保险利益。财产保险的被保险人在保险事故发生时，对保险标的的应当具有保险利益。"

(一)人身保险利益的时间效力及其应用

　　对于人身保险而言，在合同订立时必须存在保险利益。至于保险事故发生时是否存在保险利益并不重要，原因在于：①避免在合同订立时，投保人对于被保险人无密切的利益关系，而引起道德风险的发生，危及被保险人的生命安全；②在保险利益消失后即认为保险责任终止，对保单持有人有失公平。

　　我国《保险法》第三十一条最后一款中规定："订立合同时，投保人对被保险人不具有保险利益的，合同无效。"

(二)财产保险利益的时间效力及其应用

　　对于财产保险而言，在保险事故发生时必须存在保险利益。至于合同订立时是否存在保险利益并不重要，原因在于：①便于保险合同的订立，有助于保险业务的开展；②只有保险事故发生时存在保险利益，投保人或被保险人才有实际损失发生，保险人才可确定补偿的程度，如果保险利益在订立合同时存在但事故发生时就不存在了，则投保人和被保险人对于保险标的已无利害关系，就没有补偿可言，所以保险合同就失效了。

我国《保险法》第四十八条规定："保险事故发生时，被保险人对保险标的不具有保险利益的，不得向保险人请求赔偿保险金。"

案例分析 3-4

王某向张某租借房屋，租期为 10 个月。租房合同中写明，王某在租借期内应对房屋损坏负责，王某为此以所租借房屋投保财产保险 1 年。10 个月租期满后，王某按时退房。退房后半个月，房屋毁于火灾。请问：王某是否能以被保险人身份向保险公司索赔？

【案例分析】本案例中，火灾发生时王某已退还了房屋，对该房屋不再负有保管义务，因此不存在保险利益，保险合同无效。王某不能以被保险人身份向保险公司索赔。

第三节   损失补偿原则

一、损失补偿原则的含义及其意义

损失补偿原则是指保险合同生效后，如果发生保险合同责任范围内的损失，被保险人有权按照合同的约定，获得全面、充分的赔偿；保险赔偿是弥补被保险人由于保险标的遭受损失而失去的经济利益，被保险人不能因保险赔偿而获得额外的利益。损失补偿原则是补偿性保险合同中的一项基本准则，如财产保险、补偿性医疗保险理赔。

补偿原则的实现方式通常有现金赔付、修理、更换和重置。遵循补偿原则的意义在于真正发挥保险的经济补偿职能，避免将保险演变成赌博行为，防止诱发道德风险。

二、损失补偿原则的基本内容

(一)被保险人请求损失赔偿的条件

1. 被保险人对保险标的必须具有可保利益

可保利益是投保人或被保险人对保险标的所拥有的某种合法的经济权利或利益。在保险合同中，被保险人要求保险人给予保障的，并不是保险标的本身，而是被保险人对保险标的所享有的经济利益。也就是说，保险合同的客体是可保利益，而不是保险标的本身。因此，在保险标的因保险事故造成损害或灭失时，保险人向被保险人赔付的并不是保险标的的实物，而是被保险人在保险标的中所具有的经济上的利益。

2. 被保险人遭受的损失必须在保险责任范围之内

保险责任是指保险人承担的经济损失补偿或人身保险金给付的责任。保险合同中约定由保险人承担的危险范围，在保险事故发生时所负的赔偿责任，包括损害赔偿、责任赔偿、保险金给付、施救费用、救助费用、诉讼费用等。被保险人签订保险合同并交付保险费后，保险合同条款中规定的责任范围，即成为保险人承担的责任。在保险责任范围内发生财产损失或人身保险事故，保险人均要负责赔偿或给付保险金。

3. 被保险人遭受的损失必须能用货币衡量

投保人和保险人约定保险标的的保险价值并在合同中载明的，保险标的发生损失时，以约定的保险价值为赔偿计算标准。

投保人和保险人未约定保险标的的保险价值的，保险标的发生损失时，以保险事故发生时保险标的的实际价值为赔偿计算标准。

保险金额不得超过保险价值。超过保险价值的，超过部分无效，保险人应当退还相应的保险费。

(二)保险人履行损失赔偿责任的限度

1. 以实际损失为限

保险事故所导致的实际经济损失及相关的费用，不包括精神损失费。

2. 以保险金额为限

保险人承担赔偿或者给付保险金责任的最高限额。

3. 以可保利益为限

一般情况下，可保利益与保险标的价值等同；但在某些特殊情况下，如投保人以与他人共有财产的所有权作为保险利益投保的，可保利益仅为投保人所有的那一部分。

在保险实务中，会出现上述三者限额不一致的情况，此时以最低一项为赔偿标准。

(三)损失赔偿方式

财产保险的损失补偿方式主要有第一损失责任赔偿方式和比例计算赔偿方式两种，不同方式计算得出的保险赔偿金额是不相同的。因此，在保险合同中会明确规定采用哪一种赔偿方式。

1. 第一损失责任赔偿方式

第一损失责任赔偿方式又称第一危险责任赔偿方式，我国保险公司对于家庭财产保险采取这一赔偿方式。

操作方法：在保险金额限度内，按照实际损失全额赔偿，超过保险金额的损失部分，保险人不予赔偿。当实际损失小于或等于保险金额时，赔偿金额等于实际损失；当实际损失大于保险金额时，赔偿金额等于保险金额。

2. 比例计算赔偿方式

比例计算赔偿方式是指以保险金额与出险时保险标的的实际价值的比例来计算赔偿金额，即赔偿不仅取决于损失金额，而且取决于保险金额与保险价值的比例。计算公式如下：

$$赔偿金额 = 实际损失 \times \frac{保险金额}{损失当时保险财产的实际价值}$$

📅 案例分析 3-5

2020 年 7 月，王某就价值 300 万元的家庭财产在某保险公司投保财产险 1 年，当时投保金额为 150 万元，约定以第一损失责任赔偿。2020 年 12 月，因房屋意外失火，王某财产遭受损失，核定损失为 40 万元，他向保险公司提出赔偿 40 万元的要求。保险公司认为，王某投保之初就是不足额保险，按照一般处理办法，应按保额与保险标的的实际价值的比例进行赔偿，即 40 万元的 50%，应是 20 万元。

【案例分析】本案例中，虽然王某当初为不足额投保，但已在保险合同中约定采用第一损失责任赔偿方式，即在损失金额小于保险金额时，以损失金额为赔偿标准。王某因火灾损失 40 万元，小于 300 万元的保额，保险公司应向其赔偿 40 万元。

三、损失补偿原则的派生原则

(一)代位追偿原则

1. 代位追偿原则的含义

代位追偿原则是指当保险标的遭受保险事故所致的损失，或者保险标的由于第三者责任导致保险责任范围内的损失，保险人按照合同的约定履行赔偿责任后，依法取得对保险标的的所有权或向第三者进行求偿的权利。它包括权利代位和物上代位。

需要注意的是，取得和行使代位追偿权需要满足两项条件：①保险标的损失原因属于保险责任范围，即保险人负有赔偿义务；②保险人是在履行赔偿责任后取得代位追偿权的。

2. 代位追偿原则的主要内容

(1)权利代位。权利代位是指当保险标的遭受保险事故损失而依法应由第三者承担赔偿责任时，保险人在支付了保险赔款后，在赔偿金额的限度内相应取得对第三者的索赔权利。保险人权利代位的对象是对保险标的损失负有责任的第三者，不适用于人身保险。此外，对被保险人的家庭成员及组成人员的过失行为造成的损失不能行使代位求偿权。

在实务中，我们还需要注意以下问题：第一，在保险赔偿前，被保险人需保持对第三责任方起诉的权利；第二，不能放弃对第三者责任方的索赔权；第三，由于被保险人的过错致使保险人不能行使代位请求赔偿的权利的，保险人可以相应扣减保险赔偿金；第四，被保险人有义务协助保险人向第三责任方追偿；第五，被保险人已经从第三者取得损害赔偿的，保险人赔偿保险金时，可以相应扣减被保险人从第三者已取得的赔偿金额。

法律链接

《中华人民共和国保险法》第六十条　因第三者对保险标的的损害而造成保险事故的，保险人自向被保险人赔偿保险金之日起，在赔偿金额范围内代位行使被保险人对第三者请求赔偿的权利。

前款规定的保险事故发生后，被保险人已经从第三者取得损害赔偿的，保险人赔偿保险金时，可以相应扣减被保险人从第三者已取得的赔偿金额。

保险人依照本条第一款规定行使代位请求赔偿的权利，不影响被保险人就未取得赔偿的部分向第三者请求赔偿的权利。

《中华人民共和国保险法》第六十一条　保险事故发生后，保险人未赔偿保险金之前，被保险人放弃对第三者请求赔偿的权利的，保险人不承担赔偿保险金的责任。

保险人向被保险人赔偿保险金后，被保险人未经保险人同意放弃对第三者请求赔偿的权利的，该行为无效。

被保险人故意或者因重大过失致使保险人不能行使代位请求赔偿的权利的，保险人可以扣减或者要求返还相应的保险金。

《中华人民共和国保险法》第六十二条　除被保险人的家庭成员或者其组成人员故意造成本法第六十条第一款规定的保险事故外，保险人不得对被保险人的家庭成员或者其组成人员行使代位请求赔偿的权利。

《中华人民共和国保险法》第六十三条　保险人向第三者行使代位请求赔偿的权利时，被保险人应当向保险人提供必要的文件和所知道的有关情况。

（2）物上代位。物上代位又称所有权代位，是指保险标的遭受保险责任范围内的损失，保险人在全额支付了保险金额之后，依法取得该项标的全部或部分的所有权。这里"全部或部分的所有权"视保险金额与保险价值的情况而定。我国《保险法》第五十九条规定："保险事故发生后，保险人已支付了全部保险金额，并且保险金额等于保险价值的，受损保险标的的全部权利归于保险人；保险金额低于保险价值的，保险人按照保险金额与保险价值的比例取得受损保险标的的部分权利。"

物上代位一般产生于对保险标的作推定全损的处理。所谓推定全损，是指保险标的遭受保险事故后，保险人按照全损处理的一种推定性的损失。一般在保险事故发生后的三种情况下作推定全损处理：第一，尚未达到完全损毁或完全灭失的状态，但实际全损已经不可避免；第二，修复费用将超过保险价值；第三，失踪达一定时间。由于推定全损是保险标的并未完全损毁或灭失，即还有残值，而失踪可能是被他人非法占有，并非物质上的灭失，日后或许能够得到索赔，所以保险人在按全损支付保险赔款后，理应取得保险标的的所有权，否则被保险人就可能由此而获得额外的收益。

物上代位权的取得是通过委付，即被保险人就保险标的的全部向保险人提出请求赔偿。委付的成立必须具备一定的条件：第一，被保险人必须在法定时间内向保险人提出书面的委付申请；第二，委付必须就保险标的的全部提出要求，不得仅就保险标的的一部分申请委付；第三，被保险人必须将保险标的的一切权利连同义务转移给保险人，并且不得附有条件；第四，委付必须经保险人承诺才有效，保险人可以接受委付，也可以不接受委付，但一经保险人接受，不得撤回。值得注意的是，根据上述第三项条件，保险人在接受委付后，处理保险标的时，如果得到的利益超过所赔偿的保险金额，应当归保险人所有，在这点上，它与代位求偿权有所不同。

（二）重复保险分摊原则

重复保险是指投保人对同一保险标的、同一保险利益、同一保险事故分别与两个以上保险人订立保险合同，且保险金额总和超过保险价值的保险。

1. 重复保险分摊原则

重复保险分摊原则是指在重复保险的情况下，当保险事故发生时，各保险人应采取适当的分摊方法分配赔偿责任，使被保险人既能得到充分的补偿，又不会获得超过实际损失的额外收益。

2. 重复保险的分摊方式

根据世界各国情况，重复保险的分摊方式主要有以下三种。

（1）比例责任分摊方式。即各保险人按其所承保的保险金额与总保险金额的比例分摊保险赔偿责任。计算公式为：

$$各保险人承担的赔款 = 损失金额 \times \frac{该保险人承保的保险金额}{各保险人承保的保险金额总和}$$

案例分析 3-6

　　某企业以其价值 400 万元的企业财产，先后向 A、B 两家保险公司分别投保了保额为 200 万元和 300 万元的企业财产保险，在保险有效期间发生了保险责任事故，损失为 250 万元。请问：A、B 两家保险公司按比例责任分摊方式应如何赔偿？

　　【案例分析】

　　A 保险公司承担的赔款 $= 250 \times \dfrac{200}{200 + 300} = 100$（万元）

　　B 保险公司承担的赔款 $= 250 \times \dfrac{300}{200 + 300} = 150$（万元）

　　(2)限额责任分摊方式。限额责任分摊方式是以假设在没有重复保险的情况下，各保险人依其承保的保险金额而应付的赔偿限额与各保险人应负赔偿限额总和的比例来分摊损失赔偿额。计算公式为：

$$各保险人承担的赔款 = 损失金额 \times \frac{该保险人的赔偿限额}{各保险人赔偿限额总和}$$

　　若【案例 3-6】以限额责任分摊方式计算：

　　A 保险公司承担的赔款 $= 250 \times \dfrac{200}{200 + 250} \approx 111.11$（万元）

　　B 保险公司承担的赔款 $= 250 \times \dfrac{250}{200 + 250} \approx 138.89$（万元）

　　(3)顺序责任分摊方式。顺序责任分摊方式是指由先承保的保险人首先负责赔偿，后承保的保险人只有在保险标的损失超过前一保险人承保的保额时，才依次承担超出的部分。

　　若【案例 3-6】以顺序责任分摊方式计算，由于 A 公司承保在先：

　　A 保险公司承担的赔款 $= 200$（万元）

　　B 保险公司承担的赔款 $= 250 - 200 = 50$（万元）

　　在上述三类分摊方式中，我国采用比例责任分摊方式。我国《保险法》第五十六条第二款规定："重复保险的各保险人赔偿保险金的总和不得超过保险价值。除合同另有约定外，各保险人按照其保险金额与保险金额总和的比例承担赔偿保险金的责任。"

四、损失补偿原则的例外情况

(一)人寿保险

　　人寿保险合同不是补偿性合同，而是定额保险合同，一旦被保险人死亡，受益人将获得一定金额的给付，而不是补偿。

(二)定值保险

　　由于定值保险承保的财产在发生损失时很难确定其实际价值，因此，被保险人与保险人以保险单签发时的价值作为协议价格。

(三)重置成本保险

所谓重置成本保险,是指以被保险人重置或重建保险标的所需费用或成本确定保险金额的保险。这样就可能出现保险赔款大于实际损失的情况。

第四节　近因原则

一、近因原则的含义

所谓近因原则,是指引起保险标的损失的最直接、最有效的因素,并非一定是时间上最接近的原因。近因原则的含义为只有在导致保险事故的近因属于保险责任范围内时,保险人才应承担保险责任。也就是说,保险人承担赔偿责任的范围应限于以承保风险为近因造成的损失。

我国现行的《保险法》虽未直接规定近因原则,但在其第二条对保险所作的解释说明中体现了近因原则:"本法所称保险,是指投保人根据合同约定,向保险人支付保险费,保险人对于合同约定的可能发生的事故因其发生所造成的财产损失承担赔偿保险金责任,或者当被保险人死亡、伤残、疾病或者达到合同约定的年龄、期限等条件时承担给付保险金责任的商业保险行为。"

从近因原则的含义来讲,保险人对于保险标的损失的处理分为三种情况:第一,若造成保险标的受损的近因属于保险责任范围,则保险人应负赔付责任;第二,若造成保险标的受损的近因属于责任免除范围,则保险人不负赔付责任;第三,若造成保险标的受损的近因兼有保险责任和责任免除,则分不同情况处理。

坚持近因原则的目的是分清与风险事故有关各方的责任,明确保险人承保的风险与保险标的损失结果之间存在的因果关系。

二、近因原则的运用

按照近因原则,承担保险责任首先要确定近因是否属于保险责任范围。从近因认定和保险责任认定看,可分为以下几种情况。

(一)损失由单一原因所致

若保险标的损失由单一原因所致,则该原因即为近因。若该原因属于保险责任事故,则保险人应负赔偿责任;反之,若该原因属于责任免除项目,则保险人不负赔偿责任。如某人因被盗导致家庭财产损失,若该被保险人只投保了家庭财产保险基本险(不含盗抢责任),则保险人不负赔偿责任;若被保险人在家庭财产保险基本险基础上附加了盗抢险,则保险人负赔偿责任。

(二)损失由多种原因所致

若保险标的遭受损失系两个或两个以上的原因,则应具体问题具体分析。

1. 多种原因同时发生而无先后之分,且均为保险标的损失的近因

在这种情况下应区别对待:①若同时发生导致损失的多种原因均属保险责任,则保险人应负责全部损失赔偿责任;②若同时发生导致损失的多种原因均属责任免除,则保险人

不负任何损失赔偿责任；③若同时发生导致损失的多种原因不全属保险责任，则应严格区分，对能区分保险责任和责任免除的，保险人只负保险责任范围所致损失的赔偿责任，对不能区分保险责任和责任免除的，则不予赔付。

2. 多种原因连续发生导致损失

如果多种原因连续发生导致损失，前因与后因之间具有因果关系，且各原因之间的因果关系没有中断，则最先发生并造成一连串风险事故的原因就是近因。

保险人的责任可根据下列情况来确定。

(1)若连续发生导致损失的多种原因均属保险责任，则保险人应负全部损失的赔偿责任。例如，投保了船舶运输险的船舶在运输途中因遭雷击而引起火灾，火灾引起爆炸，由于三者均属于保险责任，则保险人对一切损失负全部损失赔偿责任。

(2)若连续发生导致损失的多种原因均属于责任免除范围，则保险人不负赔偿责任。

(3)若连续发生导致损失的多种原因中，最先发生的原因属于保险责任，而后因不属于责任免除，则近因属保险责任，保险人负赔偿责任。

(4)若连续发生导致损失的多种原因中，最先发生的原因属于责任免除，其后发生的原因属于保险责任，则近因是责任免除项目，保险人不负赔偿责任。

3. 多种原因间断发生导致损失

致损原因有多个，它们是间断发生的，在一连串连续发生的原因中，有一种新的独立的原因介入，使原有的因果关系链断裂，并导致损失，则新介入的独立原因是近因。若该近因属于保险责任范围的事故，则保险人应负赔偿责任；反之，若该近因不属于保险责任范围，则保险人不负责赔偿责任。例如，某人投保了意外伤害保险，在过马路时被一辆汽车撞倒，去医院检查，未受伤，回家途中因心脏病突发导致死亡。由于其致死的近因是疾病，疾病属于意外伤害保险的除外责任，所以保险人对被保险人的死亡不承担给付保险金责任。

案例分析 3-7

张某平日喜爱户外活动，他为自己投保了意外伤害险。某日，他在森林中露营时不慎摔下台阶腿部受伤。他爬到路边等待救助，因夜间天冷，染上肺炎死亡。请问：保险人是否承担给付责任？

【案例分析】本案例中，导致张某死亡的原因有两个：一个是摔下台阶腿部受伤，另一个是染上肺炎。前者是意外伤害，属于保险责任；后者是疾病，属于除外责任。摔下台阶腿部受伤，爬到路边等待救援，遇天冷而引发肺炎疾病并最终导致死亡，属于多种原因连续发生。所以，死亡的近因是意外伤害而非疾病，保险人应负赔付责任。

思维导图

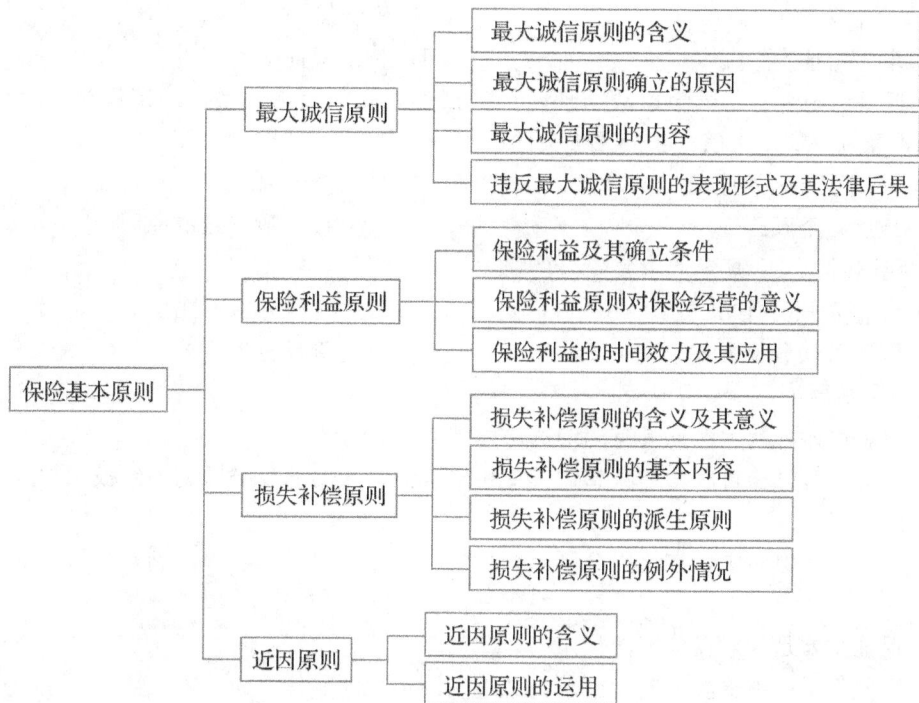

本章习题

一、简答题

1. 违反告知的法律后果是什么？

2. 保险利益原则的时间效力是怎样规定的？

3. 保险人履行损失赔偿责任的限额是多少？

4. 权利代位在实务中应注意哪些问题？

5. 作推定全损处理的三种情况是什么？

6. 损失由多种原因所致时，应如何区别对待处理？

二、单选题

1. 保险利益应为合法的利益是保险利益成立的条件之一。所谓"合法的利益"，是指投保人对保险标的所具有的利益为（　　　）。

A. 保险人所承认　　　　　　　　　　B. 工商管理部门所承认

C. 监管部门所承认　　　　　　　　　D. 法律所承认

2. 对于人身保险保险利益的时效规定（　　　）。

A. 始终具有保险利益

B. 索赔时具有保险利益

C. 投保时具有保险利益，而索赔时不追究有无保险利益

D. 以上都不正确

3. 在保险活动中，投保人或被保险人对过去或现在某一特定事实的存在或不存在所作的保证称为（   ）。

A. 承诺保证　　　　　　　　　　　　B. 确认保证

C. 事先保证　　　　　　　　　　　　D. 特别保证

4. 近因原则是判断风险事故与保险标的损失之间的因果关系，确定保险赔偿责任的一项基本原则。这里近因是指导致损失的（   ）。

A. 时间上最近的原因　　　　　　　　B. 第一个原因

C. 最后一个原因　　　　　　　　　　D. 最直接、最有效的原因

5. 我国《保险法》规定，重复保险的损失分摊适用（   ）。

A. 比例责任分摊方式　　　　　　　　B. 顺序责任分摊方式

C. 限额责任分摊方式　　　　　　　　D. 平均责任分摊方式

三、判断题

1. 明示保证与默示保证具有同等的法律效力。（   ）

2. 保险人通过委付所得利益超过其支付给被保险人的部分必须返还给被保险人。

（   ）

3. 一般财产保险中，在订立合同时，投保人对保险标的没有保险利益也可投保。

（   ）

4. 保证主要是针对保险人的规定。（   ）

5. 定值保险的被保险人有可能获得超过实际损失的赔偿。（   ）

6. 损失补偿原则也适用于人身保险。（   ）

7. 如果近因属于承保责任，保险人才给予赔付。在近因原则中，造成损失的多种原因，仅有一种不为承保风险，保险人也得承担赔偿责任。（   ）

8. 人身保险的保险利益必须在保险合同订立时存在，而不要求在保险事故发生时具有保险利益。（   ）

9. 保险人的赔偿金额不能超过保险利益。（   ）

10. 保险人通过代位求偿所得利益超过其支付给被保险人的部分必须返还给被保险人。

（   ）

四、计算题

投保人就价值 800 万元的企业财产先后分别向甲保险公司投保 400 万元，向乙保险公司投保 600 万元，当发生 500 万元保险损失时。甲、乙各赔偿多少？（分别以比例责任分摊方式、限额责任分摊方式、顺序责任分摊方式计算）

实训项目

实训目的： 能够运用保险的四大基本原则分析各类案例。

环境要求： 正常课堂环境，可分组进行讨论。

情境描述：

1. 一游客到北京旅游，在游览了故宫博物院后，出于爱护国家财产的动机，自愿交付保险费为故宫投保。请问：保险公司是否能承保？

2. 船舶保险可以在起航后办理投保手续，如果在签订保险合同之前，投保人接到该船遇险的电报，但因疏忽，未及时拆阅，以致该消息未能告知保险人。请问：保险人应如何处理？

3. 2020 年 4 月 26 日，某市 K 服装厂向 T 保险公司投保了企业财产综合保险，保险标的为该厂的机器设备和流动资产等，位于千秋大厦 5 楼与 6 楼，投保金额为 168.1 万元。同年 6 月 10 日，设在千秋大厦 2 楼的 G 服装配件公司失火，火势顺着堆放在消防通道的可燃物上蹿至位于 5 楼与 6 楼的 K 服装厂，并造成车间里的一批童装半成品被烟熏坏，损失达 8.59 万元。K 服装厂随即向 T 保险公司提出了索赔。请问：T 保险公司对被保险人 K 服装厂的索赔应当如何处理？

4. 某银行将借款单位抵押给它的一栋房屋投保，保单约定保险期限从 2021 年 1 月 1 日至 2021 年 12 月 31 日。银行于同年 11 月底收回全部借款，不料房屋于 12 月 30 日被大火焚毁。请问：银行能否获得保险公司的赔偿？

实训步骤：找出案情的焦点问题，根据保险四大基本原则的内容及《保险法》相关条款进行分析阐述。

考核标准：对每一小案例的问题进行回答，指出解决该案例问题所适用的保险基本原则，并在《保险法》中找出处理该问题适用的条款。

实训报告：

情境1	适用原则	
	《保险法》条款	
	处理结果	
情境2	适用原则	
	《保险法》条款	
	处理结果	
情境3	适用原则	
	《保险法》条款	
	处理结果	
情境4	适用原则	
	《保险法》条款	
	处理结果	

思政融入

如何防范打击骗保贪占？新版《社保基金监督办法》作出规定

为进一步加强基金监管、严厉打击侵害基金的违法行为，人力资源和社会保障部近日公布了新版《社会保险基金行政监督办法》（以下简称《办法》），自 2022 年 3 月 18 日起施行。

细化违法情形 明确法律责任

我国原有《社会保险基金行政监督办法》已实施20多年。据人社部介绍,考虑到原《办法》与目前工作需要相差较大,因此紧扣地方社保基金行政监督工作实际,以问题为导向,重新制定了《办法》。

人社部数据显示,我国养老保险已覆盖10亿人以上,较10年前增长一倍多;养老、失业和工伤三项基金年度收支规模超13万亿元,较10年前增长超三倍。

"基金规模快速增长,业务链条大幅延长,给监督工作带来全新挑战,出台新《办法》及时且十分必要。"中国社会科学院世界社保研究中心主任说。

通过整合和细化原有规定,《办法》明确社保经办机构、医院和保险公司等服务机构、用人单位、个人、人社部门、劳动能力鉴定机构等主体给社保基金造成损失的法律责任,并对社保服务机构、用人单位、个人欺诈骗保情形逐项进行了细化。

"哪些行为属于欺诈骗保,哪些行为属于失职渎职,此前一直没有特别具体的界定,在社会保险法里只有几句原则性描述。"中央财经大学社会保障研究中心主任认为,"各种情形明确后,将更具可操作性,提升打击效力,更加扎紧制度的笼子,遏制相关违法违规行为。"

"《办法》细化了违法情形、明确了法律责任,既防范打击社保服务机构、用人单位和个人的欺诈骗保行为,又防范打击社保经办机构和行使审批认定职责部门实施的侵占危害基金的职务犯罪。"人社部社会保险基金监管局局长说。

拓宽监督对象和范围 全环节监督防止"跑冒滴漏"

"与老版《办法》相比,这次新版《办法》的一大进步是拓宽了监督对象和监督范围。从单纯围绕社保基金资金账户监督,扩大到把与基金安全密切相关的全部环节都纳入监督,包括最前端的提前退休审批、工伤认定、劳动能力鉴定等,防护更为全面。"中央财经大学社会保障研究中心主任说。

多位业内专家表示,经过多年整治,社保基金管理制度不断完善,内控监管更加严格,传统的直接贪污挪用社保基金案件大幅减少。但仍有少数地区对监管重视不够,监管效能不强,加上社保基金管理宽松软、信息系统不完善、信息共享不到位的情况不同程度存在,导致欺诈骗取、贪污套取社保基金的案件时有发生,包括死亡冒领、重复领取、服刑人员违规领取养老金等。

为及时摸排社保基金收支、管理风险,发现存在的问题,《办法》规定了现场检查、非现场检查、第三方机构检查、聘请专业人员协助开展检查等多种手段,以加大监督的力度和有效性。

《办法》在加大对社保基金检查力度的同时,还特别强调对社保经办机构、人社部门工作人员违反《办法》规定或滥用职权、徇私舞弊、玩忽职守的监督处理。

此外,《办法》还要求社保经办机构向本级人社部门、地方人社部门向上级人社部门及时报告贪污挪用、欺诈骗取等侵害社保基金的情况。对发现的要情隐瞒不报、谎报或者拖延不报的,追究相关责任。

构建监督体系 对违法违规行为形成高压态势

根据《办法》规定,各级人社部门应当加强社保基金行政监督队伍建设,保证工作所需经费，保障监督工作独立性，确保监督工作有人抓有人管不落空。

《办法》明确了人社部门内部相关机构的协同义务及与公安、司法行政、财政等外部门的协同配合要求，同时鼓励支持社会各方面参与监督、形成合力，共同维护社保基金安全。

专家普遍认为，《办法》的出台有利于理顺社保基金行政监督工作体制，推动监督规范化，对侵害社保基金的违法违规行为形成高压态势。

目前我国养老保险统筹层次还比较多，社保基金使用发放主要在地方，要加大力度防范地方不作为、乱作为。下一步，人社部在指导各地抓好《办法》落实、强化监督查处的同时，还将开展全险种社保基金专项检查，发现一起、查处一起；持续推进建章立制，研究出台社保基金监督相关规定，不断完善社保基金监督制度体系。

资料来源：姜琳．新华网，2022-02-25.（有修改）

第四章   人身保险

🔍 知识目标

1. 掌握人身保险的含义、特征和种类。
2. 掌握人寿保险的概念、分类和主要条款。
3. 熟悉意外伤害保险的概念、种类和主要内容
4. 熟悉健康保险的概念、特征、特别条款和主要种类。

能力目标

1. 能够正确的订立、履行、变更和终止人身保险合同。
2. 能够根据客户情况分析人身保险需求，规划人身保险投保方案。
3. 能够与客户沟通保险，准确分析、解读人身保险产品。
4. 能够根据标准流程进行各类人身保险理赔业务操作。

素质目标

1. 正确认识新时代背景下人身保险的职能、功能及作用，培养学生的爱国情感和社会责任感，增强社会主义的道路自信、理论自信、制度自信、文化自信。

2. 遵法守纪、诚实守信、尊重生命、热爱劳动，履行道德准则和行为规范，具有社会责任感和社会参与意识。

3. 具有较强的人际沟通和口头表达能力、较高的工作责任感和良好的执行力、良好的团队协作精神及组织管理能力。

4. 具有积极上进的学习态度、严谨、认真、一丝不苟的工作作风，良好的心理素质和克服困难、承受挫折及压力的能力。

导入案例

人身保险这十年

从 2012 年到 2021 年，回溯人身险走过的十年，可以用跌宕起伏，而后回归保障初心，迈向高质量发展来形容。总体而言，行业向前发展的步伐从未停止。数据显示，十年来，人身险市场原保费收入从 2012 年年末的 1.02 万亿元，增长至 2021 年年末的 3.32 万亿元，增幅达 2.25 倍，同期，人身险公司数量也不断扩容，从 68 家增至 91 家。

伴随着人身险市场的不断壮大，保障力度也逐步增强。2021年年末，人身险赔付支出达7 921亿元，较2012年的1 900亿元，增长了3.17倍。可以说，人身险业的快速发展，为我国跻身世界第二大保险市场奠定了坚实基础。

关键词一：应对老龄化

十八大以来，我国将应对人口老龄化问题上升至国家战略高度。十年来，中国保险业积极融入养老事业，为满足国民多样化的养老保障需求、提升市场化养老服务水平，发挥着不可替代的作用。

在助力建设第三支柱养老保险方面，行业先后试点个人税延养老险和专属商业养老险。据银保监会统计数据，截至2022年7月，专属商业养老保险累计投保件数近21万件，累计保费23.5亿元，其中，新经济、新业态从业人员和灵活就业人员投保近3万件。

关键词二：破局居家养老

从老有所养，到老有所善，回望十年间中国老龄事业发展之路，我国在建设多层次、多支柱养老保障体系，提升养老服务水平方面已取得丰硕成果。

但不可忽视的是，从需求端看，当前居家养老依然是国民养老需求的重心。然而，新时代之下我国普遍存在"421"型的家庭结构，在照料老人上显得力不从心，这既是一个社会问题，更是一个时代命题。面对90%左右老人的居家养老痛点，商业保险机构正在积极化解。

关键词三：回归保障，重疾险抢占"C位"

为进一步引导保险产品回归风险保障本源，降低理财型保险的经营风险，2017年5月，监管又下发了号称史上最严新规的134号文，即《关于规范人身险公司产品开发设计行为的通知》，叫停了"快速返还＋万能账户"类型保险产品。

政策推动之下，倒逼人身险公司纷纷做出业务结构调整，压缩中短期理财型保险的存量规模，积极发展长期保障型产品，而此时兼具长期保障功能和高内含价值的重疾险，日渐成为人身险市场的"C位"担当。数据显示，2016年至2018年，是重疾险保费增长较快的阶段，保费增速连续三年超过40%，分别达到48.8%、46.9%和42.5%，到2019年重疾险保费规模已站上4 000亿平台，达到4 107亿元。

关键词四：服务"健康中国"

重疾险的高增长也带动了健康险的大发展，加之后续百万医疗险、惠民保等短期医疗险的热销，健康险随之进入发展快车道。十八大以来，我国把人民健康作为优先发展战略，并提出"健康中国"的宏伟目标。在战略规划中，保险被摆在重要位置，《纲要》特别提出，我国将构建以基本医疗保障为主、商业健康险等为补充的多层次医疗保障体系。

基于这样的顶层设计，多年来保险业积极参与国家构建多层次医疗保障体系，践行"健康中国"战略。通过搭乘"健康中国"的东风，我国商业健康险市场步入了发展快车道，迎来"黄金时代"。

关键词五：高质量转型

自1992年友邦将保险代理人制度引入中国以来，人身险市场的快速发展，离不开海量营销队伍的有效拉动。但伴随着行业的巨变演进，既有的发展模式终究难以为继，单纯依靠扩大代理人队伍已很难换来可观的保费增速，转型变革已是唯一路径。

自2019年上半年起，银保监会就围绕保险营销员清虚下发《关于开展保险专业中介机构从业人员执业登记数据清核工作的通知》《关于开展保险公司销售从业人员执业登记数据清核工作的通知》等一系列文件，要求保险公司及中介机构，围绕人员清虚、信息不全等方面进行自查整顿。2020年《保险代理人监管规定》的落地，又进一步完善了保险代理机构的准入退出管理。据保险中介监管信息系统披露，2021年我国执业登记的保险销售人员约642万人，较2020年末的842万人，一年减少了近200万人。

资料来源：和讯网，2022-04-08。(有修改)

【案例分析】回溯人身保险2012至2021这十年，从快速增长应对老龄化挑战，到回归保障初心、服务健康中国，迈向高质量转型，保险业紧跟国家战略、民生保障需要的同时，找准长期经营发展规律，回归保险保障本源，摒弃人海战术等粗放式发展模式，大步向高质量发展阶段转型创新。2020年受行业深度调整、宏观经济下行，以及新型冠状病毒感染疫情的持续冲击影响，近年来人身险机构在探寻高质量发展路径中，也在经历着转型阵痛，面临新业务增长乏力、保险消费需求不振等压力。但随着未来"健康中国"战略、个人养老金制度的稳步推进，将给人身险行业带来重大历史机遇，成为拉动市场稳步增长的新引擎。

第一节　人身保险概述

一、人身保险的含义

从人身保险的起源资料看，当人们遭受不幸事故或因疾病、年老以致丧失工作能力、伤残、死亡或年老退休时，期望有方法解决病、残、老、死所造成的经济困难，这时就出现了人身保险。

人身保险是以人的生命和身体为保险标的的保险，投保人根据合同约定，向保险人支付保险费，保险人对于合同约定的被保险人死亡、伤残、疾病或者达到合同约定的年龄、期限等条件时承担给付保险金责任的商业保险行为。

🔗 知识链接

人身保险的起源

15世纪后期，欧洲的奴隶贩子把运往美洲的非洲奴隶当作货物进行投保，后来船上的船员也可投保，如遇到意外伤害，由保险人给予经济补偿，这些应该是人身保险的早期形式。

17世纪中叶，意大利银行家提出了一项联合养老办法，并于1689年正式实行。该法规定每人缴纳一定数额的法郎，筹集起总额140万法郎的资金。保险期满后，规定每年支付10%，并按年龄把认购人分成若干群体。对年龄高些的，分息就多些。联合养老办法的特点就是把利息付给该群体的生存者，如该群体成员全部死亡，则停止给付。

著名的天文学家哈雷，在 1693 年以西里西亚的勃来斯洛市的市民死亡统计为基础，编制了第一张生命表，精确表示了每个年龄的死亡率，提供了寿险计算的依据。18 世纪四五十年代，辛普森根据哈雷的生命表，做成依死亡率增加而递增的费率表。之后，陶德森依照年龄差等计算保费，并提出了"均衡保险费"的理论，从而促进了人身保险的发展。1762 年成立的伦敦公平保险社是真正根据保险技术基础而设立的人身保险组织。

由于人寿保险单本身具有现金价值，可以抵押，可以转让，故在国外普遍被认作个人金融资产，购买人寿保险无疑是既能获得经济保障，又能使货币保值增值的一举两得的最好的投资方式。

二、人身保险的特征

一个家庭面临的风险主要分为生命、健康风险和财产风险，相对应的保险就是人身保险和财产保险。人身保险与财产保险都隶属于保险领域，具有共性，两者都能消除不幸事故造成的灾难，解除经济上的后顾之忧，都采取组织保险基金，互助共济的方法。但是，两种业务具体性质和做法却各有不同。

人身保险与财产保险相比较，具有一定的特殊性，具体表现在以下几个方面。

(一)保险金额的确定

人身保险的保险金额主要是由双方当事人在订立保险合同时，根据被保险人的经济收入水平和危险发生后经济补偿的需求协商确定；而财产保险的保险金额则是根据保险标的的价值大小确定的。

(二)保险利益的确定

人身保险只要求在合同订立时，投保人对被保险人有可保利益，但没有金额上的限制，因而不存在超额保险和重复保险问题。

(三)保险金的给付

因为人的价值是无法以货币价格来衡量的，生命的丧失、疾病的发生等保险事故给人们带来的后果，也就无法用货币来表现，所以人身保险的保险金数额主要是参照投保人或被保险人的社会地位、经济状况、对保险的需要及缴纳保险费的能力等诸多因素综合考虑，由保险双方协商予以确定，一旦发生约定事故，保险人必然按保险合同履约，所以也称定额保险。

人身保险的保险金具有定额给付性质，在发生保险事故时，保险人按照合同约定的金额给付保险金，而普通财产保险的保险金则具有补偿性质。

(四)长期性和储蓄性

人身保险的期限具有长期性。保险有效期往往可以持续几年或几十年甚至终身，这主要是为了降低费用和保障老年人的利益。普通财产保险的保险期限大多为 1 年。经营人身保险业务的保险人通过收取保险费，可以积累起巨额的、可供长期运作的资金，进行资金运用，从中获取收益，提高经营稳定性；同时，也可以分红、变更保额等方式返还给被保险人，吸引客户，因此人身保险具有一定的储蓄性。

(五)人身保险具有稳定性和有规律的变动性

计算人身保险费率基础之一的人的生存或死亡率是以生命表为依据，它符合大数法则的要求，因而呈现出相对的稳定性和有规律的变动性。

案例分析 4-1

李小姐现年42岁，丈夫余先生现年48岁，双方均属国家公务员。大儿子现就读大一，小儿子现就读初一。夫妻双方父母均身体康健，各有住所。李小姐夫妻双方拥有"四险一金"，而且还享受公务员医疗保险待遇。家庭收入稳定且有一定的增长幅度。夫妻二人的投资意识仅限于建房出租。为了购地建房，家庭用尽了多年的积蓄，还向亲属借款12万元，才于去年5月清还。目前家庭拥有3套住房，其中2套商品房1套自建房，除自建房的一层用于自住外，其余均简单装修后出租。租金收入较好且出租率稳定。家庭还有一块空置地待建，苦于无建设资金。2套商品房价值各约15万元；自建房价值200万元，根据计算，李小姐家庭资产合计3 427 000元，年净储蓄可达75 600元。请问：李小姐应该如何进行家庭保险规划？

【案例分析】第一，生命与健康风险管理。国家为公务员安排了充足的医疗福利，可报额度及比例较高，外加公务员医疗保险重疾20万元，已基本可以满足需求。但不容忽视的是商业保险具有的确诊即付功能，在风险来临时更能及时地起到作用。

第二，家庭财产风险管理。家庭房产多已出租，存在风险隐患，一旦遇险会让家庭收入骤减，并产生较高的重置成本，所以为房产购买保险极为迫切。建议选择一些家庭财产保险，具有费用低、保额高的优点。

三、人身保险的种类

人身保险可以依据不同的标准，从不同角度进行分类。

(一)人寿保险、人身意外伤害保险和健康保险

按保障范围不同，人身保险可分为人寿保险、人身意外伤害保险和健康保险。

1. 人寿保险

人寿保险是以被保险人的生命为保险标的，以被保险人的死亡或者生存为保险事故的一种人身保险。投保人向保险人缴纳一定量的保险费，当被保险人在保险期间内死亡或者生存到一定年龄时，保险人依照约定向被保险人或其受益人给付一定数额的保险金。

2. 人身意外伤害保险

人身意外伤害保险是指被保险人在保险期间内遭受非本意的、外来的、突然的意外事故，以致死亡、身体残疾、支付医疗费用或暂时丧失劳动能力，由保险人给付保险金的保险。

3. 健康保险

健康保险是投保人和保险人双方在自愿的基础上订立合同，当出现合同中约定的被保险人患病支出医疗费用或残疾造成收入损失之类的保险事故时，由保险人履行补偿责任的一种人身保险。

(二)人身保险和个人人身保险

按投保方式不同，人身保险可分为团体人身保险和个人人身保险。

1. 团体人身保险

团体人身保险是以一张总保单为某一单位内全体或大多数成员提供保障的保险。

2. 个人人身保险

个人人身保险是指被保险人只能是一个人，即一张保单只能为一个人提供保障的保险。

(三)自愿保险和强制保险

按合同实施方式不同，人身保险可分为自愿保险和强制保险。

1. 自愿保险

自愿保险是保险人与投保人双方自愿签订的保险。

2. 强制保险

强制保险又称法定保险，是指投保人依照法律或法令的规定，必须与保险人签订的一种保险。

一些国家实行的强制人身保险种类较多，如劳工保险、雇主责任保险等。在我国，某些人身保险则归入了社会保险范围。

(四)标准体保险和弱体保险

按风险程度不同，人身保险分为标准体保险和弱体保险。

1. 标准体保险

标准体保险是指其所承保的被保险人的风险程度与正常的保险费率相适应的人身保险。

2. 弱体保险

弱体保险又称次健体保险，是指被保险人的风险程度高于标准体，不能用正常费率来承保的人身保险。对弱体通常用三种方式承保：一是年龄增加法，二是保额削减法，三是附加保费法。

此外，按照保险期限不同，人身保险可分为长期保险、1年期保险和短期保险；按照保险金的给付方式不同，可分为一次性给付保险和分期给付保险；按照被保险人是否参与保险人利益分配，可分为分红保险和不分红保险；按照承保技术不同，可分为普通人身保险和简易人身保险。

📎 知识链接

人身保险小常识

随着社会的发展，人们生活需求的不断变化，风险也不断变化，人身保险的险种也在不断发展变化。尽管如此，在保险发展史中，演变出四种最基本的险种。

第一种：以"保障＋储蓄"为主要成分的养老金保险。这种保险是将银行储蓄的作用加以改造，增加了保障功能形成的，从形式上讲和银行储蓄差不多，但从内容上讲差异就大了。对个人来讲有了保险保障，就有了安定性，不受银行利率的影响，万一没有到合同约定期满而发生不幸，被保险人即可得到一笔约定的经济保障。这种保险的特点是保费高，保障相对意外险而言就比较低。这类保险的险种名称上一般有"人寿""年金"之类的词。

第二种：以"保障＋补偿"为主要成分的医疗保险。这种保险提供的保障不是依据定额给付原则，而是补偿原则，是就医疗实际开支款的数额，但补偿最高不能超过合同约定金额，因此，它的规则是补偿原则，它的特点是保费适中保额不低。这类保险的名称必有"健康""医疗"的字眼。

第三种：以"保障"为主要成分的人身意外伤害险。这些险种一般没有储蓄功能，如乘坐飞机保险，几元钱或几十元钱的保险费，而保障几万元或几十万元的经济给付。可见这种险种的特点是保费低，保额高。这种保险无论如何包装变化，险种名称中必有"意外险"三个字。

第四种：以"保障＋分红"为主要成分的分红保险和保险投资连结产品。这种保险是将保障和投资结合在一起的险种。它是在优先提供保障的前提下，拿出一部分资金进行投资，而投资获利多少，决定分红多少。这种险种的特点是保费高，保障程度相对于其他人身保险险种而言就比较低。例如，投资连结保险产品，投资的因素远远超过保障因素。

第二节   人寿保险

一、人寿保险的含义

人寿保险又称生命保险，是人身保险合同中最重要的险种。人寿保险是以被保险人的生命为保险标的，以被保险人的死亡或者生存为保险事故的一种人身保险。投保人向保险人缴纳一定量的保险费，当被保险人在保险期间内死亡或者生存到一定年龄时，保险人依照约定向被保险人或其受益人给付一定数额的保险金。

人寿保险和人身意外伤害保险、健康保险一起构成了人身保险的三大基本险种。无论在我国还是在国外，寿险都是人身保险中最基本、最主要的种类，其业务量占据了人身保险业务的绝大部分。

二、人寿保险的种类

人寿保险险种的归类，在不同的场合、根据不同需求、从不同的角度，可以有许多不同的划分方法。

按保险事故划分，人寿保险可以分为生存保险、死亡保险和两全保险；按承保方式划分，人寿保险可以分为团体人寿保险和个人人寿保险；按实施方式划分，人寿保险可以分为强制保险和自愿保险；按风险程度划分，人寿保险可以分为标准体保险和次标准体保险；按是否分红划分，人寿保险可以分为分红保险和不分红保险；等等。

联系目前我国人寿保险业的发展现状，这里将人寿保险分为传统型人寿保险和创新型人寿保险两大类。

(一)传统型人寿保险

传统型人寿保险主要有四个基本险种：定期寿险、终身寿险、两全保险和年金保险。

1. 定期寿险

定期寿险提供特定期间的死亡保障，如1年、5年、10年、20年，或保障到被保险人的某个年龄为止。当被保险人在特定期间内死亡，由保险人向受益人给付保险金；如特定期间届满，被保险人仍然生存，则保险人不承担保险责任。除长期险种外，定期寿险通常没有现金价值，是一种非储蓄性产品。

定期寿险是人寿保险业务中产生最早、也最简单易行的一个险种。它的期限短，保险费低于两全保险与终身寿险，经常成为长期性寿险的替代品。

定期寿险是廉价的保险，主要适合于两类人购买：一类是那些家庭收入低而急需较高保险金的人，另一类是那些在短期内从事危险工作的人。

2. 终身寿险

终身寿险提供被保险人终身的死亡保障，一般到生命表的终端年龄100岁为止。只要保险合同仍旧生效，不论被保险人在100岁以前何时死亡，保险人都要向受益人给付保险金。如果被保险人生存到100岁，保险人则向其本人给付保险金。投保人投保终身寿险的目的，一般是为了在被保险人死亡后，家属得到一笔收入。

终身寿险的保险费高于定期寿险，而低于两全保险。因此，从保险成本的角度看，终身寿险是最昂贵的定期寿险同时也是最便宜的两全保险。终身寿险具有现金价值，但就储蓄成分而言，低于两全保险。

🔗 **知识链接**

国寿祥福保定期寿险利益条款

第一条　保险合同构成

国寿祥福保定期寿险合同（以下简称本合同）由保险单及所附国寿祥福保定期寿险利益条款（以下简称本合同利益条款）、个人保险基本条款（以下简称本合同基本条款）、现金价值表、声明、批注、批单以及与本合同有关的投保单、复效申请书、健康声明书和其他书面协议共同构成。

第二条　投保范围

凡十八周岁以上、六十周岁以下，身体健康者均可作为被保险人，由本人或对其具有保险利益的人作为投保人向本公司投保本保险。

第三条　保险期间

本合同的保险期间分十年、二十年、三十年和至被保险人年满六十周岁的年生效对应日止、至被保险人年满七十周岁的年生效对应日止、至被保险人年满八十周岁的年生效对应日止六种，投保人在投保时可选择其中一种作为本合同的保险期间。

第四条　基本保险金额

本合同的基本保险金额是指本合同保险单上载明的保险金额。

第五条　保险责任

在本合同保险期间内，本公司承担以下保险责任：

被保险人在保险期间内身故，本合同终止，本公司按下列约定给付身故保险金：被保险人于本合同生效之日起一百八十日内因疾病身故，本公司按本合同所交保险费（不计利息）

给付身故保险金；被保险人因前述以外情形身故，本公司按基本保险金额给付身故保险金。

第六条　责任免除

因下列任何情形之一导致被保险人身故，本公司不承担给付保险金的责任：

一、投保人对被保险人的故意杀害或者故意伤害；

二、被保险人故意犯罪或抗拒依法采取的刑事强制措施；

三、被保险人在本合同成立或合同效力最后恢复之日起二年内自杀，但被保险人自杀时为无民事行为能力人的除外；

四、被保险人服用、吸食或注射毒品；

五、被保险人酒后驾驶、无合法有效驾驶证驾驶或驾驶无有效行驶证的机动车；

六、被保险人在本合同最后复效之日起一百八十日内因疾病；

七、战争、军事冲突、暴乱或武装叛乱；

八、核爆炸、核辐射或核污染。

无论上述何种情形发生，导致被保险人身故，本合同终止，本公司向投保人退还本合同的现金价值，但投保人对被保险人故意杀害或伤害造成被保险人身故的，本公司退还本合同的现金价值，作为被保险人遗产处理，但法律另有规定的除外。

第七条　保险费

保险费交付方式为分期交付，交费期间分为五年、十年、二十年和三十年四种，交付方式分为年交和月交两种，由投保人在投保时选择。

3. 两全保险

两全保险也称生死合险或储蓄保险，是生存保险与死亡保险的结合。当被保险人在保险期内死亡或者生存到保险期满时，保险人均给付保险金。由于保险人同时考虑到生存与死亡这两种生命状态，既提供强大的储蓄功能，又能防止储蓄期间的死亡风险，因此，该险种既可以保障被保险人退休后生活的需要，又可以解除由于被保险人死亡而给家庭生活带来的后顾之忧。

两全保险有两项基本用途：一是提供老年退休基金，二是为家属提供生活与教育费用。由于两全保险的储蓄性强于终身寿险，属于高度储蓄性保险产品，故其还有一些特殊用途，如作为投资工具，作为半强迫性储蓄工具，或作为个人借贷中的债务抵押品。

两全保险一般规定一个期间，其表示方法有两种：一种是以特定的年数表示，如10年、15年、20年的两全保险；另一种是以特定的年龄表示，如55岁、60岁、65岁的两全保险。保险费通常在整个保险期间按年、半年、季或月缴付，也可以限期缴清。

4. 年金保险

(1)年金保险的概念。年金保险是指保险人在约定的期限内或在指定人的生存期内，按照一定的周期给付年金领取者一定数额保险金的保险。这种周期可以是一年、半年、季或月，但以月为主。年金保险是生存保险的一种特殊形态，目的是保障年金领取者晚年的经济收入。

在年金保险中，保费可以采用一次缴清方式，也可以采取按月或按年的分期缴费方式。但不论采取何种方式，在开始领取年金以前，投保人必须缴清所有的保费，年金领取日往往就是缴费截止日。

年金保险被视为寿险的变种。一般人寿保险的主要功能在于积累或创造一笔资金，而年金保险的基本功能是有规则地清偿用寿险或非寿险方式积累或创造的一笔资金。年金保险不提供死亡风险保障，而是提供被保险人长寿所致的收入损失保障。

(2)年金保险的种类。年金保险的种类纷繁复杂，若分类标准不同，年金保险的内容也就有所不同。

①按照缴费方法的不同，年金保险分为趸缴年金和期缴年金。趸缴年金的投保人一次缴清全部保险费，期缴年金的投保人分期缴纳保险费。

②按照年金给付开始的时间不同，年金保险分为即期年金和延期年金。即期年金是指当投保人缴纳所有的保费后，保险人立即按期给付年金。即期年金一般采取趸缴保费方式。延期年金是指保险合同成立后，经过一定期间或达到一定年龄后且当被保险人仍然生存时才开始给付年金。延期年金一般采取分期缴纳保费的方式。

③按照被保险人的不同，年金保险分为个人年金、联合及生存者年金和联合年金。个人年金又称单生年金，被保险人仅为一人，并以其生存作为给付条件。联合及生存者年金又称联合及最后生存者年金，被保险人有两人以上，而年金给付继续到其中的最后生存者死亡为止。此种年金的投保人通常为夫妻二人。联合年金是以两个或两个以上的被保险人均生存作为给付条件，只要有一人先行死亡，保险金就停止给付。

④按照给付期限的不同，年金保险分为定期年金、终身年金和最低保证年金。定期年金是指保险人在约定的期限内给付年金，并以约定期满与被保险人死亡两者之先发生者作为终止给付年金的时间。终身年金是指保险人以被保险人的死亡作为给付年金的终止时间。显然，终身年金对长寿者非常有利，而被保险人死亡得越早越不利。最低保证年金是指在年金领取人死亡的情况下，保险人继续向其指定的受益人支付年金领取人没有领完的那部分金额。

⑤按照给付额是否变动，年金保险分为定额年金和变额年金。定额年金的给付额是固定的，而变额年金的给付额随着货币购买力的变动而不断调整，因此，变额年金克服了定额年金在通货膨胀条件下保障水平低的不足。个人购买变额年金可以作为一项投资，而购买定额年金主要作为一种储蓄。

(二)创新型人寿保险

与传统型寿险产品相比，创新型寿险产品是保险产品与其他金融产品充分而巧妙的结合。这类产品既考虑到投保人和被保险人的方便和利益，同时兼顾保险人自身经营风险的分散。

创新型人寿保险主要有以下几种。

1.变额人寿保险

(1)变额人寿保险的概念。保险变额人寿保险也称投资连结保险。按美国全国保险监督官协会制定的《变额人寿保险示范法规》的观点，变额人寿保险基本上是一种普通终身寿险，提供可变的死亡和(或)生存保险金给付，而从法律意义上讲，变额寿险既属于保险范畴又属于证券范畴。

(2)变额人寿保险的特点。变额人寿保险具有以下几个特点。

①保费是固定的，但死亡或生存给付额却是变动的，只有一个最低给付限额。

②保险公司对它实行分账管理，每个投保人的保费，分为两部分(两个账户)，一个是保障账户；另一个是投资账户，由该账户的资金所形成的基金专门用来投资，但由于同其他寿险产品所形成的保险基金的投资是分开的，因此称为分离账户。对分离账户的投资，保单所有人拥有投资选择权。因此，变额人寿保单又称与股权相联系的保单。这种产品的

保单所有人要承担投资风险，即利差损风险，而保险公司只承担因死亡率和费用率变动的风险，即死差损风险和费差损风险。

③保单现金价值随保险公司的投资组合和投资实绩的变动而变动。

④人们购买变额人寿保险的目的是，希望受益人能得到金额较大的死亡保险金给付，其给付金额取决于被保险人死亡时投资组合的市场价值。

2．万能人寿保险

(1)万能人寿保险的概念。万能人寿保险又称综合人寿保险，是创新型寿险中的主流产品。它具有低弹性、成本透明与投资特征，满足了顾客的需要，能与银行、投资基金和其他金融机构进行业务竞争。万能人寿保险适合于需要长期保障和相对注重投资安全的人士购买。

(2)万能人寿保险的特点。万能人寿保险主要有以下几个主要特点。

①"弹性"是万能寿险最显著的特点，也是其保持长期竞争力的主要原因。在保险期间，它的保费可以随保单所有人的需求与经济状况而改变，投保人甚至可以暂时停止缴纳保费。保单所有人可以根据需要改变保险金额，但保险单规定了一个最低保险金额，增加保险金额需要提供可保性证明。而对传统型普通终身寿险而言，增加保险金额往往须购买一份新的保单，减少保险金额必须退保，再另行购买一份新保单。

②保险公司为每个保单所有人设立单独账户。

③保险公司至少每年向保单所有人寄送一份报告书，向其显示所缴保费在提供死亡给付保障、费用和现金价值间如何分配。而传统型具有现金价值的保单并不区分死亡率、投资与费用的构成。

④现金价值与实际投资收益率相联系。万能人寿保险一般以投资于中、短期金融工具为主，而传统型人寿保险以长期投资为主。

⑤保单所有人不仅可以进行保单质押贷款，而且还可以提取部分现金价值，保险合同仍旧有效。

3．万能变额人寿保险

万能变额人寿保险改变了变额人寿保险缴费固定的特点，死亡给付金额、保费、保险期限在一定的限制条件内都可以变动，产品的灵活性因而大大增加。一些保险公司推出该产品的目的，是为了增强公司经营综合型人寿保险险种的竞争力。该产品可以为被保险人提供终身保障，也可以提供一段时期的保障，通常最短的期限为10年，从而能灵活地适应被保险人的需求。被保险人可以在购买保单时选择一个死亡给付金额，并在一定的限度内选择一个能接受的保费。保单生效后，死亡给付金额与所缴纳的保费呈同方向变动。根据投保人所缴纳的保费与对保障的需求程度，保单可以在终身寿险和定期寿险之间转化。在一定的期限内，随着保费的增加或减少，保险期限也可以随之延长或缩短。

三、人寿保险的常用条款

(一)不可抗辩条款

不可抗辩条款又称不否定条款、不可争条款，是指投保人故意隐匿或因过失遗漏而不如实履行告知义务，即使其后果足以变更或减少保险公司对危险的估计，但经过一定期限后，保险公司不得据此解除合同。"不可抗辩条款"的设立是为了防止保险公司滥用合同解除权，有效保护被保险人长期利益。此规则对于长期人寿保险合同项下的被保险人利益的保护具有重大意义。

在人身保险中，被保险人的年龄、健康状况、职业等是影响保险人决定是否承保的重要因素。投保人或被保险人在投保时，要如实告知保险人，不得有任何欺骗隐瞒。否则保险人有权解除保险合同。

我国《保险法》第十六条第一款和第二款规定："订立保险合同，保险人就保险标的或者被保险人的有关情况提出询问的，投保人应当如实告知。投保人故意或者因重大过失未履行前款规定的如实告知义务，足以影响保险人决定是否同意承保或者提高保险费率的，保险人有权解除合同。"但是，如果对此项权利不加以限制，保险人可能滥用这种权利，致使被保险人或受益人的利益得不到保障。特别是人寿保险单多为长期性保单，许多年后当被保险人年老或生病需要保障时，保险人却以投保人在投保时的误告、隐瞒或漏告等理由来否定合同的有效性，尽管保险人提供的理由可能是事实，仍将极大地损害被保险人的利益。为了保护投保方的正当权益，维护保险人的信誉，人身保险合同逐渐采用不可抗辩条款。法律规定，保险人只能在合同生效后的一定期限内（通常为两年），以此为由行使合同解除权，超过抗辩期限，保险人不得主张解除合同。

案例分析 4-2

带病投保，熬过 2 年就一定能赔吗

2016 年 6 月 3 日，被保人在连云港市第一人民医院确诊宫颈癌。2016 年 6 月 13 日，也就是被保人确诊宫颈癌的 10 天后，家人张某为她购买了 30 万定期寿险，如果被保人 10 年内身故，张某可获得 30 万保险金。投保时，张某与被保人在健康告知问卷上并无如实告知已经确诊癌症的事实。健康告知问卷由保险公司业务员代填，张某与被保人亲手签名确认 2016 年 6 月 15 日，保单生效。

2018 年 6 月 9 日，被保人因癌细胞转移至肺部，治疗无效病发身亡。从 2016 年投保开始，至被保人病发身亡的将近 2 年时间里，被保人在医院有多次的化疗记录。2018 年 6 月 19 日，即保单生效后 2 年零 4 天，张某向保险公司申请理赔。2018 年 7 月 18 日，即张某申请理赔后的第 29 天，保险公司发出拒赔通知，并解除合同退还保费。

被拒赔的张某，把保险公司告上法庭，经过和结果如下：江苏省连云港市海州区人民法院，民事一审张某败诉；江苏省连云港市中级人民法院，民事二审张某败诉；江苏省高级人民法院，张某申请再审不受理。

【案例分析】从区法院开始一直打到省高级法院，张某全部以失败告终，保险公司不用赔偿。合同中不是明确规定，保险合同生效二年后，保险公司不准解除合同，必须赔偿吗？

我们一起看看江苏高院的判词。首先，张某未如实告知，故意隐瞒保险公司是确信无疑的。在确诊癌症的 10 天后买保险，往小说是带病投保，往大说就是骗保。

关于"二年"问题，江苏高院如此解释：超过"二年"就不可抗辩，最终不应以理赔的日期计算，应该以保险事故发生的日期计算。被保人是 2018 年 6 月 9 日死亡，距离保单生效不足 2 年，刚好差几天。保险事故发生在保单生效 2 年内，因此保险公司有权拒赔和解除合同。

(二)年龄误告条款

在人身保险合同中,被保险人的年龄是决定保险费率的一个重要因素。由于不同年龄的人死亡率不同,即使他们所投保的险种和保险期限相同,其所缴纳的保险费也不相同。年龄误告条款就是如何处理被保险人年龄申报错误的依据。

法律链接

《中华人民共和国保险法》第三十二条　投保人申报的被保险人年龄不真实,并且其真实年龄不符合合同约定的年龄限制的,保险人可以解除合同,并按照合同约定退还保险单的现金价值。保险人行使合同解除权,适用本法第十六条第三款、第六款的规定。

投保人申报的被保险人年龄不真实,致使投保人支付的保险费少于应付保险费的,保险人有权更正并要求投保人补交保险费,或者在给付保险金时按照实付保险费与应付保险费的比例支付。

投保人申报的被保险人年龄不真实,致使投保人支付的保险费多于应付保险费的,保险人应当将多收的保险费退还投保人。

下面举例说明,当被保险人死亡时发现年龄误报,保险金额的调整方法。

某人投保定期寿险,保险金额为10万元,保险费10年限交,投保年龄为40岁,年交保费2 540元。若干年后,该被保险人死亡。保险人在理赔时发现此被保险人投保时的真实年龄为42岁,而42岁的人年交保费为2 760元。所以,实际保险金额应调整为:100 000×(2 540÷2 760)≈92 028(元),即保险人给付保险金92 028元即可。

如果理赔时发现被保险人投保时的真实年龄为37岁,而37岁的人年交保费为2 220元,则实际保险金额应调整为:100 000×(2 540÷2 220)≈114 414(元),即保险人应给付保险金114 414元。

案例分析 4-3

保险公司能否以误告年龄拒付保险金

2020年6月22日,谢某向太平洋人寿保险公司购买了一份人身保险,后谢某因交通事故不幸死亡,他的家人带了相关的证明资料,到保险公司申领保险金。保险公司在查验这些单证时,发现被保险人谢某投保时所填写的年龄与其户口簿上所登记的不一致,投保单上所填写的63岁是虚假的。实际上,投保时谢某已经超出了人身保险条款规定的最高投保年龄。

保险公司遂以谢某投保时虚填年龄且谢某投保时的实际年龄已超出了保险合同约定的年龄限制为理由,拒付该笔保险金,只同意扣除手续费后,向谢某家人退还谢某的保险费。谢某家人则以谢某并非故意虚报年龄,谢某不存在过错要求保险公司按照合同支付保险金。

双方争执不下,谢某家人将太平洋人寿保险公司告上法院,要求该保险公司按照合同支付保险金。

本案在审理中,对保险公司是否应当支付谢某的保险费,合议庭存在以下分歧意见。

第一种意见认为：保险公司不应当支付谢某的保险金。因为依据我国《保险法》相关规定，投保人申报的被保险人年龄不真实，并且其真实年龄不符合合同约定的年龄限制的，保险人可以解除合同，并在扣除手续费后，向投保人退还保险费。本案中谢某虽然不是故意，但仍存在谢某申报年龄不真实且真实年龄不符合合同约定的年龄限制的事实。故保险公司不应当支付谢某的保险金。

第二种意见认为：保险公司应当支付谢某部分保险金。因为谢某并非是故意虚报年龄，且保险公司在订立保险合同时未尽审查义务，在投案人订立保险合同时故意放纵，而在出险时解除合同，不予赔付，则显然对被保险人是极不公平的。故本案中保险公司存在一定过错，故应当支付谢某部分保险金。

【案例分析】人身保险的年龄是决定人身保险费率的重要依据，也是保险公司在承保时测量危险程度，决定可否承保的依据。一般来说，在人身保险中，被保险人年龄越大，危险也越大。但是，在订立人身保险合同时，保险公司要逐个验明被保险人的实际年龄是有困难的。实践中，保险公司往往是在发生保险事故或者在发放保险金时，才核实年龄。因此，不可避免地就会产生许多年龄申报不实情形，这其中有些带有欺诈的成分，有些也许只是投保人的偶然疏忽或过失所致。但有一点很显然，这样对保险公司控制风险是非常不利的。

我国《保险法》第五十三条第一款明确规定："投保人申报的被保险人年龄不真实，并且其真实年龄不符合合同约定的年龄限制的，保险人可以解除合同，并在扣除手续费后，向投保人退还保险费，但是自合同成立之日起逾二年的除外。"

本案中谢某年龄误告构成了对最大诚信原则的违反，所以，本案中太平洋人寿保险公司的拒付理由是充足的，完全符合《保险法》的有关规定。

(三)宽限期条款

宽限期条款又称迟交宽限条款，人身保险合同中一般保险期限都比较长。合同生效后，投保人应按照约定期限缴纳保险费，如未按期缴纳会导致合同效力中止。但是，大多数投保人并非故意不缴纳保险费，而是由于疏忽、经济变化、临时性的资金周转不灵或其他客观方面的原因造成的。因此人身保险合同一般都对投保人规定一个续交保险费的宽限期。在超过约定缴费时间的宽限内，投保人即使没有按时交付保险费，合同仍然有效。在这个期限内发生保险事故，保险人仍应履行给付义务。但投保人在宽限期满后，仍然不交付保险费，保险人就有中止合同或减少保险金额的权利。

案例分析 4-4

忘缴保费选自动垫交 合众肾衰客户获赔 10 万

邓先生于 2006 年 2 月 2 日为其妻子万女士购买合众幸福人生终身寿险并附加幸福人生重大疾病保险。为了防止疏忽导致保单失效，邓先生将保单的逾期未处理方式选择为自动垫交。

2013 年 1 月 30 日万女士因头痛、呕吐入住博罗县人民医院住院治疗，诊断为慢性肾功能衰竭(衰竭期)，好转后出院。后于 3 月 18 日复诊，诊断为尿毒症。

　　邓先生查阅保单时发现从 2012 年开始自己忘记了保单缴费,后查询发现,由于选择了自动垫交,万女士的保单还处于有效状态。

　　邓先生补缴了保费,并提交完整的理赔资料申请理赔。2013 年 5 月 17 日,公司根据合同条款,向万女士赔付 100 234.74 元重疾保险金,保证了万女士的后续治疗。

　　【案例分析】客户在承保时选择自动垫交,即在客户忘记或不能按期缴纳保费的情况下,将由公司用其保单的现金价值进行垫交保费。

(四)中止、复效条款

　　中止、复效条款又称两年内复效条款。宽限期限到期后,投保人仍然不缴纳保险费,人身保险合同的效力中止。复效条款是指在合同效力中止后两年内,投保人有权申请恢复保险合同的效力,复效是对原保险合同法律效力的恢复,不改变原合同的各项权利和义务。复效时,应补交合同效力中止期间的保险费及利息,但保险人不承担合同效力中止期间发生的保险责任。

法律链接

　　《中华人民共和国保险法》第三十六条　合同约定分期支付保险费,投保人支付首期保险费后,除合同另有约定外,投保人自保险人催告之日起超过三十日未支付当期保险费,或者超过约定的期限六十日未支付当期保险费的,合同效力中止,或者由保险人按照合同约定的条件减少保险金额。

　　被保险人在前款规定期限内发生保险事故的,保险人应当按照合同约定给付保险金,但可以扣减欠交的保险费。

　　《中华人民共和国保险法》第三十七条　合同效力依照本法第三十六条规定中止的,经保险人与投保人协商并达成协议,在投保人补交保险费后,合同效力恢复。但是,自合同效力中止之日起满二年双方未达成协议的,保险人有权解除合同。

　　保险人依照前款规定解除合同的,应当按照合同约定退还保险单的现金价值。

(五)不丧失现金价值条款

　　人身保险中的终身保险,以及生死两全保险,都带有储蓄性质,投保人缴纳保险费达一定年限以后,保险单便有相当的现金价值。这一现金价值虽然由保险人保管运用,但所有权属于投保方。因此,如果投保人不愿意继续投保而要求退保时,保险金所具有的现金价值并不因此而丧失。人身保险合同的保单所具有的这一价值,称为"不丧失价值"。不丧失价值条款也称不注销现金价值条款。投保人要求退保,保险人应当退还现金价值。

　　我国《保险法》第四十七条规定:"投保人解除合同的,保险人应当自收到解除合同通知之日起三十日内,按照合同约定退还保险单的现金价值。"

　　投保人处置失效保单现金价值的方式一般有三种:①投保人办理退保,领取退保金。②将原保险单改为缴清保险。即将保险单上的现金价值作为趸缴保险费,在原保单的保险期间和保险责任保持不变的情况下,重新确定保险金额。缴清保险的保险金额比原保单上的保险金额要小。③将原保险单改为展期保险。即是将保险单上的现金价值作为趸缴保险费,用以购买与原保单保险金额相同的死亡保险,其保险期间长短取决于保单现金价值的多少，但最长不能超过原保险合同的保险期间。如果现金价值抵缴后仍有余额，其剩余部分可以购买生存保险，这样，如果被保险人生存到保险期满，就可获得生存保险金。

法律链接

《中华人民共和国保险法》第五十五条 投保人和保险人约定保险标的的保险价值并在合同中载明的，保险标的发生损失时，以约定的保险价值为赔偿计算标准。

投保人和保险人未约定保险标的的保险价值的，保险标的发生损失时，以保险事故发生时保险标的的实际价值为赔偿计算标准。

保险金额不得超过保险价值。超过保险价值的，超过部分无效，保险人应当退还相应的保险费。

保险金额低于保险价值的，除合同另有约定外，保险人按照保险金额与保险价值的比例承担赔偿保险金的责任。

(六)受益人条款

在含有死亡责任的人寿保险合同中，受益人是十分重要的关系人，因此，很多国家的人身保险合同中都订有受益人条款。人身保险中的受益人通常分为指定受益人和未指定受益人两类。指定受益人按其请求权的顺序分为原始受益人和后继受益人。许多国家在受益人条款中规定："如果受益人在被保险人之前死亡，这个受益人的权利将转回被保险人，被保险人可以另再指定受益人。"这个再指定受益人就是后继受益人。当保单所有人或被保险人未指定受益人时，被保险人的法定继承人就成为受益人，这时保险金变成了被保险人的遗产。

保单所有人或被保险人除了指定受益人外，如果保单赋予，则其还拥有变更受益人的权利。变更受益人无须征求受益人的同意，但必须遵循一定的程序，否则变更无效。通常的手续是书面通知保险公司。这种不需要受益人同意就能变更的受益人称为可变更受益人。如果需要受益人同意才能变更的受益人称为不可变更受益人。现在大部分的保单都允许保单所有人或被保险人变更受益人，但会受到一些条件的限制，如夫妻共同财产、财产划分协议或团体保险方面的法律限制。在可变更受益人的情况下，被保险人对保单享有的各种权益(比如：退保、抵押贷款等)无须经受益人同意，被保险人对保单具有一切支配权利，对这些权利受益人无权过问。保单是被保险人生存健在时可以自己支配的财产，在被保险人死亡之前，受益人只有"期待权"。

法律链接

《中华人民共和国保险法》第三十九条 人身保险的受益人由被保险人或者投保人指定。

投保人指定受益人时须经被保险人同意。投保人为与其有劳动关系的劳动者投保人身保险，不得指定被保险人及其近亲属以外的人为受益人。

被保险人为无民事行为能力人或者限制民事行为能力人的，可以由其监护人指定受益人。

《中华人民共和国保险法》第四十条 被保险人或者投保人可以指定一人或者数人为受益人。

受益人为数人的，被保险人或者投保人可以确定受益顺序和受益份额；未确定受益份额的，受益人按照相等份额享有受益权。

《中华人民共和国保险法》第四十一条　被保险人或者投保人可以变更受益人并书面通知保险人。保险人收到变更受益人的书面通知后，应当在保险单或者其他保险凭证上批注或者附贴批单。

投保人变更受益人时须经被保险人同意。

(七)保单贷款条款

保单贷款条款规定，人寿保险单经过两年时间后，投保人可以以保单作为抵押向保险人申请贷款。根据不丧失价值条款，保单经过一定时期后，会积存一定的现金价值，且这一现金价值归保单持有人所有。因此，如果投保人有经济上的临时性需要，保险人应该将该现金价值暂时借给投保人使用。贷款金额往往是保单现金价值的一个比例，如80%或90%等。保险人将按照保险单上规定的利率，当贷款本利之和达到保单的现金价值时，投保人应按保险人的通知日期还清款项，否则保单失效。此种失效一般不得申请复效，因为它相当于投保人已经领取了退保金。如果被保险人或受益人领取保险金时，保险单上的借款本息尚未还清，保险人将在保险金内扣除贷款本息。

保单贷款的期限多以6个月为限，贷款利率略高于或等于金融机构的贷款利率，通常到期可以自动更新。实行保单贷款，方便了投保人，降低了保单解约率，增加了保险人的资金运用渠道，但由于贷款金额较小，笔数较多，使得保单贷款一项的净收益率远小于保险人将此笔资金用于其他投资所能得到的净收益率，所以，此条款实际上是保险人给予投保人的优惠条款。

我国《保险法》中没有规定保单贷款条款，但我国部分保险公司在寿险保单中有时载有此条款。

(八)保费自动垫缴条款

保费自动垫缴条款规定，投保人在合同有效期内已缴足两年以上分期保险费的，若以后的分期保险费超过宽限期仍未缴付，而保险单当时的保单现金价值足以垫缴应缴保险费及利息时，除投保人事先另以书面作反对声明外，保险人将自动垫缴其应缴保险费及利息，使保险单继续有效。如果垫缴后，投保人仍未缴付保费，垫缴应继续进行，直到累计的贷款本息达到保单上的现金价值时，保险合同的效力中止，此项中止适用复效条款。如果被保险人在垫缴期间发生保险事故，保险人应从给付的保险金中扣除贷款本息。规定此条款的目的是减少保险单失效量，维持较高的续保率，有的保险单使用此条款时还同时规定垫缴次数限制数。此条款在不少国家都不是法定条款，保险人可以自由选择使用。

我国《保险法》中无此条款，但有的寿险公司在寿险保单中规定了此条款。

宽限期条款、自动垫缴保费条款及复效条款之间的关系，如图4-1所示。

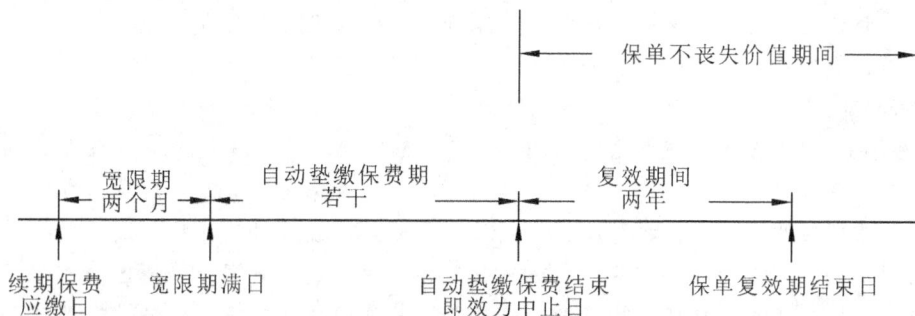

图 4-1 宽限期条款、自动垫缴保费条款及复效条款之间的关系

(九)自杀条款

为了避免蓄意自杀者通过保险方式图谋保险金,防止道德风险的发生,人身保险合同一般都把自杀作为除外责任条款。但如果一律无限制地将自杀列为保险除外责任,往往造成被扶养者因被保险人自杀身亡而不能领受保险金陷入困境,降低了人身保险的价值。因此保险法针对被保险人自杀情况作了特殊规定。

法律链接

《中华人民共和国保险法》第四十四条 以被保险人死亡为给付保险金条件的合同,自合同成立或者合同效力恢复之日起二年内,被保险人自杀的,保险人不承担给付保险金的责任,但被保险人自杀时为无民事行为能力人的除外。

保险人依照前款规定不承担给付保险金责任的,应当按照合同约定退还保险单的现金价值。

案例分析 4-5

复效后两年自杀期限如何计算

2010 年 9 月 1 日,黄女士向某保险公司投保了 20 万元终身寿险,指定受益人为其女儿。由于黄女士未按时交纳续期保费,超过 60 天交费宽限期后,保险合同于 2011 年 11 月 1 日失效。2011 年 11 月 10 日,黄女士向保险公司申请保单复效,并缴纳了续期保费及利息。保险合同的效力于 2011 年 11 月 10 日恢复。

2013 年 8 月 4 日,黄女士因工作压力太大自杀身亡。其女儿向保险公司申请给付保险金。保险公司经审核认为,保险合同复效的日期为 2001 年 11 月 10 日,黄女士自保险合同复效之日起两年内自杀,保险公司不承担给付保险金的责任。

黄女不服,起诉至法院。

在本案的审理过程中,存在两种不同意见。

第一种意见认为,保险合同的复效是原保险合同效力的恢复和继续。因此,合同复效后包括自杀条款在内的所有条款,如果没有特别约定,效力都应当回溯至合同成立之日时的状态。所以,两年自杀期间的计算应从合同成立之日即 2000 年 9 月 1 日起计算,而不应当从复效之日起计算。故黄女士自杀时已经超过两年,保险公司应当承担赔付保险金的责任。

　　第二种意见认为，保险合同失效后，保险合同中约定的有关期间即行中断，保险合同复效后，合同中的有关期间包括自杀期间应当重新计算。故黄女士自杀未超过两年，保险公司不应当承担赔付保险金的责任。

　　【案例分析】本案争议的焦点是保险合同复效后，两年自杀期间是从复效之日起重新计算还是从合同成立之日起连续计算。我国《保险法》对保险合同复效后自杀期间是否重新计算没有明确规定。从国外保险立法来看，有些国家或地区的保险立法明确规定，保险合同复效的，两年自杀期间从复效之日起算，如意大利、我国台湾地区。有些国家或地区的保险立法规定，保险合同复效的，两年自杀期间从合同成立之日起连续计算，如美国。

　　我国《保险法》第六十六条第二款规定："以死亡为给付保险金条件的合同，自成立之日起满两年后，如果被保险人自杀的，保险人可以按照合同给付保险金。"

　　该条款有条件地限制了将自杀作为除外责任。这样规定的考虑是，将自杀作为除外责任的目的在于防范道德风险，避免蓄意自杀者通过投保谋取保险金。但是，人寿保险的目的在于保护受益人或被保险人遗属的利益，如果并非图谋保险金而发生的自杀一概不予赔付，将会影响受益人的正常生活。何况在一般正常情况下，一个人不太可能若干年前计划好几年之后的自杀行为，并于若干年后实施。

　　所以，我国《保险法》在规定自杀为除外责任的同时，限定了一个两年的期限。这样，大抵可以兼顾道德风险的防范和受益人的利益。在我国保险实务中，通行的做法是保单复效后重新计算自杀期间。各保险公司的人身保险条款中均明确规定：被保险人在本合同生效或复效之日起2年内故意自杀属于除外责任。

　　本案保险合同中没有两年自杀起始计算之日的约定，而法律亦没有相应规定，则一般应当遵从保险惯例。两年自杀期间从保险合同复效之日起重新计算。

(十)意外事故死亡双倍给付条款

　　意外事故死亡双倍给付条款规定，如果被保险人由于意外事故死亡，保险人就给付双倍保险金，有的保险人规定给付三倍保险金。

　　该给付发生须满足下列条件：一是导致被保险人死亡的近因必须是意外事故；二是死亡必须在意外事故后90天内发生；三是死亡必须发生在保单规定的年龄之前，如60岁或65岁。

　　被保险人在60岁(或65岁)以前意外死亡，会给其家人带来巨大的精神打击和经济损失，此条款可从经济上给予适当的补偿。我国《保险法》中没有规定此项条款，但有的寿险公司在保单中采用了这一条款。

第三节　人身意外伤害保险

一、人身意外伤害保险的含义

　　人身意外伤害保险是指被保险人在保险期间遭受非本意的、外来的、突然的意外事故，以致死亡、身体残疾、支付医疗费用或暂时丧失劳动能力，由保险人给付保险金的保险。它至少包含三个条件：一是有客观的事故发生，而且是不可预料、不可控制、非受害者所愿的；二是被保险人身体或生命所遭受的伤害是客观的、看得见的；三是意外事故属于保险合同范围，是伤害被保险人身体或生命的直接原因或者说是近因。这三个条件缺一不可，共同构成人身意外伤害保险合同成立的条件。

人身意外伤害保险承保的风险是人身意外伤害。但并非一切人身意外伤害都是人身意外伤害保险所能承保的。从是否可保角度看，人身意外伤害可分为不可保人身意外伤害、特约人身意外伤害和一般可保人身意外伤害。

(一)不可保人身意外伤害

1. 不可保人身意外伤害的概念

不可保人身意外伤害是指根据保险的大数法则或数理规则不应承保、受限于当前的承保技术和承保能力而无法承保或法律、法规限制承保的人身意外伤害。对这一类伤害，如果承保，则违反法律的规定或社会公众利益。

2. 不可保人身意外伤害的范围

(1)在犯罪活动中所受的人身意外伤害。一是一切犯罪行为都是违法行为，保险只为合法的行为提供经济保障；二是犯罪活动具有社会危害性，如果承保被保险人在犯罪活动中所受的人身意外伤害将为犯罪活动提供了支持。

(2)在寻衅斗殴中所受的人身意外伤害。寻衅斗殴属于违法行为，不能承保。但在正当防卫中所受的人身意外伤害，属于可保伤害。

(3)因醉酒、吸食毒品、自杀等行为所致的人身意外伤害。醉酒、吸食毒品等对身体所造成的伤害是故意行为所致，当然不属于人身意外伤害。因醉酒、吸食毒品等而连带发生的伤害，如跌打损伤、交通肇事等属于人身意外伤害，但不能承保。因为醉酒、吸食毒品是不道德行为，在大多数国家吸食毒品是违法行为。不可保人身意外伤害，在人身意外伤害保险条款中应列明为除外责任。

(二)特约人身意外伤害

1. 特约人身意外伤害的概念

特约人身意外伤害是指根据保险原理可保，但因风险较高或责任不易区分，一般不予承保，经保险双方特别约定后才予以承保的人身意外伤害。通常情况下，投保人要多缴纳保险费，或保险人降低给付标准。由于是特约，保险人必须在保险单上签注特别约定或出具批单。

2. 特约人身意外伤害的范围

(1)战争。在战争状态下，遭受人身意外伤害的概率比非战争状态要大得多，保险费率很难拟定，保险人一般不予承保，只有经过特别约定并另外加收保险费才予承保。

(2)登山、跳伞、滑雪、赛车、拳击等剧烈的体育活动或比赛中所受的人身意外伤害。由于从事上述活动，遭受人身意外伤害的概率大大增加，因而保险人一般不予承保，只有经过特别约定并另外加收保险费才予承保。

(3)核辐射造成的人身意外伤害。核辐射对人体造成人身意外伤害的后果，往往短期内不能确定，而且大规模的核辐射通常造成大面积的人身伤害，所以这种人身意外伤害只有在特约后才予承保。

(4)医疗事故等造成的人身意外伤害。人身意外伤害保险的保险费率是根据大多数被保险人的情况而制定的,其前提是大多数被保险人的身体是健康的,只有少数患有疾病的被保险人才存在因医疗事故遭受人身意外伤害的危险。对这种人身意外伤害,保险人只有在特约后才予承保。

(三)一般可保人身意外伤害

一般可保人身意外伤害指在一般情况下可保的人身意外伤害。事实上,特约人身意外伤害与一般可保人身意外伤害之间并不是严格区分开来的。保险人可以根据自己的技术条件、承保能力和经营状况决定将某种人身意外伤害决定为可保或不可保。

扫描二维码,获取《人身保险产品信息披露管理办法》的相关内容。

拓展阅读	学习笔记

二、人身意外伤害保险的特征

(一)季节性明显,灵活性较强

人身意外伤害保险的许多险种往往因季节变化而有不同的投保高峰。比如,春、夏和秋季往往是风景游览区的旅游人身意外伤害保险的旺季;就灵活性来看,许多人身意外伤害保险的订立,大多数是经保险双方当事人协商一致的结果,保险方式比较灵活。

(二)人身意外伤害保险费率的厘定依据损失率来计算

一般不需要考虑被保险人的年龄、性别等因素,不以生命表为依据。因为被保险人所面临的风险与其职业、工种或从事的活动关系密切,被保险人遭受人身意外伤害的概率并不因被保险人的年龄、性别不同而有较大的差异。在其他条件相当的情况下,被保险人职业、工种或从事活动的危险程度越高,应缴的保险费越多。

(三)人身意外伤害的承保条件一般较宽

高龄者可以投保,对被保险人也不必进行体检。

(四)保险责任是被保险人因人身意外伤害所致的死亡或残疾

人身意外伤害保险的保险责任由三个必要条件构成:一是被保险人在保险期限内遭受了人身意外伤害,二是被保险人在责任期限内死亡或残疾,三是被保险人所遭受的人身意外伤害是其死亡或残疾的直接原因或近因。

人身意外伤害死亡残疾保险的保险责任是当被保险人由于遭受人身意外伤害造成死亡或残疾时,保险人给付死亡保险金或残疾保险金。人身意外伤害医疗保险的保险责任是当被保险人由于遭受人身意外伤害需要治疗时,保险人支付医疗保险费。人身意外伤害停工保险的保险责任是当被保险人由于遭受人身意外伤害暂时丧失劳动能力不能工作时,保险人给付停工保险金。

(五)保险期间与责任期限的不一致性

人身意外伤害保险的保险期限较短,一般为1年,有些极短期人身意外伤害保险的保险期限往往只有几天、几个小时甚至更短。但责任期限并不随着保险期限的结束而终止。

责任期限是人身意外伤害保险特有的概念，指从被保险人遭受人身意外伤害之日起的一定期限，如 90 天、180 天、360 天或 13 周、26 周、52 周。人身意外伤害保险强调被保险人在遭受伤害后的死亡或残废必须发生在责任期限内。只要被保险人遭受的人身意外伤害事故发生在保险有效期间，而且自遭受人身意外伤害之日起的一定时期内，造成死亡、残废的后果，保险人都要承担保险责任，给付保险金。

三、人身意外伤害保险的种类

（一）按照实施方式划分

1. 自愿性的人身意外伤害保险

自愿性的人身意外伤害保险是投保人根据自己的意愿和需求投保的各种人身意外伤害保险。比如，我国现开办的中小学生平安险、投宿旅客人身意外伤害保险就是其中的险种。这些险种均采取家长或旅客自愿投保的形式，由学校或旅店代收保费，再汇总交保险公司。

2. 强制性的人身意外伤害保险

强制性的人身意外伤害保险是由政府强制规定有关人员必须参加的一种人身意外伤害保险。它是基于国家保险法令的效力构成的被保险人与保险人的权利和义务关系。

（二）按照承保风险划分

1. 普通人身意外伤害保险

普通人身意外伤害保险是承保由一般风险而导致的各种人身意外伤害事件。在投保普通人身意外伤害保险时，一般由保险公司事先拟定好条款，投保方只需作出"是"与"否"的附和。在实际业务中，许多具体险种均属普通人身意外伤害保险，如我国现开办的团体人身意外伤害保险、个人平安保险等。

2. 特种人身意外伤害保险

特种人身意外伤害保险是承保在特定时间、特定地点或由特定原因而发生或导致的人身意外伤害事件。由于"三个特定"，相对于普通人身意外伤害保险而言，后者发生保险风险的概率更大些，故称之为特种人身意外伤害保险。例如在游泳池或游乐场所发生的人身意外伤害，江河漂流、登山、滑雪等激烈的体育比赛或活动中发生的人身意外伤害等。实际开办此类业务时，大多采取由投保方和保险方协商一致后签订协议的方式办理。

（三）按照保险对象划分

1. 个人人身意外伤害保险

个人人身意外伤害保险是以个人作为保险对象的各种人身意外伤害保险。机动车驾乘人员人身意外伤害保险、航空人身意外伤害保险、旅客人身意外伤害保险和旅游人身意外伤害保险等是个人人身意外伤害保险的主要险种。

个人人身意外伤害保险的特点包括：①大多属于自愿保险，但有些险种属于强制性保险，如我国旅客人身意外伤害保险就带有强制性的特点；②多数险种的保险期限较短；③投保条件相对宽松，一般的个人人身意外伤害保险对保险对象均没有资格限制，凡是身体健康、能正常工作或正常劳动者均可作为保险对象；④保险费率低，而保障范围较大，由于一般的个人人身意外伤害保险不具有储蓄性，所以保险费仅为保险金额的千分之几，甚至万分之几。

2. 团体人身意外伤害保险

团体人身意外伤害保险是以团体为保险对象的各种人身意外伤害保险。由于人身意外伤害保险的保险费率与被保险人的年龄和健康状况无关，而是取决于被保险人的职业，所以人身意外伤害保险最适合于团体投保。

团体人身意外伤害保险的特点包括：①投保人与被保险人不是一个人，投保人是一个投保前就已存在的单位，如机关、学校、社会团体、企业、事业单位等，被保险人是单位的人员，如学校的学生、企业的员工等；②保险责任主要是死亡责任，以被保险人死亡作为给付保险金的条件，所以投保人在订立保险合同时，应经被保险人书面同意，并认可保险金额；③保险金额一般没有上限规定，仅规定最低保额；④保险费率低，团体人身意外伤害保险由于是单位投保，降低了保险人管理成本等方面的费用，保险费率因此降低；⑤在通常情况下，保险费缴纳是在保险有效期开始之日一次交清，保险费缴清后保单方能生效。

团体人身意外伤害保险与个人人身意外伤害保险相比较而言，二者在保险责任、给付方式等方面相同，比较明显的区别是保单效力有所不同。在团体人身意外伤害保险中，被保险人一旦脱离投保的团体，保险单即对该被保险人失效，投保单位可以专门为该被保险人办理退保手续，保险单对其他被保险人仍然有效。

(四)按照保险期限划分

1. 极短期人身意外伤害保险

保险期限往往只有几天、几小时甚至更短。我国目前开办的公路旅客人身意外伤害保险、住宿旅客人身意外伤害保险、旅游保险、索道游客人身意外伤害保险、游泳池人身意外伤害保险、大型电动玩具游客人身意外伤害保险等，均属于极短期人身意外伤害保险。

2. 一年期人身意外伤害保险

一年期人身意外伤害保险的大多数险种的保险期限为一年。目前我国开办的团体人身意外伤害保险、团体人身保险、学生团体平安保险、附加人身意外伤害医疗保险等都属于一年期人身意外伤害保险。由于是以团体方式投保，如果被保险人在保险期间离职，则自离职之日起，保险合同对其丧失保险效力，保险人退还未到期保费。

3. 多年期人身意外伤害保险

保险期限超过一年，但基本上不超过五年。如我国目前开办的人身意外伤害期满还本保险，保险期限可以是三年、五年。人身意外伤害还本保险的保险本金是根据团体人身意外伤害保险的保险费率和相应年期的利息率制定的。被保险人投保人身意外伤害还本保险缴纳的保险本金远大于投保团体人身意外伤害保险时缴纳的保险费，但由于保险人在保险期限结束时返还本金，被保险人只是损失利息。

(五)按照险种结构划分

1. 单纯人身意外伤害保险

保险责任仅限于人身意外伤害。我国目前开办的团体人身意外伤害保险、公路旅客人身意外伤害保险、学生团体人身意外伤害保险、驾驶员人身意外伤害保险等，都属于单纯人身意外伤害保险。

2. 附加人身意外伤害保险

附加人身意外伤害保险包括两种情况：一是其他保险附加人身意外伤害保险，二是人身意外伤害保险附加其他保险责任。例如，我国目前开办的简易人身保险，以生存到保险期满或保险期限内死亡为基本保险责任，附加人身意外伤害造成的残废，属于生死两全保险附加人身意外伤害保险。再如，住宿旅客人身意外伤害保险，保险责任包括旅客由于人身意外伤害造成的死亡、残疾以及旅客随身携带行李物品的损失，属于人身意外伤害保险附加财产保险。

（六）按照是否出立保险单划分

1. 出单人身意外伤害保险

这种保险是指承保时必须出立保险单的人身意外伤害保险。一年期和多年期人身意外伤害保险都必须出立保险单，如团体人身意外伤害保险、学生团体平安保险等。

2. 不出单人身意外伤害保险

这种保险是指承保时不出立保险单，以其他有关凭证为保险凭证的人身意外伤害保险。不出单人身意外伤害保险多为极短期人身意外伤害保险。例如，公路旅客人身意外伤害保险以汽车票为保险凭证，而不需要单独出立书面的保险单。

四、人身意外伤害保险责任的认定

如何认定人身意外伤害保险责任，是被保险人能否获得意外伤害保险保障的关键。构成人身意外伤害死亡残疾保险责任的必要条件主要包括以下几个。

（一）被保险人在保险期间遭受人身意外伤害

这一条件包含以下两个方面的要求：一方面，人身意外伤害必须是客观发生的事实，而不是主观推断的；另一方面，被保险人遭受人身意外伤害的客观事实必须发生在保险有效期内，如果被保险人在保险有效期开始以前曾遭受人身意外伤害，而在保险期间死亡或残疾，不构成保险责任。

在某些特殊情况下，如被保险人一次遭受人身意外伤害的过程，有一段时间在保险有效期间，另一段时间在保险有效期结束之后。对这类情况，只要人身意外伤害发生的最初时间在保险有效期内，就视同整个人身意外伤害过程发生在保险有效期内，对于保险期结束后的那一段时间继续发生的人身意外伤害也属于保险责任。

（二）被保险人在责任期限内死亡或残疾

这一条件包含以下两个方面的要求：一方面，被保险人死亡或残疾；另一方面，被保险人死亡或残疾发生在责任期限内，对于因人身意外伤害造成死亡的情况而言，责任期限实际上是确定死亡的时间。如果被保险人在保险期内遭受人身意外伤害，在责任期限内生理死亡，则显然已构成保险责任。但是，如果被保险人在保险期间因飞机、车、船失事等原因下落不明，那么等到法院宣告被保险人死亡（一般从保险事故发生之日起满两年）之时，责任期限已经结束。在这种情况下，被保险人的利益很有可能得不到保障。为了解决这一问题，可以在人身意外伤害保险条款中订有失踪条款或在保险单上签注关于失踪的特别约定，规定被保险人确因人身意外伤害事故下落不明超过一定期限（如三个月、六个月等）时，视同被保险人死亡，保险人给付死亡保险金，但如果被保险人以后生还，受领保险金的人应把保险金返还给保险人。

对于人身意外伤害造成残疾而言,责任期限实际上是确定残疾程度的期限。如果被保险人在保险期间遭受人身意外伤害,治疗结束后被确定为残疾,这时责任期限尚未结束,则保险人可以根据残疾程度给付保险金。但是,如果被保险人在责任期限结束时尚未结束治疗,是否造成残疾以及残疾程度都不能确定,则以责任期限结束这一时点的情况确定残疾程度,并按照这一残疾程度给付残疾保险金。以后,即使被保险人经过治疗痊愈或残疾程度减轻,保险人也不追回全部或部分残疾保险金。反之,即使被保险人的残疾程度加重或死亡,保险人也不追加给付保险金。

(三)被保险人所遭受的人身意外伤害是造成死亡或残疾的直接原因或近因

人身意外伤害与死亡、残疾之间的因果关系包括以下三种情况:一是人身意外伤害是死亡、残疾的直接原因,即人身意外伤害事故直接造成被保险人死亡或残疾;二是人身意外伤害是死亡、残疾的近因,即人身意外伤害事故是引起被保险人死亡或残疾事件或一连串事件的最初原因,如被保险人被狂犬咬伤后患狂犬病而死;三是人身意外伤害是死亡或残疾的诱因,即人身意外伤害使被保险人原有的疾病发作,从而加重了后果,造成被保险人死亡或残疾,如被保险人患有冠心病,在乘车途中因颠簸导致心肌梗死而死亡。

五、人身意外伤害保险保险金给付

人身意外伤害死亡残疾保险属于定额给付保险,当保险责任构成时,保险人按保险合同中约定的保险金额给付死亡保险金或残疾保险金。

(一)死亡保险金的给付方式

人身意外伤害保险中的死亡给付是按照保险合同中的规定进行的,不得有所增减。

(二)残疾保险金的给付和计算方式

人身意外伤害保险中的残疾给付根据残疾保险金额和残疾程度两个因素确定。在人身意外伤害死亡残疾保险合同中,残疾程度规定得越详细,在给付保险金时保险人和被保险人就越不易发生争执。但是,无论如何详细也不能穷尽所有情况,所以对于未作规定的情况,往往只能由当事人之间按照公平合理的原则,参照规定的残疾程度协商确定。协商不一致时,可提请仲裁或由人民法院审判。需要注意的是,保险人给付被保险人的残疾保险金不超过保险金额。

残疾保险金的计算公式:

$$残疾保险金 = 保险金额 \times 残疾程度(比率)$$

如果一次人身意外伤害导致被保险人身体多处致残的,则保险人按保险金额与被保险人身体各处残疾程度比率之和的乘积计算保险金,但如果各处残疾程度比率之和超过1,则按保险金额给付保险金,即:

$$保险金 B = 保险金 A \times \min\{1, \sum P_i\}$$

其中,P_i 表示第 i 处残疾程度比率。

如果被保险人在保险期限内多次遭受人身意外伤害,由保险人对每次人身意外伤害所致残疾按保险合同约定给付保险金,但保险金累计不超过保险金额,即:

$$保险金 B = 保险金 A \times \min\{保险金额, \sum B_i\}$$

其中,B_i 表示第 i 次人身意外伤害导致残疾的保险金。

（三）保险金给付对象

1. 残疾保险金的给付对象

保险人给付残疾给付金的意义在于保障因人身意外伤害致残的被保险人利益，因而残疾保险金由被保险人本人受领。

2. 死亡保险金的给付对象

（1）在保险合同指定受益人的情况下，由受益人领取。

（2）在保险合同未指定受益人的情况下，死亡保险金作为被保险人的遗产，按照继承法规定的范围和顺序，由被保险人的法定继承人受领。

（3）在无受益人又无法定继承人的情况下，保险人不给付保险金。因为在人身意外伤害死亡残疾保险中，保险人可视为被保险人的债务人，当债权人不复存在或自愿放弃债权时，债即消灭，保险人的债务得以免除，所以不必再支付保险金。

第四节　健康保险

一、健康保险的概念

健康保险是投保人和保险人双方在自愿的基础上订立合同，当出现合同中约定的被保险人患病支出医疗费用或残疾造成收入损失之类的保险事故时，由保险人履行补偿责任的一种人身保险。

健康保险的道德风险一直是寿险公司风险管理的重要内容。一些保户带病投保，并以种种手段试图蒙混过关；被保险人无病呻吟、小病大养、伪造医疗费收据、伪造残疾证明等现象不胜枚举。因此，健康保险的承保条件一般比寿险严格得多，保险核保人对投保健康保险的被保险人要仔细审查诸如体格、家庭病史、既往症等风险因素，还要进行身体检查。疾病是健康保险的主要风险，因而对疾病产生的因素要进行相当严格的审查，一般是根据被保险人的病历来判断，其所从事的职业及其居住的地理位置等也是重要的因素。

在健康保险承保标准方面，一般有以下几种规定。

（一）观察期

由于仅依据以前的病历难以判断被保险人是否已经患有某些疾病，保险人为了防止已经患有疾病的被保险人投保，有时要在保单中规定一个观察期，期限一般为半年。被保险人在观察期内因疾病支出医疗费及收入损失，保险人概不负责，观察期结束后保单才正式生效。即观察期内所患疾病被推定为投保以前就患有的，观察期结束后所患疾病可推定为投保以后患有的。

（二）免赔额

只有超过免赔额才能得到费用补偿，补偿金额为超过免赔额以上部分或包括免赔额。免赔额的计算方式一般有三种：一是单一赔款免赔额，主要针对每次赔款的数额；二是全年免赔额，主要按全年赔款总计；三是集体免赔额，主要针对团体投保者而言，小额的医疗费用由被保险人自己负担。

（三）给付比例

在医疗保险中，对超过免赔额的医疗费用，规定一个给付比例，如70%或90%，其余则由被保险人自己负担。保险人与被保险人共同分摊医疗费用,既保障了被保险人的经济利益,促使被保险人节约医疗费用,也有利于保险人经营的稳定。保险人在残疾收入补偿保险中也规定有给付比例,如被保险人完全残疾,残疾给付按原来实际收入的 75％或 85％计算,目的在于鼓励被保险人积极寻求力所能及的劳动以达到自我补偿。

(四)给付限额

在合同中规定最高保险金额,超出部分由被保险人自己负担,保险人通常采用这种方法控制总支出水平。

(五)责任期限

被保险人患病或自遭受人身意外伤害之日起的一定时期,保险人只负责被保险人在责任期限内因人身意外伤害支出的医疗费,责任期限结束后被保险人支出的医疗费,即使是因为人身意外伤害支出,保险人也不负责。规定责任期限的意义在于,既能为被保险人提供比较充分的保障,又不使保险人承担过大的责任。

知识链接

平安产险医疗费用保险(E 款)(互联网版)条款
总　则

第一条　本保险合同(以下简称"本合同")由保险条款、投保单、保险单或其他保险凭证、批单等组成。凡涉及本合同的约定,均应采用书面形式。

第二条　本合同的投保人应为具有完全民事行为能力的被保险人本人或对被保险人有保险利益的其他人。

第三条　本合同的被保险人应为身体健康,能正常工作、生活且符合本合同约定投保年龄范围的自然人,或其家庭成员。具体被保险人范围由投保人和保险人双方约定,并在保险单中载明。

第四条　除另有约定外,本合同保险金的受益人为被保险人本人。

第五条　本保险合同仅限于互联网渠道销售。

保险责任

第六条　本合同的保险责任分为"必选责任"及"可选责任"。投保人在已选择投保"必选责任"的前提下,可以选择投保"可选责任",若投保人未投保"必选责任",不得单独投保"可选责任"。保险责任由投保人在投保时与保险人协商确定,并在保险合同中载明。

第七条　保险期间内,保险人按照约定可承担下列保险责任:

(一)必选责任

1. 一般医疗费用保险责任

保险期间内,被保险人因遭受意外伤害事故或自保险期间开始且保险单载明的等待期满后(续保者自续保生效后),因疾病必须在符合本合同释义的医院(以下简称"释义医院")接受治疗的,对于其实际发生的必须由被保险人自行承担的必需且合理的各项医疗费用,保险人按照保险合同约定扣除保险单载明的免赔额后按赔付比例承担一般医疗费用保险责任,最高不超过一般医疗费用保险金额。具体如下:

(1)住院医疗费用

被保险人经释义医院诊断必须住院治疗，对于被保险人住院期间发生的必须由被保险人自行承担的必需且合理的住院医疗费用，保险人按本合同约定承担给付住院医疗费用的保险责任。

被保险人在保险期间内接受上述治疗，本合同保险期间届满时，被保险人未结束本次住院治疗的，保险人继续承担因本次住院发生的(至多不超过本合同保险期间届满之日起第三十日二十四时)住院医疗费用。如本合同保险期间届满之日起第三十日仍未结束本次住院治疗的，自第三十一日起发生的住院医疗费用保险人不承担保险责任。

(2)住院前后门急诊医疗费用

被保险人在住院前七日(含住院当日，以住院病历或出院小结为准)和出院后三十日(含出院当日，以住院病历或出院小结为准)内发生的必须由被保险人自行承担的，与本次住院相同原因而发生的必需且合理的门急诊医疗费用，保险人按本合同约定承担给付住院前后门急诊医疗费用的保险责任。此项费用不包含一般医疗费用保险责任中第3项、第4项约定的特殊门诊医疗费用和门诊手术医疗费用。

(3)特殊门诊医疗费用

被保险人经释义医院诊断初次发生必须接受特殊门诊治疗的疾病，特殊门诊治疗期间所发生的必须由被保险人自行承担的必需且合理的特殊门诊费用，保险人按本合同约定给付特殊门诊医疗费用。特殊门诊医疗费用包括：

(1)门诊肾透析费；

(2)门诊恶性肿瘤治疗费，包括化学疗法、放射疗法、肿瘤免疫疗法、肿瘤内分泌疗法、肿瘤靶向疗法治疗费用；

(3)器官移植后的门诊抗排异治疗费。

(4)门诊手术医疗费用

被保险人经释义医院诊断必须接受门诊手术治疗，对于门诊手术治疗期间所发生的必需且合理的门诊手术医疗费用，保险人按本合同约定给付门诊手术医疗费用。对于以上四类费用，保险人对于被保险人需个人支付的发生的必须由被保险人自行承担的、必需且合理的费用，在保险人按照保险合同约定扣除保险单载明的免赔额后按赔付比例赔付，累计给付费用之和以本合同约定的一般医疗费用保险金额为限，当保险人在本项下累计给付金额达到本项保险金额时，保险人对被保险人在本项下的保险责任终止。

二、健康保险的特征

同人寿保险、人身意外伤害保险相比，健康保险具有以下几个特征。

(一)属于补偿性质的保险

健康保险属于补偿性质的保险，是为被保险人发生的医疗费用和残疾后的收入损失提供补偿。鉴于健康保险的补偿性质，一些国家(如日本)把医疗费用保险划入损害(财产)保险范畴，允许损害保险公司承保；我国一般将健康保险归入人身保险业务中，主要由人寿保险公司经营。

健康保险在给付方式上有时采用定额给付式，适用人寿保险中通行的定额给付原则，但二者的性质并不相同。

健康保险的补偿性质，使其在核算上与财产保险有一些相似之处：①费率的厘定以保险金额损失率为基础，年末未到期责任准备金一般按当年保费收入的一定比例提存；②多为短期保险，又以一年期居多；③保险给付金额往往依照实际发生的费用或收入损失而定；④存在重复保险的问题，如果某被保险人同时向两家保险公司投保住院医疗保险，保险金额同为 10 000 元，被保险人在保险期间患病住院花去医疗费用 8 000 元，若无特别约定，该被保险人最多只能得到 8 000 元的医疗费用补偿。

(二)承保标准十分严格

在健康保险承保标准方面，一般有以下几种规定：①观察期，保险人为了防止已经患有疾病的被保险人投保，有时要在保单中规定一个观察期，期限一般为半年；②次健体保单，对于不能达到标准条款规定的身体健康要求的被保险人，一般按照次健体保单来承保，采用的方法有两种，一是提高保险费，二是重新规定承保范围；③特殊疾病保单，对于被保险人所患的某种特殊疾病，保险人制定出特种疾病条款，以承保规定的特殊疾病。

(三)采用各种方式进行成本分摊

为了避免在处理健康保险理赔案时费用过大，保险人在理赔过程中，必须对投保人或被保险人提供的单证进行认真的审查，以发现有无伪造发票、涂改发票、"张冠李戴"之类的保险金欺诈现象。同时，为了尽可能地控制道德风险，健康保险特别是医疗保险一般采用规定免赔额、规定给付比例、规定给付限额等方法分摊成本。

(四)采用一些特殊条款

在健康保险合同中，除了适用人寿保险单的部分常用条款，如不可抗辩条款、宽限期条款、不丧失价值条款等外，还采用一些特殊条款。

健康保险所独有的条款主要包括下列内容。

1. 既存状况条款

该条款规定，在保单生效的约定期限内，保险人对被保险人的既往症不负给付保险金的责任。既往症是指被保险人在保险单签发以前就已经存在、但未在投保单中如实告知的伤残或疾病。

2. 体检条款

体检条款适用于残疾收入补偿保险。该条款要求被保险人接受定期检查，以确定其是否仍然丧失工作能力。体检条款还允许保险人指定医生对提出索赔的被保险人进行体格检查，目的是使保险人对索赔的有效性作出鉴定。

3. 转换条款

该条款允许团体健康保险的被保险人在脱离该团体后购买个人医疗保险时，无须提供可保证明。对被保险人而言，这种权利的行使意味着其不得进行重复保险，否则保险公司将拒签保险单。将团体健康保险单转换为个人健康保险单时，被保险人通常要缴纳较高的保险费，在保险金给付上也会多一些限制。

4. 协调给付条款

为防止那些享有双重团体医疗费用的团体被保险人获得双重保险金给付，协调给付条款规定了优先给付计划和第二给付计划。优先给付计划必须给付它所承诺的全部保险金，当其付清所承诺的保险金之后，被保险人即可依据第二给付计划向保险人提出索赔，同时声明优先给付计划的给付金额。然后，第二给付计划按照协调给付条款的规定给付保险金。

5. 职业变更条款

职业变更对被保险人的发病率和遭受意外伤害的风险有着直接影响。该条款规定，如果被保险人转岗从事另一种风险程度更高的职业，那么保险公司可以在不改变保险费率的前提下，调低保险金额；反之，如果被保险人转岗到一个风险程度较低的行业，那么保险公司在不改变保险金额的情况下，降低保险费率。

(五)费率厘定方法较为特殊

健康保险的保险费率厘定同人寿保险的费率厘定一样，要遵循充足、公平和合理等基本原则。但决定健康保险费率的因素比一般人寿保险要多，而且这些因素很难获得可靠和稳定的测量，主要包括疾病发生率、残疾发生率、疾病持续时间、利息率、失效率和死亡率等。展业方式、承保惯例、理赔原则及公司的主要目标等，也影响着健康保险的费率。医院管理方法、经济发展、地理环境等条件变化则同样给保险人对将来赔款的预测带来影响。这些因素不容易被完整地、准确地进行预测，这就决定了其保险费率厘定方法与一般人寿保险有明显的不同。

下面是四种基本的费率厘定方法。

1. 统一费率方法

根据这一方法，保费的收取不因年龄的变化或在较大的年龄档次间(如所有在职职工)而有所不同，所有被保险人都适用统一的费率。这种方法一般在赔付率与年龄关系不大的条件下被采用。

2. 阶梯费率方法

根据这一方法，规定被保险人在不同的年龄阶段内缴纳不同的保险费。一般来说，在达到某个规定的年龄时，保险费就要增加。例如，费率在每十年增加一次，其费率随年龄变化呈现阶梯状。

3. 逐年变动费率方法

这一方法规定了费率每年都发生变化，即每年都采用新费率。这种方法一般适用于医疗费用保险单，医疗费用的增加是一种不易预测的因素。

4. 均衡保险费方法

这一方法规定每年收取相等的保险费，与一般寿险的平均保险费原理相同，要求逐年建立准备金以支付将来的给付责任。

以上费率厘定方法有各自的优势，但它们都必须同时考虑风险的估测、费用支付、利润和其他变动安全系数等问题。

(六)一般不指定受益人

受益人是享有保险金请求权的人。通常情况下，除保险合同另有规定外，健康保险中享有保险金请求权的人为被保险人。只要被保险人生存，该被保险人就是保险金的请求权人；只有当被保险人死亡时，受益人才享有受益权。保险人开办健康保险业务的目的是为被保险人提供医疗费用和残疾收入补偿，使他们病有所医，不致因病致贫，使残疾之后的生活有保障。为此，被保险人得到医疗费用补偿和收入补偿基本上是以被保险人的存在为条件的，一般无须指定受益人。

（七）给付条件经常参照理赔经验

当健康保险合同约定的保险事故发生时，保险金给付一般按照其最后确认的定义而支付。例如，医疗费用的定义一般被认为是合理的和必需的费用，这就可能导致赔付时的把握程度不同，故健康保险给付往往归结为一种赔付经验。同样，保险人在进行残疾收入保险理赔时，对收入损失的测算也难以把握，一般的收入损失补偿往往以事故前的收入为限。

三、健康保险的种类

（一）按照保障范围分类

1. 医疗费用保险

医疗费用保险简称医疗保险，是指对被保险人因疾病或意外事故所发生的医疗费用的支出给予赔付的保险。按照保险责任的不同，医疗保险可细分为住院医疗保险、门诊医疗保险、手术费用保险、高额医疗费用保险、重大疾病保险、牙科费用保险和眼科费用保险七大类。医疗保险是健康保险的主要组成部分，它提供的保障项目是被保险人因疾病或意外伤害需要治疗时支出的医疗费用。

2. 残疾收入保险

残疾收入保险也称残疾收入补偿保险、丧失工作能力补偿保险、失能所得保险或停工损失保险，是为被保险人因疾病致残后不能工作或不能正常工作时所造成的收入损失进行补偿的一种保险。

残疾收入保险一般不单独承保，而是作为意外伤害保险、人寿保险的附加险承保。作为意外伤害保险的附加险承保的残疾收入保险，只负责被保险人因遭受意外伤害不能工作期间减少的收入，有时被认为属于意外伤害保险的一部分。

3. 长期护理保险

长期护理保险是以被保险人失去日常生活能力后，产生护理需求为给付保险金条件的健康保险。丧失日常生活能力的原因一般是疾病、意外或者年老等。

（二）按照承保对象分类

1. 个人健康保险

个人健康保险是以单个自然人为投保人的健康保险。

2. 团体健康保险

团体健康保险是以团体法人为投保人、团体成员为被保险人的健康保险。我国目前个人购买健康保险的比重较大，随着员工福利在企业发展中的作用逐步为人们所认识，以购买团体健康保险的形式提高员工福利待遇的做法正在被越来越多的企业所采纳。

（三）按照给付方式分类

1. 补偿式医疗保险

补偿式医疗保险属于一种费用损失保险，适用财产保险中通行的补偿原则。它的特点是保险人在保险金额的限度内，按被保险人实际支出的医疗费给付医疗保险金，即保险金的给付额不能超过被保险人实际支出的医疗费。

2. 定额式给付医疗保险

适用人寿保险中通行的定额给付原则，保险公司不考虑被保险人实际支出的医疗费是多少，只是按照约定的金额给付医疗保险金。例如，手术医疗保险可以按照被保险人施行手术的部位和种类给付手术医疗保险金，而不问实际需要的手术费用是多少。

对于被保险人来说，补偿式医疗保险提供的保障比定额式给付医疗保险更充分一些。因为在定额式给付医疗保险中，为了防止道德风险，约定的保险金要略低于平均实际需要支付的医疗费。当某个被保险人实际支出的医疗费大大超过约定的金额时，就会感到保障程度不足。而在补偿式医疗保险中，被保险人实际支出的医疗费只要不超过保险金额，就可以得到补偿。

但是，补偿式医疗保险金会使被保险人不关心医疗费支出的情况，支付一些必要性不大的医疗费，造成医疗资源的浪费。为了既提供较为充分地保障被保险人的权益，又促使被保险人节省医疗费，在补偿式医疗保险中，保险人一般采取两项措施：其一，对某些与治疗关系不大的费用，保险人不予补偿，如住院期间的取暖费、陪护费、伙食费、美容性治疗的费用，装配假肢、假眼、假牙的费用等；其二，规定一定的自负额，如医疗费用的70%或80%由保险公司予以补偿，医疗费用的30%或20%由被保险人自行承担等。只是这些措施使医疗保险金的给付手续变得复杂。

（四）按照合同形式分类

1. 健康保险主险合同

健康保险主险合同是指健康保险可以独立出单，承保由于意外事故或疾病造成的收入损失或医疗费用，或者同时承保这两类损失。

2. 健康保险附加险合同

健康保险附加险合同是指健康保险不能单独出单，只能作为附加险种出单。

（五）按照组织性质分类

1. 商业健康保险

商业健康保险是投保人与保险人双方在自愿的基础上订立合同，当出现合同中约定的保险事故（被保险人患病支出医疗费或残疾造成收入损失）时，由保险人履行补偿责任的一种保险。

2. 社会健康保险

此险种是国家通过立法的形式强制实施的，对劳动者因患病、生育、伤残等原因所支出的费用和收入损失进行物质帮助的制度。

3. 管理式医疗保险

此险种是商业健康保险和社会健康保险之外的其他形式的健康保险。其组织形式有蓝十字计划与蓝盾计划、医疗保健组织、优先医疗服务组织。其共同点是实行对保健服务与资金供给的统一管理。

（六）按照续保方式分类

1. 可任意取消健康保险

保险人可以在任何时候提出终止合同或变更保费、合同责任范围的健康保险。

2. 有条件取消健康保险

保险人只能在特定时期内提出解除或变更合同内容的健康保险。

3. 有条件续保健康保险

保险人必须按期续保直至某一特定的时间或年龄的健康保险。

4. 保证可续保健康保险

只要被保险人继续缴费，合同就继续生效，直至被保险人到达法定退休年龄时为止的健康保险。

思维导图

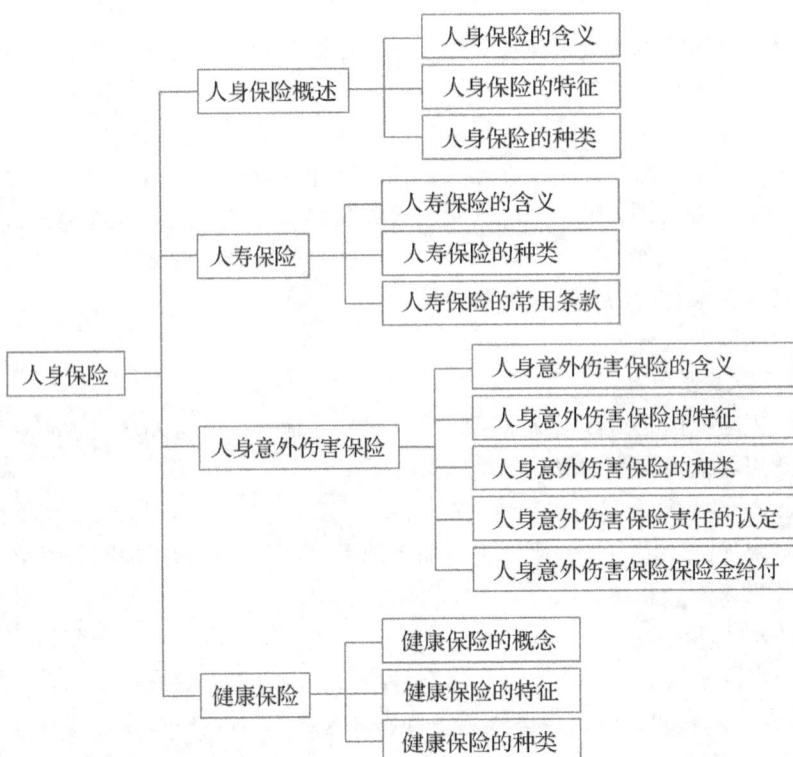

本章习题

一、简答题

1. 简述人身保险的含义和种类。

2. 比较人身保险与财产保险的区别。

3. 简述传统型人寿保险的分类。

4. 简述我国主要的新型人寿保险产品。

5. 简述意外伤害保险赔偿的条件。

6. 简述健康保险承保的特殊规定。

二、单选题

1. 在下列险种中，(　　)不属于人寿保险。

A. 死亡保险　　　　　B. 生存保险　　　　　C. 两全保险　　　　　D. 意外伤害保险

2. 人身保险合同是（   ）。

A. 定值保险合同　　　B. 足额保险合同　　　C. 定额保险合同　　　D. 不定值保险合同

3. 人身保险中若投保人在宽限期结束后仍未缴纳应付保险费的，保险合同效力（   ）。

A. 终止　　　　　　　B. 中止　　　　　　　C. 仍然有效　　　　　D. 降低

4. 年金保险是（   ）。

A. 死亡保险　　　　　B. 终身寿险　　　　　C. 生存保险　　　　　D. 两全保险

5. 人寿保险往往采用（   ）计算保费。

A. 自然费率　　　　　B. 递增费率　　　　　C. 均衡费率　　　　　D. 纯费率

6. 定期寿险是一种以被保险人（   ）而由保险人负责给付保险金的保险。

A. 在保险合同规定期间死亡

B. 在保险合同规定期限届满后死亡

C. 在保险合同规定期间或规定期限届满后死亡

D. 不论在什么时候死亡

7. 下列各项中，通常没有现金价值，不具备储蓄因素的是（   ）。

A. 定期生存保险　　　B. 定期死亡保险　　　C. 终身死亡保险　　　D. 两全寿险

8.（   ）的设计是用来克服传统年金在通货膨胀条件下保障水平降低的缺点。

A. 即期年金　　　　　B. 延期年金　　　　　C. 定额年金　　　　　D. 变额年金

9. 下列各项中，属于健康保险的责任免除的是（   ）。

A. 因患疾病发生医疗费用支出　　　　　B. 因患疾病不能从事工作所致的收入损失

C. 因疾病所致残疾或死亡　　　　　　　D. 因意外伤害所致残疾或死亡

10. 意外伤害保险中，被保险人遭受伤害的概率取决于（   ）。

A. 被保险人的年龄

B. 被保险人的健康状况

C. 被保险人的职业、工种或所从事的活动

D. 被保险人的年龄与性别

三、判断题

1. 人身投保时，投保人对被保险人的生命或身体没有可保利益，也不影响合同效力。（   ）

2. 根据我国《保险法》的规定，在人身意外伤害保险中，因第三者对保险标的的损害而造成保险事故的，对被保险人已经从第三者取得损害赔偿的，保险人赔偿保险金时，不得扣减被保险人从第三者已取得的赔偿金额。（   ）

3. 人身保险合同按保险合同所载明的保险金额给付保险金，因而属于定值保险合同。（   ）

4. 人寿保险前期的均衡费率低于自然费率，保险后期的均衡费率高于自然费率。（   ）

5. 投资连结保险的保险金额由基本保险金额和额外保险金额两部分组成，基本保险金额随投资收益的变动而变动。（   ）

6. 团体保险中对个人来说不需要体检或提供其他可保证明。（   ）

7．复效条款允许保单持有人在因未缴纳保险费而使人身保险合同失效后两年内有恢复保单效力的权利。　　　　　　　　　　　　　　　　　　　　（　　）

8．自杀条款规定：保险合同生效后两年内被保险人因自杀死亡，属于除外责任。

（　　）

9．意外伤害保险的承保条件一般较宽，高龄者也可以投保。　　　　　（　　）

10．健康保险中通常都包括等待期条款，以减少被保险人的逆选择和道德风险。

（　　）

实训项目

实训项目1：人身保险投保单填写

实训要求：通过本次实训，要求学生熟悉人身保险投保单的主要内容，明确投保单填写的基本要求和注意事项，能独立完成人身保险投保单的填写。

实训内容：填写人身保险投保单。

实训条件：

实践场所：金融实训室。

所需资料：人身保险投保单、客户资料。

实训步骤：

步骤一：发放人身保险投保单。

步骤二：说明人身保险投保单填写注意事项。

步骤三：根据给定客户资料情况填写投保单。

步骤四：总结投保单填写存在的主要问题。

鉴定标准：能按照投保单填写要求准确完整填写相关信息。

实训项目2：人身保险投保方案设计

实训要求：通过本次实训，要求学生熟悉人身保险产品的特点及主要内容，能简单设计保险投保方案。

实训内容：人身保险相关条款及专业术语解释，保险投保方案设计。

实训条件：

实践场所：金融实训室。

所需资料：主要的保险产品合同条款、相关案例资料、电脑网络。

实训步骤：

步骤一：让学生阅读常见的人身保险合同，熟悉人身保险合同的内容。

步骤二：分析各种不同保险产品的主要功能。

步骤三：根据客户的资料、判断其可能的保险需求，设计简单的投保方案。

步骤四：解释投保方案给客户带来的利益。

步骤五：对设计的投保方案进行点评。

鉴定标准：能够分析该家庭面临主要风险，能够设计保险组合方案，可以估算、确定保险金额和保险费。

实训项目 3：人身保险理赔实训

背景资料：

投保人顾某，男，身份证号：430103×××××××1111，证件有效期至 2023 年 1 月 1 日

职业：公务员

家庭地址：长沙市开福区湘江路河畔小区 B 栋 888 室

联系电话：186××××1111

社保卡号为：55555555。

开户银行：建设银行长沙市分行，账号 62270000000000

电子邮箱：00000000@qq.com。

顾某于 2018 年 10 月 1 日为自己购买重大疾病险附加意外伤害医疗险，健康告知中无异常，并按期缴纳保费。2018 年 11 月走路摔伤入住某医院骨伤科，疾病诊断为"腰椎间盘突出"。经核查，该客户的"腰椎间盘突出"系长期反复的外力造成椎间盘支撑结构的损害；2019 年 2 月 11 日客户在湖南省某医院检查出尿毒症，并于 2019 年 2 月 15 日持相关材料向保险公司申请理赔，目前本人处于治疗中。

根据以上背景，请完成以下任务。

(1)保险事故发生后，请你以保险公司理赔服务人员的身份，向客户解释保险公司会如何开展理赔工作，保险理赔的基本原则，在本案的理赔过程中将经过哪些环节。

(2)作为保险公司理赔服务人员，请说明客户的"腰椎间盘突出"属于意外伤害的保险责任吗？如果不是，从哪些方面进行理赔调查？

(3)如果客户购买了住院医疗险，观察期 90 天，因"腰椎间盘突出"索赔，保险公司能赔吗？理由是什么？

(4)请判断尿毒症属于重疾险保险责任吗？如果属于，保险公司同意立案的条件有哪些？

(5)结合案情，列举客户索赔时应提交的材料有哪些？（至少列举 5 项）

(6)客户因尿毒症索赔重疾险，是否需要理赔调查？为什么？如果需要，请设计理赔调查的要点。

(7)在本案理赔申请时，需填写纸质版理赔申请书，请说明填写时需要注意哪些事项？

请根据上述材料，以被保险人为申请人，以患尿毒症为理由填写一份重大疾病险理赔申请书。

思政融入

正确认识人身保险新型产品，不被"高收益"误导

据银保监会网站消息，购买保险是现代社会进行风险管理的有效手段之一，随着经济社会发展、金融市场繁荣和人们风险意识增强，保险产品与个人、社会愈加息息相关。为更好保护金融消费者合法权益，预防销售误导虚假宣传等风险，减少保险消费纠纷隐患，引导社会公众树立科学理性投保意识，中国银保监会消费者权益保护局发布

2022年第3期风险提示：提醒金融消费者掌握理性投保的五个注意要点，增强个人合法权益保护意识。

一注意：选择有保险业务经营许可的合规机构

购买保险第一步，就是要认清保险机构资质。消费者应从持有保险业务经营许可的合规机构，或在保险机构办理有效执业登记的销售人员处办理保险业务。销售人员的执业登记信息，可登录银保监会官网—保险中介监管信息系统—保险中介从业人员查询。要特别注意的是：以"××互助""××联盟""××统筹"等为名的非保险机构推出的互助活动，不是保险或互助保险，不要与商业保险混淆。如有互助计划、机动车"交通安全统筹"等以互助保险名义或保险名义进行宣传，属于误导公众，经营此类业务的机构并非依法设立的保险公司，且部分经营组织的业务模式不可持续，相关承诺履行和资金安全难以有效保障，可能给消费者带来损失，蕴含较大风险。

二注意：了解保险责任、责任免除等重要条款，防范销售误导风险

保险产品所提供的保障范围均以合同条款中的保险责任为准，消费者应当清楚理解所购买的保险产品保什么、不保什么、保费缴纳、保险金如何赔偿等，切勿"望文生义""一勾到底"或是随意跟风购买，注意防范营销过程中混淆和模糊保险责任、夸大保险责任、虚假宣传等风险。在投保过程中，无论是线下购买或是在互联网平台购买，消费者均要仔细阅读保险条款，对特别提示的保险责任、责任免除、保费缴纳、保险金赔偿或给付、犹豫期、退保损失、风险告知等合同重要条款应明确理解后再签字，以有效保障自身权益。

三注意：积极配合可回溯、"双录"、回访等环节，履行如实告知义务

为规范保险销售行为，切实保护消费者合法权益，银保监会出台了保险销售行为可回溯、金融机构销售"双录"等规定。同时，根据相关规定，保险公司应在犹豫期内对合同期限超过一年的人身保险新单业务进行回访，向投保人确认是否知悉保险责任、责任免除、犹豫期、退保损失等重要内容。可回溯、"双录"、回访等规定是对保险机构和保险销售人员的监督，督促其依法依规履行销售过程中的合同内容说明、免责条款提示、风险告知等义务，也是保障消费者合法权益的重要手段，消费者应当积极配合，如实告知、如实答复回访问题，不清楚的地方可以要求保险公司进行详细解释。

四注意：正确认识人身保险新型产品，不被"高收益"误导

分红保险、投资连结保险、万能保险等人身保险新型产品兼具风险保障功能和长期储蓄功能，不同保险产品对于风险保障功能和长期储蓄功能侧重不同，此类产品具有保单利益不确定等特征，但本质上仍属于保险产品，产品经营主体是保险公司。消费者不宜将人身保险新型产品与银行存款、国债、基金等金融产品进行片面比较，也不应轻信只强调"高收益"而不展示不利信息、承诺保证收益等不实宣传行为。此外，保障期限在一年期以上的人身保险产品均设有犹豫期。在犹豫期内，投保人可以无条件解除保险合同，保险公司除保单工本费以外，将退还全部保费。

五注意：依法维护自身合法权益

若发现销售人员在保险销售过程中存在误导销售等违规行为，或认为自身权益受到侵犯，消费者应注意保留相应证据，及时向保险公司投诉，或向行业调解组织申请调解，必要时还可以根据合同约定，申请仲裁或向法院起诉。如果涉及要求查处违法违规行为的，可以向监管部门举报。

消费者要通过正常渠道用法律武器维护自身权益，不轻信"代理维权""代理退保"等虚假承诺，不参与违背合同约定、提供虚假信息、编造事实的不法行为。

资料来源：央视网，2022-04-26.（有修改）

第五章　财产保险

知识目标

1. 掌握财产保险的特征和种类。
2. 熟悉火灾保险的特点和主要险种。
3. 熟悉货物运输保险的特点和主要险种
4. 了解责任保险、信用保险、农业保险的特征和种类。

能力目标

1. 能准确解释财产保险涉及的专业术语。
2. 能独立分析财产保险相关案例。
3. 会比较分析不同保险公司同类财产保险产品。
4. 会设计机动车辆保险投保方案并计算车险保费及赔款。

素质目标

1. 正确认识新时代背景下财产保险的职能、功能及作用，在习近平新时代中国特色社会主义思想指引下，践行社会主义核心价值观，具有深厚的爱国情感和中华民族自豪感。
2. 具有安全意识、质量意识、环保意识、信息素养、工匠精神、敬业精神、创新思维。
3. 具有较强的人际沟通和口头表达能力、较高的工作责任感和良好的执行力、良好的团队协作精神及组织管理能力。
4. 具有积极上进的学习态度、严谨、认真、精益求精的工作作风，良好的心理素质和克服困难、承受挫折及压力的能力。

导入案例

坚持保险保障本源，财产保险行业高质量发展迈上新台阶

党的十八大以来，银保监会坚持以习近平新时代中国特色社会主义思想为指导，坚决贯彻落实党中央、国务院决策部署，始终胸怀"国之大者"，坚决回归保险保障本源，坚定不移地走中国特色的财产保险发展道路，紧紧围绕防控金融风险、服务实体经济、深化金融改革三项根本任务，持续推动财产保险业高质量发展，积极服务社会主义现代化强国建设，取得了显著的成效。

一是业务持续快速发展，险种结构逐步优化。财产保险业原保险保费收入从2012年的5 530.1亿元增长至2021年的1.4万亿元，年均增长率达10.6%，成为国民经济中发展最快、最具活力的行业之一，业务规模稳居世界第二位。第一大险种车险保费占比由2012年的72.4%调整至2021年的56.8%，险种结构更加均衡。

二是市场体系不断完善，竞争格局基本形成。截至目前，财险市场共有直保财险公司89家，其中中资67家、外资22家；专业性公司达16家（农险公司5家，汽车保险公司2家，互联网公司4家，信用保证保险公司2家，责任险公司1家，航运保险公司1家，科技保险公司1家），初步形成股份制公司、有限责任公司、自保公司、相互保险社等多种组织形式和中外资公平竞争、共同发展、日益开放的多元化市场格局。财险市场集中度逐步降低，2021年保费规模前三家公司的市场份额合计63.6%，比2012年降低1.7个百分点。

三是风险保障水平不断提升，功能作用日益发挥。2021年，财产保险业提供风险保障达10 860.3万亿元，是同期GDP的95倍，近十年年均增长率达43.5%。重点领域保险覆盖率持续提高，2021年行业承保机动车共计3.2亿辆，是2012年的2.5倍，近十年年均增长率为10.5%。2021年支付赔款8 848亿元，是2012年的3.1倍，近十年年均增长率达13.2%，高于保费增长率2.6个百分点。财险业在重大灾害事故的恢复重建中发挥了积极作用，2013年"菲特"台风保险赔付约60亿元，"海力士"火灾保险赔付54.2亿元，2021年河南、山西强降雨保险赔付121亿元，其中河南强降雨保险赔付占直接经济损失比例达到10%。

四是转型升级效果凸显，经营效益保持稳定。保险公司运用区块链、物联网、人工智能等先进技术对业务持续赋能，在精准营销、精准定价、智能理赔、品质管控等核心环节不断创新，实现从以产品为中心向以客户为中心的新型业务模式和组织架构转型，经营效率显著提升。十年间，行业保持整体经营盈利，年均净利润约400亿元。

五是产品服务持续丰富，覆盖领域逐步拓宽。车险、家财险、企财险、农险、责任险以及信用保证保险等传统产品进一步丰富，退货运费险、航班延误险、指数保险等个性化、有特色的新产品不断涌现，线上化不断增强，为客户提供更便捷、更透明、更多样、更高效的保险服务，较好地满足了人民群众日益增长的保险需求。服务领域不断拓宽，基本覆盖了国计民生的各个领域，成为政府进行社会管理的重要市场机制。

六是再保体系建设稳步推进，风险转移分散机制逐渐完善。现有专业再保险公司15家，其中中资7家（含1家集团公司，即中国再保险集团），外资8家，再保险公司数量较2012年新增6家。截至2021年年底，已有529家境外再保人完成再保险登记系统登记，通过跨境交易的方式为我国再保险市场提供供给。2021年，中国再保险市场向境外市场分出保费约1 050亿元。

七是资本实力不断增强，行业整体风险可控。2021年年底，财险业总资产2.5万亿元，净资产7 361.9亿元，实收资本3 500.5亿元，分别是2012年年底的2.6倍、3.3倍和2.1倍，近十年年均增长率分别为11.1%、14.3%和8.5%，行业资本实力显著增强。偿付能力整体充足，2022年2季度末行业核心偿付能力充足率203.7%，综合偿付能力充足率238.5%。89家财险公司中，86家偿付能力充足，未发生系统性区域性风险。

【案例分析】从上文中我们可以看出，十八大以来财产保险行业通过优化险种结构、完善市场体系、丰富产品服务，发挥风险保障功能、推动科技创新服务实体经济，进而服务国家治理体系和治理能力现代化，发挥着不可替代的作用。

第一节 财产保险概述

一、财产保险的定义

保险是一种民事法律关系，是合同行为，也是一种对被保险人的物质损失进行补偿的制度。被保险人以财产或有关财产权益向承保人投保，承保人按投保标的物的价值收取一定比例保费；若标的物受损，承保人将按协议给予经济补偿，从而由众多的受保人分摊被保险人的财产损失。早期的财产保险标的只限于实体物质，即有形物质，如房屋、机器、货物等，所以又称产物保险。随着社会的发展、科技的进步、法律制度的日渐完善，财产保险的标的扩大到无形财产，即与财产有关的利益、责任和信用，如预期利润、运费、汽车第三者责任、产品责任等。

🔗 知识链接

世界上第一张保单

1347 年，一个名叫乔治·勒克维伦的热那亚商人同"圣·克勒拉"商船船东达成一项协议：船东先将一笔钱存入乔治那里，"圣·克勒拉"开始其从热那亚至马乔卡的航程，如果航程一切顺利，船舶安全抵达的话，船东不收回那笔钱；相反，如果船在中途出事，发生损失，就由乔治根据船东的损失进行赔偿。

从这张协议上可以看出，它已具有现代保单的基本内容。有明确的保险标的，明确的保险责任，如"海难事故，其中包括船舶破损、搁浅、火灾或沉没造成的损失或伤害事故"。在其他责任方面，也列明了"海盗、抛弃、捕捉、报复"等所带来的船舶及货物的损失。因此，乔治签发的这张协议被认为是世界上第一张保单。

结合财产保险产生历史分析及现行保险相关法律规定和解释，我们可以对财产保险作如下定义：财产保险是以财产及其有关利益为保险标的，以补偿投保人或被保险人的经济损失为基本目的的一种社会化经济补偿制度。

正确理解财产保险概念的内涵，可以从以下两个方面来把握。

(一)财产保险的保险标的是财产及相关利益

财产保险将物质财产或有关利益作为保险标的。财产保险的自然属性是为物质财产和经济利益提供保险保障，保险标的的价值必须是可衡量的。也就是说，无法用货币衡量价值的财产或利益都不能成为财产保险的保险标的。

(二)财产保险本质是经济补偿制度

财产保险属于商业活动的范畴，是商业保险业务的重要组成部分。通过特殊的经营手段处理物质财产和经济利益所面临的风险集中与分散的问题，是社会商业活动不可或缺的一个重要环节。财产保险的本质是对于可以用货币衡量或标定价值的财产和利益提供风险保障。因此，财产保险的运作过程从设计财产保险产品到分析财产保险条款都必须紧密围绕"提供风险保障"进行，使财产保险产品的各项内容都为风险保障服务。

二、财产保险的特征

与人身保险相比，财产保险在以下几个方面具有独特。

(一)保险标的

财产保险的保险标的是法人或自然人所拥有的各种物质财产和相关经济利益，其价值是可以用货币衡量的，风险事故发生后保险客户可以获得充分的补偿。人身保险的保险标的是自然人的身体与生命，且无法通过货币来计价，一旦客户遭到人身伤害，之前的投保虽然能够使被保险人获得赔偿，但这种补偿是不充分的（医疗费用除外，因为其具备客观计价标准）。

(二)费率厘定

财产保险的费率厘定是根据保险对象所面临的各种风险的大小及损失率的高低来确定的，采用的是大数法则原理。人身保险的保险标的是被保险人的生命或身体，其保险价值难以确定，因而人身保险的保险费率通常以经验生命表为主要依据，同时考虑利率水平和投资收益水平来确定。

(三)保险合同

首先，从合同性质来看，财产保险合同几乎都为补偿性合同；而人身保险合同多为定额给付合同。

其次，从期限看，财产保险合同多为一年甚至一年以内的短期性质；而人身保险，除意外伤害保险外，大都属于长期性质，保单持续数年甚至数十年。

最后，从被保险人获得补偿权益的角度看，财产保险遵循的是损失补偿原则，因此在保险事件发生以后，保险人必须按照保险合同规定履行赔偿义务，同时又不允许被保险人通过保险获得额外利益，因此，财产保险不仅适用权益转让原则，而且还适用重复保险损失分摊和损失折抵赔款等原则；而在人身保险中，则一般遵循被保险人依法受益原则，除医药费重复给付或赔偿不被允许外，被保险人获得多份合法赔偿金是允许成立的，多家保险情况下分摊给付保险金、第三者致被保险人伤残或死亡而向第三者代位追偿的问题在人身保险中则不存在。

(四)业务经营

财产保险业务的承保范围，覆盖着除自然人的身体与生命之外的一切风险保险业务，不仅包含着各种差异极大的财产物资，而且包含着各种民事法律风险和商业信用风险等。大到航天工业、核电工程、海洋石油开发，小到家庭或个人财产等，无一不可以从财产保险中获得相应的风险保障。

财产保险业务承保范围的广泛性，决定了财产保险的具体对象必然存在着较大的差异性，也决定了财产保险公司对业务的经营方向具有更多的选择性。因此，财产保险的业务经营更加复杂，具体表现在以下三个方面。

1. 投保对象与承保标的复杂

一方面，财产保险的投保人既有法人团体，又有居民家庭和个人投保，既可能只涉及单个法人团体或单个保险客户，也可能同一保险合同涉及多个法人团体或多个保险客户。例如，合伙企业或者多个保险客户共同所有、占有或据有的财产等，在投保时就存在着如何处理其相互关系的问题。

另一方面，财产保险的承保标的，包括从普通的财产物资到高科技产品或大型土木工程，从有实体的各种物资到无实体的法律、信用责任乃至政治、军事风险，等等，不同的标的往往具有不同的形态与不同的风险；而人身保险的投保对象与保险标的显然不具有这种复杂性。

2. 承保过程与承保技术复杂

在财产保险业务经营中，既要强调承保前风险检查、承保时严格核保，又须重视保险期间的防灾防损和保险事故发生后的理赔勘查等，承保过程程序多、环节多。在经营过程中，要求保险人熟悉与各种类型投保标的相关的技术知识。例如，经营责任保险业务的成功，就必须以熟悉各种民事法律、法规及相应的诉讼知识和技能为前提；再如保险人在经营汽车保险业务时，就必须同时具备保险经营能力和汽车方面的专业知识，如果对汽车技术知识缺乏必要的了解，汽车保险的经营将陷入被动或盲目状态，该业务的经营也难以保持稳定。

3. 风险管理复杂

在风险管理方面，财产保险主要强调对物质及有关利益的管理，保险对象的危险集中，保险人通常要采用分保或再保险的方式来进一步分散危险；而人身保险一般只强调被保险人身体健康，因每个自然人的投保金额均可以控制，保险金额相对要小得多，对保险人的业务经营及财务稳定构不成威胁，从而无须以再保险为接受业务的条件。例如，每一笔卫星保险业务都是风险高度集中，其保险金额往往数以亿元计，任何一家保险公司要想独立承保此类业务都意味着巨大的风险，一旦发生保险事故，就会给承保人造成重大的打击；再如，飞机保险、船舶保险、各种工程保险、地震保险等，均需要通过再保险才能使风险在更大范围内分散，进而维护保险人业务经营和财务状况的稳定。

与人身保险业务经营相比，财产保险公司的风险主要直接来自保险经营，即直接保险业务的风险决定着财产保险公司的财务状况；而人身保险公司的风险却更多地来自投资风险，投资的失败通常导致公司的失败。因此，财产保险公司特别强调对承保环节的风险控制，而人身保险公司则更注重对投资环节的风险控制。

扫描二维码，获取对财产保险灾害事故分级处置的相关内容。

拓展阅读	学习笔记

三、财产保险的种类

财产保险是一个庞大的业务体系，它由若干险别及其数以百计的具体险种构成，从不同的角度可以将财产保险分成不同种类。

(一)财产损失保险、农业保险、责任保险和信用保证保险

根据业务不同，财产保险可分为财产损失保险、农业保险、责任保险、信用保证保险。

具体的业务结构，如表 5-1 所示。

表 5-1 财产保险业务体系表

第一层次	第二层次	第三层次	第四层次（险种）
财产损失保险（它是以承保保险客户的财产物资损失风险为内容的各种保险业务的统称，是财产保险业务的主要来源）	火灾保险	团体火灾险	财产保险基本险等具体险种
		家庭财产险	普通家财险、还本家财险等
	运输保险	机动车辆险	车身险、第三者责任险等
		船舶保险	普通船舶险等
		航空保险	机身险、旅客责任险
		货物运输险	航空货运险等
	工程保险	建安工程险	建筑工程险、安装工程险等
		科技工程险	航天保险、核电保险等
农业保险（也可归入财产损失险内，但标的性质特殊）	种植业保险	农作物保险	水稻、玉米、烤烟保险等
		林木保险	森林保险、果树保险等
	养殖业保险	畜禽保险	养猪、牛、马、鸡保险等
		水产养殖险	对虾、养鱼、育珠保险等
责任保险（承保法律风险，是随着法律制度的不断完善而发展起来的，是业务广泛的险别）	公众责任险	场所责任险	宾馆、展览馆、车库责任险等
		承包人责任险	建筑工程承包人责任险等
		承运人责任险	承运货物责任险等
	产品责任险		各种产品责任保险
	雇主责任险		普通雇主责任险、各种附加险等
	职业责任险		医生、会计师、律师责任险等
信用保证保险（承保信用风险）	信用保险		出口信用险、个人信用险等
	保证保险		履约保证险等

注：若按国际惯例分为非寿险与寿险，则财险类业务还应包括短期人险业务。

(二)定值保险和不定值保险

根据保险价值的确定方式，财产保险可分为定值保险和不定值保险。

定值保险是指保险标的的保险价值事先由双方约定并在保险合同中予以载明作为保险金额，作为保险事故发生后进行赔偿的依据的保险。定值保险通常适用于那些价值变化大或不易确定价值的字画、古玩、海上运输物等物品。

不定值保险是指在保险合同中仅载明保险标的的投保金额而不载明其保险价值，在保险事故发生时，根据发生时的保险价值对比保险金额予以赔偿的保险。在不定值保险中，

合同中的保险金额将是赔偿的最高限额，而保险价值则处于不确定的状态。

(三)自愿保险和强制保险

根据实施方式，财产保险可分为自愿保险和强制保险。

自愿保险是保险人和被保险人在自愿基础上签订保险合同而形成的一种保险，常见于家庭财产保险、企业财产保险等。

强制保险又称法定保险，是以国家的有关法律为依据而建立保险关系的一种保险，如机动车辆第三者责任保险等都是通过法律强制实行的。

(四)积极型财产保险和消极型财产保险

根据保险标的的性质来分，财产保险可分为积极型财产保险、消极型财产保险。

积极型财产保险如车辆损失险、营业中断保险、保证保险、信用保险等是以已经存在的现实物质财产及其有关利益为保险标的的保险。

消极型财产保险如第三者责任保险、产品责任保险等是以被保险人因过错行为造成第三者人身伤亡、财产损失，依法应负的民事损害赔偿责任为保险标的的保险。

第二节　火灾保险

一、火灾保险概述

(一)火灾保险的含义

火灾保险简称火险，是指以存放在固定场所并处于相对静止状态的财产物资为保险标的，由保险人承担保险财产遭受保险事故损失的经济赔偿责任的一种财产保险。

知识链接

火灾保险的起源

1591 年，德国北部港口城市汉堡的酿造业者为了重建被烧毁的造酒厂而筹集资金时成立了火灾合作社。当时凡加入该火灾合作社的人在遭遇火灾时，可以获得重建建筑物相应的资金，火灾保险的雏形得以形成。到 17 世纪初，德国境内互助性质的火灾救灾协会遍地开花。火灾保险是在 17 世纪中叶以后逐渐发展起来的，1676 年德国的 46 家火灾合作社联合成立了汉堡火灾保险局。

1666 年 9 月 2 日晚，伦敦市一个面包商的面包师在烤面包时，由于火柴堆距面包炉太近而引起了火灾，大火持续燃烧了四昼夜，导致伦敦市 85% 以上房屋被烧毁。灾后有20 万人无家可归，损失之严重在英国历史上是空前的，这场大火成为英国火灾保险发展的动力。1667 年，牙科医生尼古莱·巴蓬首先在伦敦开始经营房产火灾保险，开创了私营火灾保险的先例。

巴蓬用了 13 年的时间募得资金 4 万英镑，以此成立了合股性质的火灾保险所。巴蓬不仅创立了私营的火灾保险所，而且在火灾保险中首次引入了现代保险理念上的精算观念。他按照房租和房屋的危险等级差别收取保险费，对木造房屋收取相当砖瓦结构房屋两倍的保险费。可以这样讲，现代意义上的保险和精算在保险上的运用，正是在火灾保险的基础上逐渐演变发展而来。

18世纪末到19世纪中期，随着社会物质财富的大量增加和集中，加速了火灾保险市场的发展。这一时期，火灾保险组织以股份公司和相互保险组织形式为多。市场需求的增加和行业竞争的加剧，不仅加速了规模较小保险公司的破产和市场主体的融合，而且使得火灾保险逐步演变成为现代意义上的财产保险。为了控制同业间的恶性竞争，保险同业公会相继成立，共同协定火灾保险费率。这一时期火灾保险的进步体现在保险标的从过去只承保建筑物扩大到其他各类财产，而且火灾保险的承保风险除火灾外，还扩展到地震、风暴、水灾等，此外还承保火灾后的利润损失。

火灾保险发展到现在，已然成为承保多种标的和风险的财产保险。

(二)火灾保险的特征

火灾保险的保险标的是陆地上处于相对静止状态条件下的各种财产物资，动态条件下或处于运输中的财产物资不能作为火灾保险的投保标的投保。

火灾保险承保财产的存放地址是固定的，被保险人不得随意变动。如果被保险人随意变动被保险财产的存放地址或处所，将直接损害保险合同的效力，保险人可以因此对保险损失拒绝赔偿。

保险风险相当广泛，不仅包括各种自然灾害与多种意外事故，而且可以附加有关责任保险或信用保证保险，企业还可以投保附加利润损失保险，而家庭更是普遍需要投保或附加盗窃风险保险等。可见，火灾保险的承保风险通过基本险与附加险的组合，实际上覆盖了绝大部分可保风险。

(三)火灾保险的适用范围

从保险业务来源角度看，火灾保险是适用范围最广泛的一种保险业务，各种企业、团体及机关单位均可以投保团体火灾保险；所有的城乡居民家庭和个人均可投保家庭财产保险。

就保险标的范围而言，火灾保险的可保财产包括：房屋及其他建筑物和附属装修设备；各种机器设备，工具、仪器及生产用具；管理用具及低值易耗品、原材料、半成品、在产品、产成品或库存商品和特种储备商品；各种生活消费资料；等等。对于某些市场价格变化大、保险金额难以确定、风险较特别的财产物资，如古玩、艺术品等，则需要经过特别约定的程序才能承保。

(四)火灾保险的主要险种

1. 企业财产保险

企业财产保险是以企事业单位、机关团体等的财产物资为保险标的，由保险人承担被保险人财产所面临的风险责任的财产保险，包括财产保险基本险和综合险。

2. 家庭财产保险

家庭财产保险是面向城乡居民家庭或个人的火灾保险。家庭财产保险的特点在于投保人是以家庭或个人为单位，业务分散，额小量大，风险结构以火灾、盗窃等风险为主。

📅 **案例分析 5-1**

天津港"8·12"特大火灾爆炸事故保险已赔付 81 亿元

2015 年 8 月 12 日晚 11 时 20 分，天津港国际物流中心瑞海公司所属危险品仓库发生爆炸，爆炸事故造成 165 人遇难，8 人失踪，798 人受伤。港口区域大面积损毁，建筑物、基础设施、港口设施以及包括海运集装箱和汽车在内的存放货物受损严重，数千辆进口汽车在事故中烧毁和损坏。截至 2016 年年末，天津港"8·12"特大火灾爆炸事故中各保险公司共处理保险赔案 6 000 多件，已赔付 81 亿元，预计赔付将超过 100 亿元。

天津保监局和天津市保险行业协会近日发布的《2016 天津保险业社会责任报告》显示，天津港"8·12"特大火灾爆炸事故保险业共有 101 家机构参与应急处理，从全国抽调专业技术人员 1 000 余人，投入设备近 1 000 台套，派员查勘排查 5 000 多人次。

中进汽贸发展(天津)有限公司在爆炸中损失严重，仅全损的进口汽车就有 3 000 多台。2016 年 1 月 6 日，其作为天津港"8·12"特大火灾爆炸事故中损失最大、情况最复杂、理赔难度最大的案件结案，大地财险天津分公司向该企业支付赔款总计达 17.3 亿元。

【案例分析】回顾"8·12"事故，我们需要静下来思考，灾难从来不是偶然的和盲目的，为了避免下一次灾难猝然降临，我们更多要做的是反思，希望这样的灾难不要再发生。它能给中国保险业带来什么？保险行业的正面宣传、危化企业强制责任险、风险单位划分和累积、城市风险地图建立、科技应用于风险评估和理赔、居民家庭财产保险、巨灾保险制度完善等。

二、企业财产保险

企业财产保险是我国财产保险的主要险种，以企事业单位、机关团体等的财产物资为保险标的，由保险人承担被保险人财产所面临的风险责任的财产保险。学习企业财产保险时应先明确保险标的、保险金额、保险费率、保险责任和赔偿处理。

(一)可保标的与不保标的

企业财产保险的保险标的是各种财产物资，但也并非一切财产物资均可以成为企业财产保险的保险标的。保险人的承保范围可以通过划分可保财产、特约可保财产和不保财产来加以体现。

1. 可保财产

凡是为被保险人自有或与他人共有而由被保险人负责的财产，由被保险人经营管理或替他人保管的财产，以及具有其他法律上承认的与被保险人有经济利害关系的财产，而且是坐落、存放于保险单所载明地址的下列家庭财产，都属可保财产。

可保财产具体包括以下几类。

(1)房屋及其附属设备(含租赁)和室内装修材料，包括正在使用、未使用或出租、承租的房屋，以及房屋以外的各种建筑物，如船坞、车库等。

(2)机器及设备，包括各种机床、电炉、铸造机械、传导设备以及其他各种工作机器、设备等。

（3）工具、仪器及生产用具。例如，切削工具、模压工具，检验、实验和测量用仪器及达到固定资产标准的包装容器等。

（4）管理用具及低值易耗品。即办公、计量、消防用具及其他经营管理用的器具设备，工具、玻璃器皿，以及在生产过程中使用的包装容器等不能作为固定资产的各种低值易耗品。

（5）原材料、半成品、在产品、产成品或库存商品、特种储备商品。例如，各种原料、材料、备品备件、物料用品、副产品、残次商品、样品、展品、包装物等。

（6）账外及已摊销的财产。例如，简易仓棚、边角、不入账的自制设备、无偿转移的财产、账上已摊销而尚在使用的"低值易耗品"等。

此外，建造中的房屋、建筑物和建筑材料等也属于团体火灾保险的可保财产。

2. 特约可保财产

特约可保财产是指必须经过保险双方的特别约定，并在保险单上载明才能成为保险标的的财产。这种特别约定包含两层含义：一是取消保险单中对该特约可保财产的除外不保，二是将该项目纳入可保财产范围。

特约可保财产具体包括以下几类。

（1）市场价格变化大、保险金额难以确定的财产，如金银、珠宝、玉器、首饰、古玩、邮票、艺术品等。

（2）价值高、风险较特别的财产，如堤堰、水闸、铁路、道路、桥梁、码头等。这些财产虽易遭受火灾并导致损失，但却往往因洪水、地震等风险造成巨额损失。

（3）风险大，需要提高费率的财产，如矿井、矿坑内的设备和物资等。

3. 不保财产

不保财产是保险人不予承保或不能在火灾保险项下承保的财产。

不保财产具体包括以下几类。

（1）土地、矿藏、森林、水产资源等。

（2）货币、有价证券、票证、文件、账册、技术资料、图表等难以鉴定其价值的财产。

（3）违章建筑、非法占有的财产，以及正处于紧急状态的财产。

（4）未经收割的农作物及家禽、家畜或其他家养动物。

（二）保险金额的确定

投保标的的保险金额，一般都以账面为基础确定，但因财产种类不同，计算方式也有所不同。在实务中按固定资产与流动资产分别确定。

1. 固定资产的保险金额

固定资产是法人单位尤其是企业生产经营的物质基础，从而是团体火灾保险中的主要内容。

团体火灾保险中保险金额可采取如下三种不同方式进行确定：①按账面原值投保，即固定资产的账面原值就是该固定资产的保险金额；②按重置重建价值投保，即按照投保时重新购建同样的财产所需支出确定保险金额；③按投保时实际价值协议投保，即根据投保时投保标的所具有的实际价值由保险双方协商确定保险金额。保险客户可以任意选择上面一种方式确定保险金额。

2. 流动资产的保险金额

一般而言，法人团体的流动资产通常均分为物化流动资产与货币形态的流动资产。前者表现为原材料、在产品、半成品、产成品及库存商品等；后者表现为现金、银行存款等，保险人通常只负责物化流动资产的保险，对非物化流动资产是不承担保险责任的。因此，在承保时还需要区分流动资产的结构与形态。然而，法人团体的流动资产在结构与形态方面经常是处于变动之中的，任何一个时点上的物化流动资产均不一定等于出险时的物化流动资产。

保险人通常确定两种保险金额确定方式供被保险人选择：①保险人物化流动资产最近12个月的平均账面余额投保；②被保险人物化流动资产最近账面余额投保。对于已经摊销或未列入账面的财产，可以由被保险人与保险人协商按实际价值投保，以此实际价值作为保险金额。

(三)保险费率的厘定

企业财产保险的费率，主要根据不同保险财产的种类、占用性质，按危险性的大小、损失率的高低和经营费用等因素制定。我国现行的团体火灾保险费率采用的是分类级差费率制，具体包括工业险费率、仓储险费率、普通险费率三大类。

(四)保险责任范围的确定

在企业财产保险经营实务中，不同险种的保险责任范围是不同的，如财产保险综合险承担的责任较宽，财产保险基本险承担的保险责任范围较窄。概括起来，企业财产保险的可保责任可分为如下五大类。

一是列明的自然灾害。例如，雷击、暴风、龙卷风、暴雨、洪水、地陷、崖崩、突发性滑坡、雪灾、冰凌、泥石流等。

二是列明的意外事故。例如，火灾、爆炸、空中运行物体坠落等。

三是特别损失承担的责任。例如，被保险人自有的供电、供水、供气设备因前述列明的保险责任遭受损害，引起停电、停水、停气以致造成保险标的的直接损失等。

保险人在承担该项责任时，要求必须同时具备下列三个条件：①必须是被保险人同时拥有全部或部分所有权和使用权的供电、供水、供气设备，包括企业自有设备和与其他单位共有的设备，这些设备包括发电机、变压器、配电间、水塔、管道线路等供应设施；②这种损失仅限于保险单列明的保险责任范围内的意外危险和自然灾害所造成的，由规定的保险责任以外的危险、灾害或其他原因引起的"三停"事故对于保险标的的造成的损失，保险人不承担赔偿责任；③这种损失的对象必须是需要通过供电、供水和供气设备的正常运转，才能保证财产正常存在的保险标的，如熔炼、冷凝、发酵、烘烤、蒸发等需要通过"三供"设备进行操作的保险标的。

四是在发生保险事故时，为抢救财产或防止灾害蔓延，采取合理的、必要的措施而造成保险标的的损失。保险人在承担该项责任时，通常要求必须是在保险单列明的保险责任发生时，为了抢救保险标的或防止灾害的蔓延而造成的保险标的的损失，对于在抢救保险标的或防止灾害的蔓延时造成非保险标的的损失，则不予赔偿。

五是发生保险事故时，为了减少保险标的的损失，被保险人对于保险标的采取施救、保护、整理措施而支出的合理费用。保险人在承担该项责任时，只对保险标的的施救费用负责，如果施救的财产中包括了非保险标的，或者保险标的与非保险标的无法分清时，保险人可以按照被施救的保险标的占全部被施救的标的比例承担施救费用。

(五)赔偿计算方法

企业财产保险的赔偿采取分项计赔、比例赔偿的办法，即因保险财产的不同种类及其投保时确定保险金额的方法不同而所采取的赔偿计算方式也不同。

1. 固定资产的赔偿计算方法

如果发生保险责任范围内的损失低于全部损失，无论被保险人以何种方式投保，都按保险金额予以赔偿。但倘若受损财产的保险金额高于重置重建价值时，其赔偿金额以不超过重置重建价值为限。

如果固定资产的损失是部分损失，其赔偿方式为：凡按重建重置价值投保的财产，按实际损失计算赔偿金额；按账面原值投保的财产，如果受损财产的保险金额低于重置重建价值，应根据保险金额按财产损失程度或修复费用占重置重建价值的比例计算赔偿金额；如果受损保险财产的保险金额相当于或高于重置重建价值，按实际损失计算赔偿金额。以上固定资产赔偿应根据明细账、卡分项计算，其中每项固定资产的最高赔偿金额均不得超过其投保时确定的保险金额。

2. 流动资产赔偿计算方法

流动资产的赔偿计算方法有如下两种：①按最近12个月账面平均余额投保的财产发生全部损失，按出险时的账面余额计算赔偿金额；发生部分损失，按实际损失计算赔偿金额。②按最近账面余额投保的财产发生全部损失，按保险金额赔偿，如果受损财产的实际损失金额低于保险金额，以不超过实际损失为限，发生部分损失，在保险金额额度内按实际损失计算赔偿金额；如果受损财产的保险金额低于出险当时的账面余额时，应当按比例计算赔偿金额，以上流动资产选择部分科目投保的，其最高赔偿金额分别不得超过其投保时约定的该项科目的保险金额。

对已经摊销或不列入账面财产投保的财产损失，其赔偿计算方法为：若全部损失，按保险金额赔偿，受损财产的保险金额高于实际价值时，其赔偿金额以不超过实际损失金额为限；如若部分损失，则按实际损失计算赔偿金额，但以不超过保险金额为限。

三、家庭财产保险

(一)家庭财产保险的含义及特征

1. 家庭财产保险的含义

家庭财产保险简称家财险，是面向城乡居民家庭并以其住宅及存放在固定场所的物质财产为保险标的的保险，它属于火灾保险范畴，强调保险标的的实体性和保险地址的固定性。

2. 家庭财产保险的特征

家庭财产保险作为与团体火灾保险相对应的另一类火灾保险业务，实际上由若干具体的险种构成，并在经营实践中呈现以下几个特色。

(1)业务分散，额小量大。城乡居民均是以家庭或个人为单位的，不仅居住分散，而且物质财产的积累有限，每一户城乡居民家庭都是保险人的一个展业对象和一个潜在的保险客户来源。因此，家庭财产保险业务是一种分散性业务，其单个保单的承保额不高，但业务量却很大。

(2)风险结构有特色。家庭财产面临的风险主要是火灾、盗窃等风险，这种风险结构与团体火灾保险有着巨大的差异。因此，保险人需要有针对性地做好风险选择与防损工作。

（3）保险赔偿有特色。一方面，家庭财产保险的赔案大多表现为小额、零星赔案，需要投保人投入较多的人力来处理；另一方面，保险人对家庭财产保险的理赔一般采取有利于被保险人的第一危险赔偿方式。

（4）险种设计更具灵活性。家庭财产保险业务面向普通的城乡居民，为满足他们的不同需要并使险种真正具有吸引力，保险人不仅提供普通家庭财产保险，往往还推出具有还本性质的家庭财产两全保险及家庭财产长效还本保险等，以及综合承保财产损失与有关责任的保险等。因此，城乡居民的投保选择机会较多。

（二）家庭财产保险合同的内容

1.适用范围

家财险适用于我国城乡居民家庭或个人，以及外国驻华者个人及其家庭成员。凡属于城乡居民家庭或个人、外国驻华者个人及其家庭的自有财产、代他人保管财产或与他人共有的财产，都可以投保家财险。

在开展家财险业务时，应当注意以下两点：①家财险可以接受个人投保，承保个人财产。如现行家庭财产公证制，将一个家庭内部(主要是夫妻双方)成员的财产具体到个人，其既可以以个人名义投保，也可以以家庭名义投保。②对于个体工商业者及合作经营组织，包括个体劳动者、手工业者、小商小贩、合伙经营等生产、经营用的厂房、工具、器具、原材料、商品等。即使是属于城乡居民家庭或个人所有，一般也不投保家财险，而是另行投保个体工商户和合作经营组织财产保险。

2.保险标的

（1）可保财产。在家财险的经营实务中，凡是坐落在保险单所载明的固定地点，属于被保险人自有或代保管或负有安全管理责任的财产，可以投保家财险。它们的共同特点是处于被保险人的直接控制之下。

具体而言，家财险的可保财产有：①房屋及其附属设备；②生活资料；③农民的农具、工具和已经收获的农副产品(拖拉机、农业机械等需要另外投保专项险种)；④与他人共有的前述财产；⑤代保管财产；⑥租用的财产等。

（2）不保财产。家财险一般不予承保的包括：①个体工商户和合作经营组织的营业器具、工具和原材料等，保险人通常将其作为单独承保的内容；②正处于危险状态的财产；③价值高、物品小，出险后难以核实的财产或无法鉴定价值，以及无市场价值的财产，如金银珠宝、货币、有价证券等，但有的保险公司为了满足保险客户的需要，将上述项目中的有些内容纳入保险标的的范围；④生长期的农作物；⑤机动车辆；⑥运输中的货物等。

3.责任范围

（1）保险责任。家财险的基本责任范围与团体火灾保险综合险的保险责任范围相似，主要承保火灾、爆炸、雷击和其他各种自然灾害，空中运行物体坠落，外来建筑物和其他固定物体倒塌，以及发生上述灾害事故时为防止灾害蔓延采取的必要措施所造成的保险财产损失及施救过程中支付的合理费用等。

上述保险责任与团体火灾保险中的同类责任意义相同，在此不再重复。需要指出的是，各保险公司开办的家庭财产保险有时尽管险种名称一致，但责任范围却有所不同。例如，中国太平洋保险公司开办的家庭财产保险中，水管爆裂就被列入保险人负责赔偿的基本责任范围。

(2)盗窃风险。在家财险经营实践中，保险人对盗窃风险的承保通常有两种处理方式：一是将其作为家财险的基本责任予以承保，即将盗窃风险列为一般家财险中的保险责任；二是将其从一般家财险的基本责任范围剔除，列为特约或附加责任，由投保人选择投保。随着盗窃责任导致的赔款不断增长，一些保险人更重视将该项责任作为家财险主险的附加责任，在投保家财险的同时加保盗窃责任的保户，需要与保险人特别约定才能获得这类风险保障。不过，多数城乡居民在投保家财险时，通常都会加保盗窃风险。

(3)除外责任。家财险中的除外责任，通常包括：①战争、军事行动、暴力行为、核子辐射和核污染等；②被保险人的故意行为或其家庭成员的故意行为；③电机、电器、电气设备因使用过度和超负荷、碰线、火花、走电、自身发热等原因造成的本身损失；④堆放在露天的被保险财产，以及用芦苇、油毛毡、麦秆、帆布等材料作为外墙、房顶的简陋房屋、棚，由于暴风、暴雨或雪灾所造成的损失；⑤虫蛀、鼠咬、霉烂、变质和家禽的走失、失窃或死亡等所致的损失；⑥被保险财产在违章建筑、危险建筑内发生的保险事故的损失；⑦其他不属于保险单上载明的保险责任范围内的损失。

需要指出的是，在国内现行的家庭保险条款中，房屋及其附属设备通常被列为除外不保的范围。这主要是因为房屋与其他生活资料等存在着性质差异，但并不意味着房屋即是不保财产，而是需要专门的房屋保险加以承保，或者开发出更加综合的保险单来承保。因此，此处未将房屋及其附属设备列入。

(4)责任期限。家财险的保险责任期限，采用定期保险方式，但按期限的长短又可以分为两类：①与团体火灾保险等财产保险业务一样，为一年期保险业务，即从约定起保日期的零时起至期满日期的二十四时为止，到期可以续保，另行办理投保手续；②多年期保险业务，即保险人可以同时规定几个保险期限，由被保险人选择确定，如二年期、三年期、五年期，甚至某些公司经营的还本家财险的责任期限可达八年期，表现出了经营的灵活性与选择性。

除还本家财险外，普通家财险一般不允许被保险人退保。

(三)保险金额与保险费率

1. 保险金额

家财险保险金额的确定方式一般有两种：一是由投保人根据其财产的实际价值自行估价确定；二是保险人提供以千元为单位设置保险金额档次，投保人可以根据自己的需要自主选择，多投多保、少投少保，如5 000元、10 000元、50 000元等。

2. 保险费率

家财险的保险费率是计算并收取家财险保险费的直接依据，是依据家财险损失率等因素厘定的。在家财险实务中，保险费率的确定通常要考虑房屋建筑物结构与等级、家庭财产的结构及其本身的危险、社会治安状态等因素。

由于不同地区的家财险风险不一，保险费率在地区之间也存在着较大的差异。一般而言，家财险保险费率通常按房屋结构等级分为不同的档次，如果将盗窃风险列入基本保险责任范围，保险费率从3‰到5‰不等；如果将盗窃风险作为附加责任，则基本险的保险费率还会降低，但若被保险人加保盗窃风险，则还要再加上盗窃责任的附加费率。

第三节　机动车辆保险

一、机动车辆保险的对象、险种和特点

(一)机动车辆保险的对象

机动车辆保险是以机动车辆本身及机动车辆的第三者责任为保险标的的一种运输工具保险。国外称为汽车保险。机动车辆保险的保险对象为：经公安交通管理部门检验合格、具有其核发的有效行驶证和号牌的机动车辆。在我国，机动车辆保险所承保的机动车辆是指汽车、电车、电瓶车、摩托车、拖拉机、各种专用机械车、特种车。保险车辆必须有交通管理部门核发的行驶证和号牌，并经检验合格，否则保险单无效。

(二)机动车辆保险的险种

1. 主险

机动车辆保险主险包括机动车损失保险、机动车第三者责任保险、机动车车上人员责任保险共三个独立的险种，投保人可以选择投保全部险种，也可以选择投保其中部分险种。保险人依照本保险合同的约定，按照承保险种分别承担保险责任。

2. 附加险

机动车辆保险附加险包括车身划痕险、新增设备、车上货物责任险、修理期间费用补偿险、法定节假日限额翻倍、医保外用药、发动机损坏除外特约条款、保险人指定修理厂特约险、车轮单独损失和绝对免赔率特约条款。附加险不能独立投保。附加险条款与主险条款相抵触的，以附加险条款为准，附加险条款未尽之处，以主险条款为准。

(三)机动车辆保险的主要特点

机动车辆保险属于不定值保险；机动车辆保险的赔偿方式主要是修复；机动车辆保险赔偿中采用绝对免赔方式；机动车辆保险采用无赔款优待方式；机动车辆保险中的第三者责任保险一般采用强制保险的方式。

二、机动车辆保险的保险责任

(一)机动车损失保险责任

保险期间内，被保险人或被保险机动车驾驶人(以下简称"驾驶人")在使用被保险机动车过程中，因自然灾害、意外事故造成被保险机动车直接损失，且不属于免除保险人责任的范围，保险人依照本保险合同的约定负责赔偿。

保险期间内，被保险机动车被盗窃、抢劫、抢夺，经出险地县级以上公安刑侦部门立案证明，满60天未查明下落的全车损失，以及因被盗窃、抢劫、抢夺受到损坏造成的直接损失，且不属于免除保险人责任的范围，保险人依照本保险合同的约定负责赔偿。

发生保险事故时，被保险人或驾驶人为防止或者减少被保险机动车的损失所支付的必要的、合理的施救费用，由保险人承担；施救费用数额在被保险机动车损失赔偿金额以外另行计算，最高不超过保险金额。

(二)机动车第三者责任保险保险责任

保险期间内，被保险人或其允许的驾驶人在使用被保险机动车过程中发生意外事故，

致使第三者遭受人身伤亡或财产直接损毁，依法应当对第三者承担的损害赔偿责任，且不属于免除保险人责任的范围，保险人依照本保险合同的约定，对于超过机动车交通事故责任强制保险各分项赔偿限额的部分负责赔偿。

保险人依据被保险机动车一方在事故中所负的事故责任比例，承担相应的赔偿责任。被保险人或被保险机动车一方根据有关法律法规选择自行协商或由公安机关交通管理部门处理事故，但未确定事故责任比例的，按照下列规定确定事故责任比例：被保险机动车一方负主要事故责任的，事故责任比例为70%；被保险机动车一方负同等事故责任的，事故责任比例为50%；被保险机动车一方负次要事故责任的，事故责任比例为30%。涉及司法或仲裁程序的，以法院或仲裁机构最终生效的法律文书为准。

三、机动车辆保险的责任免除

(一)车辆损失险的责任免除

在机动车辆保险的责任范围内，下列情况下，不论任何原因造成被保险机动车的任何损失和费用，保险人均不负责赔偿。

事故发生后，被保险人或驾驶人故意破坏、伪造现场，毁灭证据，保险人不负责赔偿。

驾驶人有下列情形之一者，保险人不负责赔偿：①交通肇事逃逸；②饮酒、吸食或注射毒品、服用国家管制的精神药品或者麻醉药品；③无驾驶证，驾驶证被依法扣留、暂扣、吊销、注销期间；④驾驶与驾驶证载明的准驾车型不相符合的机动车。

被保险机动车有下列情形之一者，保险人不负责赔偿：①发生保险事故时被保险机动车行驶证、号牌被注销；②被扣留、收缴、没收期间；③竞赛、测试期间，在营业性场所维修、保养、改装期间；④被保险人或驾驶人故意或重大过失，导致被保险机动车被利用从事犯罪行为。

下列原因导致的被保险机动车的损失和费用，保险人不负责赔偿：①战争、军事冲突、恐怖活动、暴乱、污染（含放射性污染）、核反应、核辐射；②违反安全装载规定；③被保险机动车被转让、改装、加装或改变使用性质等，导致被保险机动车危险程度显著增加，且未及时通知保险人，因危险程度显著增加而发生保险事故的；④投保人、被保险人或驾驶人故意制造保险事故。

下列损失和费用，保险人不负责赔偿：①因市场价格变动造成的贬值、修理后因价值降低引起的减值损失；②自然磨损、朽蚀、腐蚀、故障、本身质量缺陷；③投保人、被保险人或驾驶人知道保险事故发生后，故意或者因重大过失未及时通知，致使保险事故的性质、原因、损失程度等难以确定的，保险人对无法确定的部分，不承担赔偿责任，但保险人通过其他途径已经知道或者应当及时知道保险事故发生的除外；④因被保险人违反相关约定，导致无法确定的损失；⑤车轮单独损失，无明显碰撞痕迹的车身划痕，以及新增加设备的损失；⑥非全车盗抢、仅车上零部件或附属设备被盗窃。

(二)第三者责任险的责任免除

在上述保险责任范围内，下列情况下，不论任何原因造成的人身伤亡、财产损失和费用，保险人均不负责赔偿。

事故发生后，被保险人或其允许的驾驶人故意破坏、伪造现场、毁灭证据，保险人不负责赔偿。

驾驶人有下列情形之一者，保险人不负责赔偿：①交通肇事逃逸；②饮酒、吸食或注射毒品、服用国家管制的精神药品或者麻醉药品；③无驾驶证；④驾驶证被依法扣留、暂扣、吊销、注销期间；⑤驾驶与驾驶证载明的准驾车型不相符合的机动车；⑥非被保险人允许的驾驶人。

被保险机动车有下列情形之一者，保险人不负责赔偿：①发生保险事故时被保险机动车行驶证、号牌被注销的；②被扣留、收缴、没收期间；③竞赛、测试期间，在营业性场所维修、保养、改装期间；④全车被盗窃、被抢劫、被抢夺、下落不明期间。

下列原因导致的人身伤亡、财产损失和费用，保险人不负责赔偿：①战争、军事冲突、恐怖活动、暴乱、污染(含放射性污染)、核反应、核辐射；②第三者、被保险人或驾驶人故意制造保险事故、犯罪行为，第三者与被保险人或其他致害人恶意串通的行为；③被保险机动车被转让、改装、加装或改变使用性质等，导致被保险机动车危险程度显著增加，且未及时通知保险人，因危险程度显著增加而发生保险事故的。

下列人身伤亡、财产损失和费用，保险人不负责赔偿：①被保险机动车发生意外事故，致使任何单位或个人停业、停驶、停电、停水、停气、停产、通讯或网络中断、电压变化、数据丢失造成的损失以及其他各种间接损失；②第三者财产因市场价格变动造成的贬值，修理后因价值降低引起的减值损失；③被保险人及其家庭成员、被保险人允许的驾驶人及其家庭成员所有、承租、使用、管理、运输或代管的财产的损失，以及本车上财产的损失；④被保险人、驾驶人、本车车上人员的人身伤亡；⑤停车费、保管费、扣车费、罚款、罚金或惩罚性赔款；⑥超出《道路交通事故受伤人员临床诊疗指南》和国家基本医疗保险同类医疗费用标准的费用部分；⑦律师费，未经保险人事先书面同意的诉讼费、仲裁费；⑧投保人、被保险人或驾驶人知道保险事故发生后，故意或者因重大过失未及时通知，致使保险事故的性质、原因、损失程度等难以确定的，保险人对无法确定的部分，不承担赔偿责任，但保险人通过其他途径已经知道或者应当及时知道保险事故发生的除外；⑨因被保险人违反相关约定，导致无法确定的损失；⑩精神损害抚慰金；应当由机动车交通事故责任强制保险赔偿的损失和费用；⑪保险事故发生时，被保险机动车未投保机动车交通事故责任强制保险或机动车交通事故责任强制保险合同已经失效的，对于机动车交通事故责任强制保险责任限额以内的损失和费用，保险人不负责赔偿。

四、机动车辆保险的保险金额和赔偿限额

(一)车辆损失险的保险金额

车辆损失险的保险金额，可以按投保时新车购置价或实际价值确定；也可以由被保险人与保险人协商确定，但保险金额不得超过保险价值，超过部分无效。投保人和保险人可根据实际情况，选择新车购置价、实际价值、协商价值三种方式之一确定保险金额。

(二)第三者责任险的赔偿限额

第三者责任险的每次事故最高赔偿限额应根据不同车辆种类选择确定：①对摩托车、拖拉机第三者责任险的赔偿限额分为2万元、5万元、10万元、20万元4个档次，但因不同区域其选择原则是不同的，与《机动车辆保险费率规章》有关摩托车定额保单销售区域的划分相一致；②对摩托车、拖拉机以外的机动车辆第三者责任险的赔偿限额分为5万元、

10万元、20万元、50万元、100万元、100万元以上或1 000万元以内6个档次；③挂车投保后与主车视为一体，发生保险事故时，挂车引起的赔偿责任视同主车引起的赔偿责任，保险人对挂车赔偿责任与主车赔偿责任所负赔偿金额之和，以主车赔偿限额为限。投保人和保险人在投保时可以根据不同车辆的类型自行协商选择确定第三者责任险按每次事故最高赔偿限额。

（三）保险金额或赔偿限额的调整

被保险人调整保险金额或赔偿限额必须履行批改手续。在保险合同有效期内，被保险人要求调整保险金额或赔偿限额，应向保险人书面申请办理批改。在保险人签发批单后，申请调整的保险金额或赔偿限额才有效。对于车辆损失险，调整的原因一般有：车辆增添或减少设备，车辆经修复后有明显增值，车辆改变用途，车辆牌价上涨或下跌幅度较大。

知识链接

机动车交通事故责任强制保险

机动车交通事故责任强制保险，是指由保险公司对被保险机动车发生道路交通事故造成本车人员、被保险人以外的受害人的人身伤亡、财产损失，在责任限额内予以赔偿的强制性责任保险。

2004年5月1日起实施的《中华人民共和国道路交通安全法》首次提出"建立机动车第三者责任强制保险制度，设立道路交通事故社会救助基金"。2006年3月21日国务院颁布《交强险条例》，机动车第三者责任强制保险从此被"交强险"代替，条例规定自2006年7月1日起实施。

2006年6月30日，中国保监会发布《机动车交通事故责任强制保险业务单独核算管理暂行办法》，规定自发布之日起实施。

2007年6月27日，保监会发布《机动车交通事故责任强制保险费率浮动暂行办法》，规定自7月1日实行。

2007年7月1日，随着配套措施的完善，交强险最终普遍实行，其间普遍实行的仍旧为"机动车第三者责任强制保险"（第三者强制保险）。

"机动车第三者责任强制保险"与现行的机动车第三者责任保险——属于商业保险，而新施行的"交强险"保险费率比"机动车第三者责任强制保险"高，第三者责任险根据被保险人在交通事故中所承担的事故责任来确定其赔偿责任。

无论被保险人是否在交通事故中负有责任，保险公司均将按照《交强险条例》及交强险条款的具体要求在责任限额内予以赔偿。对于维护道路交通通行者人身财产安全、确保道路安全具有重要的作用，同时能减少法律纠纷、简化处理程序，确保受害人获得及时有效的赔偿。

2020年9月3日，中国银行保险监督管理委员会官网发布《关于实施车险综合改革的指导意见》。其中明确规定，提升交强险保障水平，将交强险总责任限额从12.2万元提高到20万元，其中死亡伤残赔偿限额从11万元提高到18万元，医疗费用赔偿限额从1万元提高到1.8万元，财产损失赔偿限额维持0.2万元不变。

五、机动车辆保险的保险期限

机动车辆保险的保险期限通常为1年,自保险单载明之日起,到保险期满日24时止。对于当天投保的车辆,起保时间应为次日零时,期满续保需另办手续。此外,允许短期保险。

六、保险费的计算与无赔款优待

(一)保险费的计算

1. 机动车辆损失险保险费率

确定机动车辆损失险保险费率时一般应考虑下述因素:①车辆的用途;②地域、车辆类型;③车龄;④投保人的年龄、性别、职业、驾驶记录和婚姻状况等。但不同国家具体运用时不同,根据我国《机动车辆保险费率表》及有关规定核定费率。

费率表中的车辆使用性质分为两类:营业用车和非营业用车。对于兼有两类使用性质的车辆,按高档费率计费。

车辆损失险保险费计算公式为:

$$车辆损失保险费 = 基本保费 + (保险金额 \times 费率)$$

2. 第三者责任保险的保险费

第三者责任保险的保险费采用的是一种固定保险费。机动车辆第三者责任险的固定保费是指按不同车辆种类和使用性质对应的第三者责任险每次最高赔偿限额为5万元、10万元、20万元、50万元、100万元时的保险费;第三者责任险的保险费按投保时确定的每次事故最高赔偿限额对应的固定保费收取。每次事故最高赔偿限额不超过100万元时,则按照基本险费率表中列明的公式计收;当投保人要求投保的每次事故最高赔偿限额超过100万元时,其投保的赔偿限额应是50万元的整数倍,且最高不得超过1 000万元。

此时的第三者责任险固定保险费计算方法如下:

$$保险费 = N \times A \times (1.05 - 0.025N) \div 2$$

其中:A 为同档次限额为100万元时的第三者责任险保费;N 为投保限额50万元。

3. 短期费率

如果保险期不满1年,应按短期费率计收保险费,短期费率分为两类:按日计费和按月计费。按日计费适用于被保险人新购车辆的投保,以统一续保日期,其计算公式为:

$$应交保险费 = 年保费 \times \frac{保险天数}{365}$$

按月计费适用于应投保人要求而签订的短期保险,应交保险费使用短期费率表计算。若保险期不足1个月,则应按1个月来计费;投保1年,如果中途退保,也是按短期费率表计算退保费。其计算公式为:

$$短期保险费 = 年保险费 \times 短期月费率$$

(二)无赔款优待

保险车辆在上一年保险期限内无赔款,续保时可享受无赔款减收保险费优待,优待金额为本年度续保险种应交保险费的10%。被保险人投保车辆不止一辆的,无赔款优待分别按车辆计算。上年度投保的车辆损失险、第三者责任险、附加险中任何一项发生赔款,续保时均不能享受无赔款优待;不续保者不享受无赔款优待。如果续保的险种与上年度相同,但投保金额不同,无赔款优待则以本年度保险金额对应的应交保险费为计费基础。不论机动车辆连续几年无事故,无赔款优待一律为应交保险费的10%。优待的条件为保险期限必须满一年,保险期内无赔款,保险期满前办理续保。

在确定无赔款优待时应注意以下几点:①车辆同时投保车辆损失险、第三者责任险和附加险的,只要其中任一险种发生赔款,被保险人续保时就不能享受无赔款优待。②保险车辆发生事故,续保时案件未决,被保险人不能享受无赔款优待。但事故处理后,保险人无赔款责任,则退还无赔款优待应减收的保险费。③在一年保险期限内,发生所有权转移的保险车辆,续保时不享受无赔款优待。④无赔款优待仅限于续保险种,即上年度投保而本年度未续保的险种和本年度新投保的险种,均不享受无赔款优待。

七、机动车辆保险的附加险

(一)附加绝对免赔率特约条款

绝对免赔率为5%、10%、15%、20%,由投保人和保险人在投保时协商确定,具体以保险单载明为准。

被保险机动车发生主险约定的保险事故,保险人按照主险的约定计算赔款后,扣减本特约条款约定的免赔。即:主险实际赔款=按主险约定计算的赔款×(1-绝对免赔率)

(二)附加车轮单独损失险

投保了机动车损失保险的机动车,可投保本附加险。

1. 保险责任

保险期间内,被保险人或被保险机动车驾驶人在使用被保险机动车过程中,因自然灾害、意外事故,导致被保险机动车未发生其他部位的损失,仅有车轮(含轮胎、轮毂、轮毂罩)单独的直接损失,且不属于免除保险人责任的范围,保险人依照本附加险合同的约定负责赔偿。

2. 责任免除

(1)车轮(含轮胎、轮毂、轮毂罩)的自然磨损、朽蚀、腐蚀、故障、本身质量缺陷。

(2)未发生全车盗抢,仅车轮单独丢失。

3. 保险金额

保险金额由投保人和保险人在投保时协商确定。

4. 赔偿处理

(1)发生保险事故后,保险人依据本条款约定在保险责任范围内承担赔偿责任。赔偿方式由保险人与被保险人协商确定;

(2)赔款为实际修复费用与被保险人已从第三方获得的赔偿金额的差额。

(3)在保险期间内,累计赔款金额达到保险金额,本附加险保险责任终止。

(三)附加新增加设备损失险

投保了机动车损失保险的机动车,可投保本附加险。

1. 保险责任

保险期间内,投保了本附加险的被保险机动车因发生机动车损失保险责任范围内的事故,造成车上新增加设备的直接损毁,保险人在保险单载明的本附加险的保险金额内,按照实际损失计算赔偿。

2. 保险金额

保险金额根据新增加设备投保时的实际价值确定。新增加设备的实际价值是指新增加设备的购置价减去折旧金额后的金额。

3. 赔偿处理

发生保险事故后，保险人依据本条款约定在保险责任范围内承担赔偿责任。赔偿方式由保险人与被保险人协商确定。

$$赔款＝实际修复费用－被保险人已从第三方获得的赔偿金额$$

(四)附加车身划痕损失险

投保了机动车损失保险的机动车，可投保本附加险。

1. 保险责任

保险期间内，被保险机动车在被保险人或被保险机动车驾驶人使用过程中，发生无明显碰撞痕迹的车身划痕损失，保险人按照保险合同约定负责赔偿。

2. 责任免除

(1)被保险人及其家庭成员、驾驶人及其家庭成员的故意行为造成的损失。

(2)因投保人、被保险人与他人的民事、经济纠纷导致的任何损失。

(3)车身表面自然老化、损坏，腐蚀造成的任何损失。

3. 保险金额

保险金额为2 000元、5 000元、10 000元或20 000元，由投保人和保险人在投保时协商确定

4. 赔偿处理

(1)发生保险事故后，保险人依据本条款约定在保险责任范围内承担赔偿责任，赔偿方式由保险人与被保险人协商确定。

$$赔款＝实际修复费用－被保险人已从第三方获得的赔偿金额$$

(2)在保险期间内，累计赔款金额达到保险金额，本附加险保险责任终止。

(五)附加修理期间费用补偿险

投保了机动车损失保险的机动车，可投保本附加险。

1. 保险责任

保险期间内，投保了本条款的机动车在使用过程中，发生机动车损失保险责任范围内的事故，造成车身损毁，致使被保险机动车停驶，保险人按保险合同约定，在保险金额内向被保险人补偿修理期间费用，作为代步车费用或弥补停驶损失。

2. 责任免除

下列情况下，保险人不承担修理期间费用补偿。

(1)因机动车损失保险责任范围以外的事故而致被保险机动车的损毁或修理。

(2)非在保险人认可的修理厂修理时，因车辆修理质量不合要求造成返修。

(3)被保险人或驾驶人拖延车辆送修期间。

3. 保险金额

$$本附加险保险金额＝补偿天数×日补偿金额$$

补偿天数及日补偿金额由投保人与保险人协商确定并在保险合同中载明，保险期间内约定的补偿天数最高不超过90天。

4. 赔偿处理

全车损失，按保险单载明的保险金额计算赔偿；部分损失，在保险金额内按约定的日补偿金额乘以从送修之日起至修复之日止的实际天数计算赔偿，实际天数超过双方约定修理天数的，以双方约定的修理天数为准。

保险期间内，累计赔款金额达到保险单载明的保险金额，本附加险保险责任终止。

(六)附加发动机进水损坏除外特约条款

投保了机动车损失保险的机动车，可投保本附加险。

保险期间内，投保了本附加险的被保险机动车在使用过程中，因发动机进水后导致的发动机的直接损毁，保险人不负责赔偿。

(七)附加车上货物责任险

投保了机动车第三者责任保险的营业货车(含挂车)，可投保本附加险。

1. 保险责任

保险期间内，发生意外事故致使被保险机动车所载货物遭受直接损毁，依法应由被保险人承担的损害赔偿责任，保险人负责赔偿。

2. 责任免除

(1)偷盗、哄抢、自然损耗、本身缺陷、短少、死亡、腐烂、变质、串味、生锈，动物走失、飞失、货物自身起火燃烧或爆炸造成的货物损失。

(2)违法、违章载运造成的损失。

(3)因包装、紧固不善，装载、遮盖不当导致的任何损失。

(4)车上人员携带的私人物品的损失。

(5)保险事故导致的货物减值、运输延迟、营业损失及其他各种间接损失。

(6)法律、行政法规禁止运输的货物的损失。

3. 责任限额

责任限额由投保人和保险人在投保时协商确定。

4. 赔偿处理

(1)被保险人索赔时，应提供运单、起运地货物价格证明等相关单据。保险人在责任限额内按起运地价格计算赔偿。

(2)发生保险事故后，保险人依据本条款约定在保险责任范围内承担赔偿责任，赔偿方式由保险人与被保险人协商确定。

(八)附加精神损害抚慰金责任险

投保了机动车第三者责任保险或机动车车上人员责任保险的机动车，可投保本附加险。

在投保人仅投保机动车第三者责任保险的基础上附加本附加险时，保险人只负责赔偿第三者的精神损害抚慰金；在投保人仅投保机动车车上人员责任保险的基础上附加本附加险时，保险人只负责赔偿车上人员的精神损害抚慰金。

1. 保险责任

保险期间内，被保险人或其允许的驾驶人在使用被保险机动车的过程中，发生投保的主险约定的保险责任内的事故，造成第三者或车上人员的人身伤亡，受害人据此提出精神损害赔偿请求，保险人依据法院判决及保险合同约定，对应由被保险人或被保险机动车驾驶人支付的精神损害抚慰金，在扣除机动车交通事故责任强制保险应当支付的赔款后，在本保险赔偿限额内负责赔偿。

2. 责任免除

(1)根据被保险人与他人的合同协议，应由他人承担的精神损害抚慰金。

(2)未发生交通事故，仅因第三者或本车人员的惊恐而引起的损害。

(3)怀孕妇女的流产发生在交通事故发生之日起 30 天以外的。

3. 赔偿限额

本保险每次事故赔偿限额由保险人和投保人在投保时协商确定。

4. 赔偿处理

本附加险赔偿金额依据生效法律文书或当事人达成且经保险人认可的赔付协议，在保险单所载明的赔偿限额内计算赔偿。

(九)附加法定节假日限额翻倍险

投保了机动车第三者责任保险的家庭自用汽车，可投保本附加险。

保险期间内，被保险人或其允许的驾驶人在法定节假日期间使用被保险机动车发生机动车第三者责任保险范围内的事故，并经公安部门或保险人查勘确认的，被保险机动车第三者责任保险所适用的责任限额在保险单载明的基础上增加一倍。

(十)附加医保外医疗费用责任险

投保了机动车第三者责任保险或机动车车上人员责任保险的机动车，可投保本附加险。

1. 保险责任

保险期间内，被保险人或其允许的驾驶人在使用被保险机动车的过程中，发生主险保险事故，对于被保险人依照中华人民共和国法律(不含港澳台地区法律)应对第三者或车上人员承担的医疗费用，保险人对超出《道路交通事故受伤人员临床诊疗指南》和国家基本医疗保险同类医疗费用标准的部分负责赔偿。

2. 责任免除

下列损失、费用，保险人不负责赔偿。

(1)在相同保障的其他保险项下可获得赔偿的部分。

(2)所诊治伤情与主险保险事故无关联的医疗、医药费用。

(3)特需医疗类费用。

3. 赔偿限额

赔偿限额由投保人和保险人在投保时协商确定，并在保险单中载明。

4. 赔偿处理

被保险人索赔时，应提供由具备医疗机构执业许可的医院或药品经营许可的药店出具的、足以证明各项费用赔偿金额的相关单据。保险人根据被保险人实际承担的责任，在保险单载明的责任限额内计算赔偿。

(十一)附加机动车增值服务特约条款

投保了机动车保险后，可投保本特约条款。

本特约条款包括道路救援服务特约条款、车辆安全检测特约条款、代为驾驶服务特约条款、代为送检服务特约条款共四个独立的特约条款，投保人可以选择投保全部特约条款，也可以选择投保其中部分特约条款。保险人依照保险合同的约定，按照承保特约条款分别提供增值服务。

八、机动车辆的承保与理赔

(一)机动车辆的承保

1. 承保新业务一般要了解的情况

保险人要充分了解承保机动车辆的情况，以便确定采用合适的承保方式。承保机动车辆的情况包括：车辆本身、其维修情况以及与之有关的危险；车辆的用途和行驶区域；车辆的驾驶人；驾驶人以往的损失记录。

2. 变更、批改与加费、退费

保险单在未到期前，原承保事项如有补充或变更的，可由原保户填写批改申请书，送经承保公司办理批改手续。保单遇有变更时，其保费如有增减，应按未到期日数比例计算加费或退费，并在批单上同时批注清楚。批单变更事项分类如下：保险金额的变更、行驶地区的变更、驾驶人的更换、汽车发动机更换、汽车的过户、保险单的注销。

(二)机动车辆保险的理赔

1. 理赔流程

具体理赔流程为：得到出险通知、登记立案、查抄单底、现场查勘、确定责任、协商定损、计算赔款、缮制赔款计算书、复核审批、分理单据、结案登记、案卷归档。其赔款金额经保险合同双方确认后，保险人在10天内一次性赔偿结案。

2. 免赔的规定

我国机动车辆保险条款规定了机动车辆保险每次保险事故的赔款计算应按责任免赔比例的原则。根据保险车辆驾驶员在事故中所负责任，车辆损失险和第三者责任险在符合赔偿规定的金额内实行绝对免赔率：负全部责任的免赔20%，负主要责任的免赔15%，负同等责任的免赔10%，负次要责任的免赔5%，单方肇事事故的绝对免赔率为20%。

3. 理赔计算

车辆肇事后，经现场查勘或事后了解情况，并由被保险人提供保险单、事故证明、事故责任认定书、事故调解书、判决书、损失清单和有关费用单据，经审核无误后，业务经办人员应按车辆损失险、施救费、第三者责任险分别计算赔款金额。保险人依据保险车辆驾驶员在事故中所负责任比例，相应承担赔偿责任。

保险车辆因保险事故受损或致使第三者财产损坏，应当尽量修复。修理前被保险人须会同保险人检验，确定修理项目、方式和费用，否则，保险人有权重新核定或拒绝赔偿。

在机动车辆保险合同有效期内，保险车辆发生保险事故而遭受的损失或费用支出，保险人按以下规定赔偿。

(1)车辆损失险赔偿计算。

①全部损失。全部损失是指保险标的整体损毁或保险标的受损严重，失去修复价值，或保险车辆的修复费用达到或超过出险当时的实际价值，保险人推定全损。全部损失时按保险金额计算赔偿，但保险金额高于实际价值时，以不超过出险当时的实际价值计算赔偿。

当足额或不足额保险时。保险车辆发生全部损失后，如果保险金额等于或低于出险当时的实际价值，则按保险金额计算赔偿。即：

$$赔款 = (保险金额 - 残值) \times 事故责任比例$$

当超额保险时。保险车辆发生全部损失后，如果保险金额高于出险当时的实际价值，按出险当时的实际价值计算赔偿。即：

$$赔款 = (实际价值 - 残值) \times 事故责任比例$$

出险当时的实际价值可按以下方式确定：按出险时的同类型车辆市场新车购置价减去该车已使用年限折旧金额后的价值合理确定；按照出险当时同类车型、相似使用时间、相似使用状况的车辆在市场上的交易价格确定。折旧按每满一年扣除一年计算，不足一年的部分，不计折旧。折旧率按国家有关规定执行。但最高折旧金额不超过新车购置价的80%。

如果加保了盗抢险，车辆被窃3个月后无法寻回，应按全损赔付，已寻回原车而车主因车损坏而要求赔偿，则以修复方式赔偿；如果车主不肯领回原车，则按全损赔偿，原车归保险公司处理。

②部分损失。部分损失是指保险车辆受损后未达到"整体损毁"或"推定全损"程度的局部损失。

当保险车辆的保险金额是按投保时新车购置价确定的，无论保险金额是否低于出险当时的新车购置价，发生部分损失均按照实际修复费用赔偿。即：

$$赔款 = (实际修复费用 - 残值) \times 事故责任比例$$

当保险车辆的保险金额低于投保时的新车购置价，发生部分损失按照保险金额与投保时的新车购置价比例计算赔偿修复费用。即：

$$赔款 = (实际修复费用 - 残值) \times (保险金额 \div 新车购置价) \times 事故责任比例$$

保险车辆损失最高赔款金额及施救费分别以保险金额为限。保险车辆按全部损失计算赔偿或部分损失一次赔款加免赔金额之和达到保险金额时，车辆损失险的保险责任即行终止。但保险车辆在保险期限内，不论发生一次或多次保险责任范围内的部分损失或费用支出，只要每次赔款加免赔金额之和未达到保险金额，其保险责任仍然有效。

施救费仅限于对保险车辆的必要、合理的施救支出。如果施救财产中含有保险车辆以外的财产，则应按保险车辆的实际价值占施救总财产的实际价值的比例分摊施救费用。具体计算公式为：

保险金额等于投保时新车购置价的：

$$施救费 = 实际施救费用 \times 事故责任比例 \times \frac{保险车辆实际价值}{实际施救财产价值}$$

保险金额低于投保时的新车购置价的：

$$施救费 = 实际施救费用 \times 事故责任比例 \times \frac{保险金额}{新车购置价} \times \frac{保险车辆实际价值}{实际施救财产价值}$$

(2)第三者责任险的赔偿更新。保险公司对被保险人或其允许的驾驶人驾驶保险机动车发生道路交通事故造成受害人的人身伤亡、财产损失(除了本车人员、被保险人以外的)，在责任限额内予以赔偿，主要赔偿费用有死亡伤残、医疗费用、财产损失三者。

①死亡伤残费用。死亡伤残赔偿限额和无责任死亡伤残赔偿限额项下，负责赔偿丧葬费、死亡补偿费、受害人亲属办理丧葬事宜支出的交通费用、残疾赔偿金、残疾辅助器具

费、护理费、康复费、交通费、被扶养人生活费、住宿费、误工费，被保险人依照法院判决或者调解承担的精神损害抚慰金。

②医疗费用。医疗费用赔偿限额和无责任医疗费用赔偿限额项下，负责赔偿医药费、诊疗费、住院费、住院伙食补助费，必要的、合理的后续治疗费、整容费、营养费。

③财产损失费用。财产损失费用包括对方的车辆，车上的货物等实物的损失费用。

发生保险事故后，保险人依据约定在保险责任范围内承担赔偿责任。赔偿方式由保险人与被保险人协商确定。因保险事故损坏的第三者财产，修理前被保险人应当会同保险人检验，协商确定维修机构、修理项目、方式和费用。无法协商确定的，双方委托共同认可的有资质的第三方进行评估。

赔款计算：

当(依合同约定核定的第三者损失金额−机动车交通事故责任强制保险的分项赔偿限额)×事故责任比例等于或高于每次事故责任限额时：

$$赔款 = 每次事故责任限额$$

当(依合同约定核定的第三者损失金额−机动车交通事故责任强制保险的分项赔偿限额)×事故责任比例低于每次事故责任限额时：

$$赔款 = (依合同约定核定的第三者损失金额 − 机动车交通事故责任强制保险的\\分项赔偿限额) × 事故责任比例$$

保险人按照《道路交通事故受伤人员临床诊疗指南》和国家基本医疗保险的同类医疗费用标准核定医疗费用的赔偿金额。

未经保险人书面同意，被保险人自行承诺或支付的赔偿金额，保险人有权重新核定。不属于保险人赔偿范围或超出保险人应赔偿金额的，保险人不承担赔偿责任。

(3)代位求偿。由于第三方的过失造成保险事故，经被保险人要求，保险人先予赔偿后，取得向第三方追偿的权利。

第四节 货物运输保险

一、货物运输保险的含义和特点

(一)货物运输保险的含义

货物运输保险就是以运输货物为保险标的，保险公司承担赔偿运输过程中因自然灾害和意外事故所造成损失的一种保险。货物运输保险主要分为国内货物运输保险和海洋货物运输保险。

(二)货物运输保险的特点

1. 标的具有流动性

一般财产保险的标的，都有固定的存放地点，总是处于静止状态；而货物运输保险的标的，尽管在运输途中可能停留，但从总体来看，其都处于运动过程之中，即使静止也是为了流动而静止，处于一种待运状态。

2. 保险期限以运程计算

一般的财产保险的保险期限都以时间计算；而货物运输保险的保险期限都以运程计

算，即从起运地的仓库至目的地的仓库为止，而不论经历了多长的时间。

3．采取定值方式承保

一般的财产保险的保险金额的确定都以市价为依据确定；而货物运输保险因不同地点的市场价格差异较大，一般以购进价加运杂费、保险费、税款和合理利润等为计算依据，由当事人双方约定保险价值，出险后按照约定价格处理。

4．保险责任广泛

一般财产保险只对保险财产的直接损失和为减少损失而支付的合理费用负责；而货物运输保险则除直接损失外，凡是因运输工具在危难之中发生的卸、装、载等所致的损失和费用，以及依据共同海损原则应由被保险人承担的损失和救护费用，都由保险公司负责。

二、国内水路、陆路货物运输保险

(一)国内水路、陆路货物运输保险的保险责任范围及除外责任

1．国内水路、陆路货物运输保险的保险责任

我国国内水路、陆路货物运输保险分为基本险和综合险两种。

(1)水路及陆路货运险基本险的责任。被保险货物在运输过程中因下列原因而遭受的损失，保险人负赔偿责任：①因火灾、爆炸、雷电、冰雹、暴风、暴雨、洪水、地震、海啸、地陷、崖崩、滑坡、泥石流所造成的损失；②由于运输工具发生碰撞、搁浅、触礁、沉没、出轨或隧道、码头坍塌所造成的损失；③在装货、卸货或转载时，因遭受不属于包装质量不善或装卸人员违反操作规程所造成的损失；④按国家规定或一般惯例应分摊的共同海损的费用；⑤在发生上述火灾事故时，因纷乱而造成的货物散失以及因施救或保护货物所支付的直接而合理的费用。

(2)在投保综合险的情况下，保险人除了要承担基本险责任外，还要负责赔偿因下列原因而遭受的损失：①因受震动、碰撞、挤压而造成破碎、弯曲、凹瘪、折断、开裂或包装破裂致使货物散失的损失；②液体货物因受震动、碰撞或挤压致使所用容器(包括封口)损坏而渗漏的损失，或用液体保藏的货物因液体渗漏而造成保藏货物腐烂变质的损失；③遭受盗窃或承运人责任造成的整件提货不着的损失；④符合安全运输规定而遭受雨淋所致的损失。

2．国内水路、陆路货物运输保险的责任免除

由于下列原因造成被保险货物的损失，保险人均不负赔偿责任：①战争或军事行为；②核事件或核爆炸；③被保险货物本身的缺陷或自然损耗以及由于包装不善所致的损失；④被保险人的故意行为或过失；⑤其他不属于保险责任范围的损失。

(二)国内水路、陆路货物运输保险的保险期限

国内水路、陆路货物运输保险的保险责任起讫期限为：自签发保险凭证和保险货物运离起运地发货人的最后一个仓库或储存处所时起，至该保险凭证上该货物的目的地收货人在当地的第一个仓库或储存处所时终止。但保险货物运抵目的地后，如果收货人未及时提货，则保险责任的终止期最多延长至以收货人接到《到货通知单》后的15日为限(以邮戳日期为准)。保险责任开始的标志是：保险人或其代理人"签发了"保险凭证，以及被保险货物"运离"起运地发货人的最后一个仓库或储存处所，两个条件必须同时具备，否则保险责任不能生效。

关于保险责任的终止，在实务中会出现以下几种情况：①被保险货物运抵目的地后，收货人未及时提货，这时保险责任最多可延长至从收货人接到《到货通知单》后起算的15天时间；②被保险货物运抵目的地后，被保险人或其收货人提取部分货物，对此，保险人对其余未提货物也只承担15天的责任；③被保险货物运抵目的地后的15天内，被保险人或其收货人不是将货物提取放入自己的仓库或储存处所，而是就地直接发运其他单位或再转运其他单位时终止。

（三）国内水路、陆路货运险的保险金额及保险费

国内货物运输保险的保险金额采取定值的方法加以确定并载明于保单，以此作为保险人对保险标的遭受损失时给予补偿的最高限额。根据保险条款的规定，国内水路、陆路货物运输保险的保险金额按货价加运杂费、保险费计算确定。

货物运输保险的费率同样主要取决于赔付率，但货物运输保险与其他财产保险有区别。因此，其费率的制定要考虑以下几个因素。

1. 运输方式

运输方式不同，货物在运输中所面临的风险也不一样，保险费率就应该有差别。

（1）直运。货物从起运至目的地只使用一种运输工具的运输，即使中途货物需要转运，转运所用的运输工具也属同一种类。

（2）联运。使用同一张运输单据、用两种或两种以上不同的主要运输工具运送货物的运输，一般有水陆联运、江海联运、陆空联运等。采用联运方式运输的货物投保货运险，其费率要高于直达运输下货物的费率。

（3）集装箱运输。把零散货物集中装在大型标准化货箱内。集装箱运输能做到装运单位化，可以简化甚至避免沿途货物的装卸和转运，从而能够提高货物运输效率，加速船舶周转，减少货物残损短少。由于上述种种优点，利用集装箱运输的货物，如投保货运险，其费率要较利用其他运输方式低。

2. 运输工具

运输工具的不同，导致货物可能出险的机会不同。例如，火车出事的概率要小于汽车，即使是同一种运输工具，由于载重量不同，费率也有差异，如船舶吨位小的费率要高于吨位大的。

3. 运输途程

运输途程的长短及地域上的差别，会对货物运输保险的费率产生影响。

4. 货物的性质

货物的性质不同往往决定了货物受损的程度和机会不同，则费率也不同。

5. 保险险别

综合险的承保责任范围较之基本险为广，因此，综合险的费率要高于基本险。

（四）国内水路、陆路货运险的赔偿处理

在对国内水路、陆路货运险进行赔偿处理时，应注意以下几个方面。

一是在计算赔款时，应针对足额和不足额保险情况分别理算：①对于足额保险，即被保险人是按起运地货价确定保险金额的或按货价加运杂费确定保险金额的或按目的地市价（目的地的实际成本加合理利润，即目的地销售价）投保的，保险人根据实际损失计算赔偿，但最高赔偿金额均以保险金额为限；②对于不足额保险，保险人在赔偿货物损失金额

和支付施救费用时，要按保险金额与起运地货物实际价值的比例计算赔偿。

二是保险人对货损和施救费用的赔偿应分别计算，但均以不超过保险金额为限。

三是残值折旧归被保险人，并从赔偿中扣除。

三、国内航空货物运输保险

(一)国内航空货物运输保险的保险责任范围及责任免除

1. 保险责任

被保险货物在保险期限内无论是在运输或存放过程中，由于下列原因造成的损失，保险人负赔偿责任：①由于飞机遭受碰撞、倾覆、坠落、失踪(在3个月以上)，在危难中发生卸载以及遭受恶劣气候或其他危险事故发生抛弃行为所造成的损失；②被保险货物本身因遭受火灾、爆炸、雷电、冰雹、暴风、暴雨、洪水、海啸、地震、地陷、崖崩所造成的损失；③被保险货物受震动、碰撞或压力而造成的破碎、弯曲、凹瘪、折断、开裂等损伤以及由此引起包装破裂而造成的损失；④属液体、半流体或者需要用液体保藏的被保险货物，在运输中受震动、碰撞或压力致使容器损坏发生渗漏而造成的损失，或用液体保藏的货物因液体渗漏而致保藏货物腐烂的损失；⑤被保险货物因遭受偷窃或者提货不着的损失；⑥装货、卸货时和地面运输过程中，因遭受不可抗力的意外事故及雨淋造成的被保险货物的损失。此外，对于在发生责任范围内的灾害事故时，为防止损失扩大采取施救或保护货物的措施而交付的合理费用，保险人也负赔偿责任，但最高以不超过保险金额为限。

2. 责任免除

保险货物于保险期限内由于下列原因造成损失的，无论是在运输途中或存放过程中的损失，保险公司不负赔偿责任：①战争或军事行动；②由于保险货物本身的缺陷或自然损耗，以及由于包装不善或者属于托运人不遵守货物运输规则所造成的损失；③托运人或被保险人的故意行为或过失；④其他不属于保险责任范围内的损失。

(二)国内航空货物运输保险的保险期限

根据保险条款的规定：保险责任自被保险货物经承运人收讫并签发航空货运单注明保险时起，至空运抵目的地的收货人当地的仓库或储存处所时终止。被保险货物空运至目的地后，如果收货人未及时提货，则保险责任的终止期最多以承运人向收货人发出到货通知以后的15天为限。

飞机在飞行途中，因机件损坏或发生其他故障而被迫降落，以及由于货物严重积压，被保险货物需改用其他运输工具运往原目的地时，保险人对被保险货物所负的责任不予改变，但被保险人应向保险人办理批改手续。如果被保险货物在飞机迫降的地点出售或分配，保险责任的终止期以承运人向收货人发出通知以后的15天为限。

四、国内铁路包裹运输保险

(一)国内铁路包裹运输保险的保险责任范围及责任免除

1. 国内铁路包裹运输保险的保险责任

保险包裹、行李及快件商品在保险期限内无论是在运输或存放过程中，由于下列原因造成的损失，保险公司负赔偿责任：①因车辆出轨、隧道坍塌所造成的损失；②因火灾、爆炸、雷电、冰雹、暴雨、洪水、海啸、地陷、崖崩所造成的损失；③在装货、卸货时发生意外事故所造成的损失；④保险包裹、行李因遭受震动、碰撞或压力而造成破碎、弯曲、凹瘪、折断、开裂等损伤，以及由此而引起包装破裂的损失；⑤保险包裹因遭受偷窃或者提货不着的损失；⑥凡属液体、半流体或者需要用液体保藏的保险包裹、行李及快件商品，在运输途中因震动、碰撞或挤压致使所装容器（包括圳口）损坏发生渗漏而造成的损失；⑦在装、卸货时和地面运输过程中，因遭受不可抗力的意外事故及突然性的雨淋所造成的损失；⑧在发生上述责任范围内的灾害事故时，因施救和保护包裹而支付的合理费用（但不能超过保险金额）。

2. 国内铁路包裹运输保险的责任免除

保险包裹在保险期限内由于下列原因造成损失的，这种损失无论是在运输或存放过程中造成的，保险公司均不负责赔偿：①战争或军事行动；②由于包裹本身的缺陷、霉烂、变质或自然损耗，运输延迟所造成的损失或费用，以及属于托运人不遵守货物运输规章所造成的损失；③托运人或被保险人的故意或过失行为所造成的损失；④自理自用的保险包裹由于遭受盗窃的损失。

(二)国内铁路包裹运输保险的责任起讫

国内铁路包裹运输保险的责任起讫是以一次运程来计算的。具体来说，从托运的包裹在承运人收讫并签发包裹货运单注明保险时起责任开始，至抵达目的地交付托运人或收货人时责任终止。保险包裹、行李到达目的地后，如托运人或收货人未能及时提货，按照车站规定存放的期限，每延迟一天，按件加收保险费。在此期间，保险公司仅按企业财产或家庭财产保险条款负保险责任。

(三)国内铁路包裹运输保险的保险金及保险费

包裹、行李的保险金额，可按所托运的包裹、行李的实际价值由被保险人自行确定。散件商品的保险金额，可按货物进价加上运杂费或者按目的地销售价确定。

(四)国内铁路包裹运输保险的赔偿处理

国内铁路包裹运输保险出险后，被保险人向保险公司申请赔偿时，必须提供以下单证：包裹货运单、发票、保险凭证、装箱单、包裹运输事故签证、物资损失清单、救护保险包裹所支付合理费用的单据（包裹行李无发票的以保险凭证为据）。但在此之前，即保险包裹、行李运抵保险凭证所载明的目的地后，托运人或收货人在取货时必须进行检验。如果发现包裹受损，必须在3天之内向当地保险公司申请复验，否则，保险公司不予受理。

五、我国海洋货物运输保险

我国现行的海洋货物运输保险，由基本险、附加险和专门险构成。基本险所承保的主要是自然灾害和意外事故所造成的货物损失或费用，附加险承保的是外来风险所造成的货物损失或费用。基本险又由平安险、水渍险和一切险组成，三者除责任范围不同外，除外责任、责任起讫、被保险人义务、索赔期限均相同；附加险包括一般附加险、特别附加险和特殊附加险；专门险包括海洋运输冷藏货物保险和海洋运输散装桐油保险。

(一)基本险

1. 责任范围

(1)平安险(Free from Particular Average，F. P. A.)。平安险原意为单独海损不赔。平安险的责任范围：①被保险货物在运输途中由于恶劣气候、雷电、海啸、地震、洪水等自然灾害造成整批货物的全部损失或推定全损;②由于运输工具遭受搁浅、触礁、沉没、互撞、与流冰或其他物体碰撞,以及失火、爆炸等意外事故造成货物的全部或部分损失;③在运输工具已经发生搁浅、触礁、沉没、焚毁意外事故的情况下,货物在此前后又在海上遭受恶劣气候、雷电、海啸等自然灾害所造成的全部或部分损失;④在装卸或转运时由于一件或数件整件货物落海造成的全部或部分损失;⑤被保险人对遭受承保责任范围内危险的货物采取抢救,防止或减少货损措施而支付的合理费用,但以不超过该批被救货物的保险金额为限;⑥运输工具遭遇海难后,在避难港由于卸货所引起的损失,以及在中途港、避难港,由于卸货、存仓以及运送货物所产生的特别费用;⑦共同海损的牺牲、分摊和救助费用。这一项责任是指保险人在平安险项下,不但承担遭受共同海损牺牲的货物损失的赔偿责任,还承担货主分担的共同海损分摊以及救助费用损失;⑧运输契约订有"船舶互撞责任"条款,根据该条款的规定应由货方偿还船方的损失。

(2)水渍险(With Particular Average,W. A.)。

水渍险的责任范围:①平安险承保的全部责任水渍险均给予承担;②被保险货物由于恶劣气候、雷电、海啸、地震、洪水等自然灾害所造成的部分损失。

(3)一切险(All Risks)。一切险的承保责任范围:水渍险承保的全部责任一切险均给予承保;一切险还负责被保险货物在运输途中由于外来风险所致的全部或部分损失,包括在一切险中的一般外来风险。

①偷窃、提货不着险。这一险别主要承保在保险有效期内,被保险货物被偷走或被窃取,以及货物抵达目的地后整件未交的损失。

②淡水雨淋险。这一险别承保货物在运输途中由于淡水或雨淋所造成的损灾。海上货运保险中的淡水包括船上淡水舱、水管漏水和舱汗等。

③短量险。这一险别承保货物在运输过程中因外包装破裂、破口、扯缝造成货物数量短缺或重量短少的损失。散装货物投保这一险别时,通常均以装船重量和卸船重量作为计算货物短少的依据(但不包括正常的消耗)。

④混杂、沾污险。这一险别承保被保险货物在运输途中,因混进杂质或被污染所引起的损失。

⑤渗漏险。这一险别主要承保流质、半流质、油类等货物、由于容器损坏而引起的渗漏损失;或因液体外流而引起的用液体浸泡的货物的变质、腐烂所致的损失。

⑥碰损、破碎险。这一险别承保货物在运输过程中,因震动、碰撞、受压造成的碰损和破碎损失。被保险货物在运输途中因遭遇保单承保的自然灾害或意外事故而造成的碰损、破碎损失,已经包括在平安险和水渍险的责任范围之内了。碰损、破碎险是扩展承保由于一般外来原因所造成的货物的碰损、破碎损失。

⑦串味险。这一险别承保货物在运输过程中,因受其他带异味货物的影响而造成的串味损失。需要注意的是这种串味损失如果是同载运船承运人的配载不当直接有关,则船方应负赔偿责任,保险公司应向其追偿。

⑧钩损险。这一险别承保袋装、捆装货物在装卸或搬运过程中,由于装卸或搬运员操作不当,使用吊钩将货物的包装钩坏而造成的损失。

⑨受潮受热险。这一险别承保货物在运输过程中,由于气温突然变化或船上通风设备失灵,使船舱内的水蒸气凝结而引起货物受潮或由于温度增高使货物发生变质的损失。

⑩包装破裂险。这一险别承保货物在运输过程中，因包装破裂造成货物的短少、沾污等损失。此外，对于在运输过程中，为了续运安全需要而产生的修补包装、调换包装所支付的费用，也予负责。

⑪锈损险。这一险别承保金属或金属制品类的货物，在运输过程中因生锈造成的损失。

以上11种一般附加险可供投保人在投保平安险或水渍险时选择加保。

2. 除外责任

除外责任包括：①被保险人的故意行为或过失所造成的损失；②属于发货人责任引起的损失；③在保险责任开始前，被保险货物已经存在的品质不良或数量短差所造成的损失；④货物的自然损耗、本质缺陷、特性，以及市价跌落、运输迟延所引起的损失或费用；⑤战争险和罢工险条款规定的责任范围和除外责任。

3. 保险期限

由于海运货物保险是对特定航程中货物的保险，因此，海运货物的保险期限一般没有固定的、具体的起讫日期。我国海运货物基本险的保险期限条款由仓至仓条款、扩展责任条款和航程终止条款构成。

(1)仓至仓条款。在正常运输情况下，保险责任期限采用仓至仓条款。其基本内容包括：保险人对被保险货物所承担的保险责任，是从货物运离保险单所载明的起运地发货人仓库或储存处所开始运输时生效，包括正常运输过程中的海上、陆上、内河和驳船运输在内，直至该项货物运到保险单所载明的目的港（地）收货人的最后仓库或储存处所为止，如未抵达上述仓库或储存处所或被保险人用作分配、分派或非正常运输的其他储存处所，则以被保险货物在最后的卸载港全部卸离海轮后满60天为止。如在上述60天内将被保险货物转运到非保险单所载明的目的地时，则于货物开始转运时终止。

(2)扩展责任条款。在海上运输过程中，当出现由于被保险人无法控制的载货船舶的运输延迟、绕道、被迫卸货、重新装载、转载或承运人运用运输契约赋予的权限作任何航海上的变更时，在被保险人及时将获知的情况通知保险人并加缴保险费的情况下，保险人可继续承担保险责任。

(3)航程终止条款。在被保险人无法控制的情况下，保险货物如在运抵保险单载明的目的地之前，运输契约在非保单载明的其他港口或地方终止时，在被保险人立即通知保险人并在必要时加缴一定保险费的条件下，保险继续有效，直到货物在这个卸载港口或地方售出并交货时为止。但是，最长时间不能超过货物在卸载港全部卸离海轮后满60天。这两种情况保险期限的终止，应以先发生者为准。

4. 被保险人的义务

被保险人有防止延迟的义务、减少损失的义务和告知义务。

5. 索赔

被保险人在向保险人索赔时，必须提供下列单证：保险单正本、提单、发票、装箱单、磅码单、货损货差证明、检验报告及索赔清单，如果涉及第三者责任，还须提供向责任方追偿的有关函电。

海洋货物运输发生损失，涉及的有关第三者责任方有船方、港方、码头、仓库等。如货物在运输中发生货损货差，首先应由承运人（船方）负责。承运人对货物运输的责任概括起来，主要有三个方面：一是提供适航的船舶，即承运人在开航前应尽职责，使船舶适于航行；二是提供适当的船员、装备和供应；三是承运人必须适当和谨慎地装载、收受、配载、承运、保管和卸载货物。如果承运人没有尽到这些方面的责任，就应对货损货差负责。

保险的索赔时效，从被保险货物在最后的卸载港全部卸离海轮后起算最多不超过两年。

(二)特别附加险

特别附加险必须是在投保基本险的情况下投保，具体包括交货不到险、进口关税险、舱面险、拒收险、黄曲霉毒素险和出口货物到香港特区(包含九龙)或澳门特区存仓火险责任扩展条款。

(三)特殊附加险

特殊附加险与特别附加险的区别在于特殊附加险的构成涉及军事、政治和社会的原因。特殊附加险有海运货物战争险和海运货物罢工险两种。

1. 海运货物战争险

海洋货物运输战争险为海洋货物运输保险条款的附加条款，不能单独投保，必须在投保基本险的基础上才能加保。它包括责任范围、除外责任和保险起讫三个部分。战争险包括海、陆(限于火车)、空运和邮包战争险等。

战争险的承保责任范围：直接由于战争、类似战争行为和敌对行为、武装冲突或海盗行为所致的损失，由于上述原因引起的捕获、拘留、扣留、禁制、扣押等所造成的损失；各种常规武器，包括水雷、鱼雷、炸弹所致的损失，属于以上责任范围所引起的共同海损的牺牲、分摊和救助费用。

战争险的保险期限有以下几方面的具体规定。

(1)正常运输情况下。本保险责任自被保险货物装上保险单所载起运港的海轮或驳船时开始，到卸离保单所载明的目的港的海轮或驳船时为止。如果被保险货物不卸离海轮或驳船，本保险责任最长期限以海轮到达目的港的当日午夜起算满15天为限。

(2)中途港转运情况下。在中途港转船，不论货物在当地卸货与否，保险责任以海轮到达该港或卸货地点的当日午夜起算满15天为止，再装上续运海轮时恢复有效。

(3)运输契约终止情况下。运输契约在保险单所载目的地以外的地点终止时，该地即视为保险目的地，按照上述第(1)款的规定终止责任。如需运往原定目的地或其他目的地时，在被保险人于续运前通知保险人并加缴保险费的情况下，自装上续运的海轮时重新有效。

(4)扩展责任条款。运输发生绕道、改变航程或承运人运用运输契约赋予的权限所作的任何航海上的改变，在被保险人及时将获知的情况通知保险人，并在必要时加缴保费的情况下，本保险仍继续有效。

2. 海运货物罢工险

海运货物罢工险包括责任范围和除外责任两个部分。承保因罢工者、被迫停工工人、参加工潮、暴动和民众斗争的人员采取行动造成被保险货物的损失，对于任何人的恶意行为造成的损失也予负责；对由于罢工险责任范围内的风险所引起的共同海损牺牲、分摊和救助费用也由保险人负责。但是，罢工险项下负责的是直接损失，因罢工引起的间接损失是不负责的。

第五节　责任保险

一、民事法律责任与责任保险

(一)过失责任与绝对责任

责任保险是以被保险人对第三者依法应负的赔偿责任为保险标的的保险。法律责任，是指由于某种侵权或违约行为的出现而依法应承担的一定的义务，一般可分为刑事责任、民事责任和行政责任。约定责任则是指当事人以合同或协议形式事先约定的责任，违反约定责任能导致一方承担赔偿责任或不能主张本来可以主张的权利。在保险中，约定责任一般是指合同责任。

责任保险所承保的民事法律责任，包括过失责任与绝对责任两种。

1. 过失责任

过失责任是指当被保险人因任何疏忽或过失违反法律规定的应尽义务或违背社会公共生活准则而致他人人身伤亡或财产损毁时，对受害人应承担的赔偿责任。过失责任可因有作为构成，也可因不作为而构成。例如，驾驶汽车因违章撞伤行人及毁坏他人财产，这是有作为；行车转弯时不作任何示意而使他人受到损害，这是不作为；两者对构成的过失责任均负法律赔偿责任。

2. 绝对责任

绝对责任也称无过失责任，它是指不论行为人有无过失，根据法律规定均须对他人受到的损害负赔偿责任。在此，损害后果是确定民事责任的决定性因素，即在一起民事损害事故中，只要不是受害人自己故意所致，其人身损害或财产损害依据法律规定均须由致害人承担赔偿责任，且不问致害人是否存在过错。这一原则实际上是为了使公众利益得到更充分的保障，但显然与一般的民事损害赔偿原则有本质的区别。

不过，责任保险的承保范围并非总是与法律原则的规范相一致的。一方面，责任保险剔除了被保险人故意行为所致的民事损害赔偿责任，即将故意行为列为除外责任，显然缩小了致害人转嫁民事损害赔偿责任的范围；另一方面，责任保险又可以扩展无过失责任的承保，超越了民法中一般民事损害赔偿责任的范围。因此，责任保险的承保对象不能等同于一般民事损害赔偿责任。

3. 合同责任

责任保险一般不承保被保险人的合同责任，但经过特别约定，保险人也可以承保。我国 2021 年 1 月 1 日开始实施《中华人民共和国民法典》(以下简称《民法典》)第五十七条规定，当事人一方不履行合同义务或者履行合同义务不符合约定的，应当承担继续履行、采取补救措施或者赔偿损失等违约责任。如承运人因没有向托运人提供合格的运输工具而致货物受损，承运人应向托运人赔偿货物的损失，承运人货物运输责任保险，承保的就是这种合同责任。值得指出的是，货物运输法规中因承运人除外责任(如"人力不可抗拒的自然灾害")所造成的损失，责任保险人也不负赔偿责任，它应由货主向保险人投保货物运输保险来解决。

(二)责任保险及其法律依据

责任保险是以被保险人依法或依契约应对第三者承担的经济赔偿责任为保险标的的一种保险。责任保险属于广义的财产保险范畴，是处理法律风险的一种赔偿性保险。企业、团体、家庭或个人在进行各项生产、业务活动或日常生活中，由于疏忽、过失等行为造成他人的损害，根据法律或契约，应对受害人承担经济赔偿责任的，都可以在投保相关责任保险后，将其面临的责任风险转嫁给保险公司。

由于责任保险的责任范围与民事责任范围不尽一致，责任保险虽然要以一般民事法律作为基础，但它的直接法律依据却只能是责任保险法规和责任保险合同。责任保险合同是民事合同中的一种，应该全部适用《民法典》。作为民事领域基础性和综合性的法律，《民法典》的出台、实施与普及，将全面增强全社会的民事法治观念，一方面是强化民事主体的维权意识，倒逼相关责任方的依法合规；另一方面是强化民事主体的责任风险意识，特别是通过保险进行转移风险。两个方面相辅相成，共同推动我国民事法治水平的提升，也为保险，特别是责任保险的发展营造良好环境。同时，责任保险的发展，也为《民法典》的实施，特别是民事法律责任的救济和落实，切实维护权利方的利益提供了制度保障。此外，还应当注意发挥保险的正外部性特征，通过保险能够实现对违法成本的再分配，形成一种市场化的有效的激励与约束机制，推动社会法治水平的提升。

二、责任保险的发展

责任保险的产生与发展壮大，被西方国家保险界称为整个保险业发展的第三阶段，也是最后阶段。由此可见，责任保险在保险业中的地位是很高的，它既是法律制度走向完善的结果，同时又是保险业直接促进社会发展进步的具体表现。

(一)责任保险的险种发展

责任保险产生于19世纪的欧美国家，20世纪70年代以后在工业化国家获得了迅速的发展。最早出现的责任保险险种是雇主责任保险。1880年，英国颁布的雇主责任法规定，雇主经营业务中因过错致使雇员受到伤害时须负法律赔偿责任，当年即有专门的雇主责任保险公司成立；此后，雇主责任保险在英国等西方国家获得了发展。对于其他责任保险，西方国家的保险人开始是以附加责任险的方式承保，后逐渐以新险种面孔出现，随着各国法制的健全而获得迅速发展。如承包人责任保险始于1886年；制造业责任保险始于1892年；医生职业责任保险始于1890—1900年；航空责任保险始于1919年；会计师责任保险始于1923年；个人责任保险始于1932年；汽车责任保险始于19世纪末。目前在绝大多数国家均采取强制手段并以法定方式承保，并与工业保险一起成为近代保险与现代保险分界的重要标志。

进入20世纪70年代以后，西方发达国家责任保险的服务领域已十分广阔，形成了门类齐全、险种众多、专业性强的特色，真正成为企业、团体、家庭及个人乃至政府机关等都必不可少的风险保障工具和各国保险人的主要业务种类。进入20世纪90年代以后，许多发展中国家也日益重视发展责任保险业务。

(二)责任事故处理原则的发展

由于责任保险承保的是各种责任事故风险，处理各种责任事故的法律原则便对责任保险业务的发展起着至关重要的作用。从各国对责任事故赔偿的法律处理来看，责任事故的法律处理原则大体上可以分为三个发展阶段。

1. 契约责任阶段

契约责任阶段强调在处理责任事故时以受害方与致害方存在着直接的契约或合同关系为前提，并主要表现在雇主责任事故和早期的产品责任事故处理中。

2. 过失责任阶段

过失责任阶段强调在责任事故中只有当致害人对受害人的伤害负有故意或过失责任时，才承担起法律规定的经济赔偿义务。

3. 绝对或严格责任阶段

只要受害人不是自己的故意行为所致的损害事实，均可以从实施行为的另一方面获得经济上的赔偿。

当然，上述发展阶段并非是一切责任事故处理的必然发展规律。在现阶段，有的责任事故仍然按照过错责任原则进行处理，有的责任事故则进入了按绝对或严格责任原则处理的阶段。因此，在掌握责任事故处理原则时，必须视现行法律制度对具体事件的规定及其不同性质加以区分。

（三）责任保险的作用

责任保险在各国得到广泛发展的实践表明，它不仅是保险业在发展中形成的重要分支，也是人类社会发展进步的重要标志，是法治社会的重要成果。如果没有责任保险，社会发展进步和公众安全及其正当权益的保障就无法顺利实现，责任保险在社会及保险业中具有举足轻重的作用。一方面，通过责任保险，可以使有关民事赔偿法律的实施真正落到实处；另一方面，责任保险的发展也有利于维护社会经济秩序，保障公众的安全与利益。此外，由于保险公司集众多同质民事责任风险于一身，最符合大数法则原理，可从中找出民事责任风险发生的一定规律，并制定相应的防控风险发生的措施或方法，这便有利于社会整体安全度的提升。

三、责任保险的基本特征

（一）责任保险产生的基础具有特色

责任保险产生的基础不仅是民事责任风险的客观存在和社会生产力发展到了一定的阶段，而且是由于人类社会的进步促进法律制度的不断完善。责任保险的基础是健全的法律制度，尤其是民法和各种专门的民事责任法律和法规。事实上，当今世界上责任保险最发达的地方，也是各种民事责任法律最完备、最健全的地方。

（二）责任保险的补偿对象具有特色

责任保险的直接补偿对象是与保险人签订了保险合同的被保险人，被保险人无损失则保险人也无须补偿；责任保险的间接补偿对象是不确定的第三者即受害人。一方面，保险人赔偿的前提是被保险人之外的第三者遭受损害且依法应由被保险人承担经济赔偿责任；另一方面，保险人的赔偿不仅控制在责任限额内，而且控制在第三者的损失或被保险人受到索赔的金额内。换言之，保险人的赔款既可以直接支付给受害人，也可以在被保险人赔偿受害人后补偿给被保险人。

（三）责任保险承保的标的具有特色

责任保险承保的标的，是无固定金额的经济赔偿责任，这种赔偿责任因其在被保险人投保时具有不确定性，只能采取赔偿限额的方式来明确并控制保险人的承保责任以及被保险人转嫁的责任。保险人承保责任保险时，其赔偿责任可能是数十元，也可能是数千万元甚至数亿元，这在事先是无法预料的。如果在保单上不确定赔偿的限额，本身的经营就会陷入不确定的风险之中，这既不利于经营，也是法律所不允许的。因此，在责任保险中，通常明确规定赔偿限额作为保险人承担赔偿责任的最高标准，超过部分须由被保险人自己承担。

(四)责任保险的保险事故具有特色

责任保险的保险事故的确定需要两个条件：一是依照法律被保险人对第三者的损害须负有赔偿责任；二是第三者受到损害，并向被保险人提出赔偿要求，二者缺一不可。这与人身保险和财产保险的保险事故的确定均有不同。前者只强调被保险人的身体伤残、疾病、死亡或生存到合同期满，后者则强调被保险人的财产及相关利益的损毁或灭失。

此外，在承保、防灾防损、理赔等具体经营环节上，责任保险与其他保险业务也有差异。责任保险的上述特点，是其独立存在并得以自成体系、不断发展的条件和基础。

四、责任保险的种类

(一)根据责任保险业务内容分类

根据责任保险业务内容，责任保险可分为产品责任保险、雇主责任保险、职业责任保险、公众责任保险、第三者责任保险。

1. 产品责任保险

产品责任保险是指由保险人承保的产品制造者、销售者、维修者等因产品缺陷导致消费者的财产损失和人身伤害，且依法应由其负责的经济赔偿责任。产品责任险的承保范围从早期的食品、饮料、药品、化妆品等到目前的各种日用品、轻纺、机械、石油、化工、电子产品以至于大型飞机、船舶、核电站、各种航天产品等，一般而言，投保人只要提出了投保要求，任何产品都可以成为投保标的。需要说明的是，武器、弹药以及残次品不在承保范围之内。

2. 雇主责任保险

雇主责任保险是以被保险人即雇主的雇员在受雇期间从事业务时因遭受意外导致伤、残、死亡或患有与职业有关的职业性疾病而依法或根据雇用合同应由被保险人承担的经济赔偿责任为承保风险的一种责任保险。

3. 职业责任保险

职业责任保险是指承保各种专业技术人员因在从事职业技术工作时的疏忽或过失造成合同对方或他人的人身伤害或财产损失的经济赔偿责任的责任保险。通常这类保险是由提供各种专业技术服务的单位投保的团体业务，个体职业技术工作的职业责任保险一般由专门的个人责任保险承保。

4. 公众责任保险

公众责任保险又称普通责任保险或综合责任保险，它以被保险人的公众责任为承保对象，是责任保险中独立的、适用范围最为广泛的保险类别。所谓公众责任，是指致害人在公众活动场所的过错行为导致他人遭遇人身伤害或财产损失，依法应由致害人承担相应的经济赔偿责任。

5. 第三者责任保险

第三者责任保险即保险车辆因意外事故致使第三者遭受人身伤亡，或财产的直接损失，保险人依照保险合同的规定给予赔偿。第三者责任险实施强制保险。

(二)根据与财产保险的关系分类

根据与财产保险的关系，责任保险可分为基本责任或附加责任保险与独立责任保险。

1. 基本责任或附加责任保险

基本责任保险或附加责任保险是指有关的责任风险构成一般财产保险保单的基本责任或附加责任，其特点是责任保险与财产保险紧密结合，投保人必须投保财产险，才能使责任风险得到保险保障，如船舶的责任风险一般作为碰撞责任列入船舶保险基本保单责任范围内，只要投保船舶保险，其责任风险也同时得到了保障。

2. 独立责任保险

独立责任保险是指责任保险作为一个独立的险种，其业务经营并非一定要与一般财产保险等结合，投保人与保险人均可以按照独立业务来建立责任保险关系。与基本责任或附加责任保险相比，独立责任保险的显著差别在于：一是地位不同，基本责任保险不具备独立的条件，独立责任保险是独立的险种；二是基本责任保险与财产保险必须由同一保险人承保，独立责任保险与财产保险却可以分别向两家保险人投保。当然，独立的责任保险中，也有部分会与特定的物有特定的联系，从而在习惯上常将其并入有关财产的保险条款中，一般由同一保险人承保，如机动车辆第三者责任保险、飞机第三者责任保险等。

需要说明的是，独立责任保险作为完全独立的保险险种，有保险人签发的专门的责任保险单，它与特定的物没有了保险意义上的联系。如公众责任保险、产品责任保险、雇主责任保险、职业责任保险等。

(三)根据责任发生的原因分类

根据责任发生的原因，责任保险可分为过失责任保险和无过失责任保险。

1. 过失责任保险

过失责任保险是指保险人承保被保险人因疏忽或过失行为对他人造成损害依法应负的赔偿责任，如场所责任保险、职业责任保险、个人责任保险、机动车辆第三者责任保险等。

2. 无过失责任保险

无过失责任保险是指保险人承保被保险人无论有无过失，都要对造成他人的损害依法应负的赔偿责任，如雇主责任保险、产品责任保险、核电站责任保险等。

(四)根据法律的归类

根据法律的归类，责任保险可分为法律责任保险与约定责任保险。

1. 法律责任保险

法律责任保险通常是指保险人对被保险人因过失损害他人而负有的法律规定的责任承担赔偿责任，如场所责任保险、机动车辆第三者责任保险。

2. 约定责任保险

约定责任保险即合同责任保险，保险人承保被保险人违反合同规定依法应负的赔偿责任，如货物运输合同责任保险，用工合同责任保险等。

五、责任保险的基本内容

(一)责任保险的适用范围

责任保险适用于一切可能造成他人财产损失与人身伤亡的各种单位、家庭或个人。具体而言,责任保险的适用范围包括如下几部分:①各种公众活动场所的所有者、经营管理者,如体育场、展览馆、影剧院、市政机关、城市各种公用设施等,均有可能导致公众的人身或财产损害,这些地方的所有者或经营管理者就负有相应的法定赔偿责任,从而需要且可以通过责任保险的方式向保险公司转嫁风险;②各种产品的生产者、销售者、维修者;③各种运输工具的所有者、经营管理者或驾驶员;④各种需要雇用员工的法人或个人;⑤各种提供职业技术服务的单位;⑥城乡居民家庭或个人。此外,在各种工程项目的建设过程中也存在着民事责任事故风险,建设工程的所有者、承包者等亦对相关责任事故风险具有保险利益;各单位场所(即非公众活动场所)也存在着公众责任风险,企业等单位也有着投保公众责任保险的必要性。可见,责任保险的适用范围几乎覆盖了所有的团体组织和所有的社会成员。

(二)保险责任范围

1. 保险责任

责任保险的保险责任,一般包括以下两项内容:①被保险人依法对造成他人财产损失或人身伤亡应承担的经济赔偿责任。这一项责任是基本的保险责任,以受害人的损害程度及索赔金额为依据,以保险单上规定的赔偿限额为最高赔付额,由责任保险人给予赔偿。②因赔偿纠纷引起的由被保险人支付的诉讼、律师费用及其他事先经过保险人同意支付的费用。

保险人承担上述责任的前提条件是,责任事故的发生应符合保险条款的规定,包括事故原因、发生地点、损害范围等,均应审核清楚。所谓人身伤害,不仅指自然人身体的有形毁损,也包括脑力损害、听力损害、疾病、丧失工作能力及死亡等,但对精神方面的损害一般除外不保。所谓财产损失,包括有形财产的损毁、受损财产的丧失使用,甚至于未受损财产的丧失使用。

2. 除外责任

在承担前述赔偿责任的同时,保险人在责任保险合同中一般规定若干除外责任,尽管不同的责任保险合同中的除外责任可能有出入,但主要的除外责任有:①被保险人故意行为所导致的各种损害后果;②战争、军事行动及罢工等政治事件造成的损害后果;③核事故风险导致的损害后果,但核事故或核责任保险除外;④被保险人家属、雇员的人身伤害或财产损失,但雇主责任保险承保雇主对雇员的损害赔偿责任;⑤被保险人所有、占有、使用或租赁的财产,或由被保险人照顾、看管或控制的财产损失;⑥被保险人的合同责任。经过特别约定者除外。

上述除外责任是责任保险的通常除外责任,但个别风险经过特别约定后可以承保。

(三)赔偿限额与免赔额

责任保险承保的是被保险人的赔偿责任,而非有固定价值的标的,且赔偿责任因损害责任事故大小而异,很难准确预估。因此,不论何种责任保险,均无保险金额的规定,而是采用在承保时由保险双方约定赔偿限额的方式来确定保险人承担的责任限额。凡超过赔偿限额的索赔须由被保险人自行承担。

从责任保险的发展实践来看，赔偿限额作为保险人承担赔偿责任的最高限额，通常有以下几种类型：①每次责任事故或同一原因引起的一系列责任事故的赔偿限额，它又可以分为财产损失赔偿限额和人身伤亡赔偿限额两项；②保险期内累计的赔偿限额，它也可以分为累计的财产损失赔偿限额和累计的人身伤害赔偿限额；③在某些情况下，保险人也将财产损失和人身伤亡两者合成一个限额，或者只规定每次事故和同一原因引起的一系列责任事故的赔偿限额，而不规定累计赔偿限额。

此外，保险人还通常有免赔额的规定，以此达到促使被保险人小心谨慎、防止发生事故和减少小额、零星赔款支出的目的。责任保险的免赔额，通常是绝对免赔额，即无论受害人的财产是否全部损失或死亡，免赔额内的损失均由被保险人自己负责赔偿。免赔额的确定，一般以具体金额数字表示，也可以规定赔偿限额或赔偿金额的一定比率。因此，责任保险人承担的赔偿责任是超过免赔额之上且在赔偿限额之内的赔偿金额。

（四）责任保险的保险费率

责任保险费率的厘定，通常根据各种责任保险的风险大小及损失率的高低来确定。对不同的责任保险种类，厘定费率时所考虑的因素也存在着差异，但从总体上看，保险人在制定责任保险费率时，主要考虑的影响因素应当包括被保险人的业务性质及其产生意外损害赔偿责任可能性的大小、法律制度对损害赔偿的规定、赔偿限额的高低、承保区域的大小、每笔责任保险业务的量等因素；对于数量有限的出口产品责任保险业务，通常还有最低保险费的规定。

此外，保险人还会参考同类责任保险业务的历史损失资料，它虽然不是制定现行费率的直接依据，但是可以供制定现行费率参考，具有很高的借鉴价值，从而是保险人在制定费率时必须参照的依据。

第六节 信用保险和保证保险

在现代经济活动中，无论物质商品交换活动还是非物质商品（如金融商品）交换活动，都建立在信用的基础之上。由于信用活动既频繁又复杂，信用风险随着经济发展加快而呈现扩大的趋势。承保信用风险的保险业务便应运而生，这便是信用保证保险。

一、信用保证保险的概念及其业务发展

（一）信用保证保险的概念

信用保证保险是以信用风险为保险标的的保险，它实际上是由保险人（保证人）为信用关系中的义务人（被保证人）提供信用担保的一类保险业务。

在业务习惯上，因投保人在信用关系中的身份不同，而将其分为信用保险和保证保险两类。

通常将权利人投保义务人信用的保险业务称为信用保险。例如，货物出口担心进口方拖欠货款而要求保险人为其提供保险，保证其在遇到上述情况遭受经济损失时，由保险人赔偿。

将义务人投保自己信用的保险业务称为保证保险。例如，某工程承包合同规定，承包

人应在签订合同后一年半内交工，业主(权利人)为能按时接收工程，要求承包人购买履约保证保险，假如在约定条件下承包人不能按时交付工程项目，给权利人造成经济损失，由保险人负责赔偿。

(二)信用保证保险的业务发展

信用保证保险是现代保险中的一类新兴业务，相对于一般财产保险和人寿保险来说历史不长。保证保险约比信用保险出现得早一点。大约在18世纪末19世纪初，在欧洲就出现了忠诚保证保险。它最初是由一些个人、商行或银行办理的，然后出现了合同担保。1919年，第一次世界大战结束后，鉴于东方和中欧诸国政治局势的变化，英国政府为保护本国与东方和中欧诸国的出口贸易的顺利进行，专门成立了出口信用担保局，逐步创立了一套完整的信用保险制度，以后各国纷纷效仿。1934年，英国、法国、意大利和西班牙的私营和国营信用保险机构成立了"国际信用和投资保险人联合会"，简称"伯尔尼联盟"，旨在便于相互交流出口信用保险承保技术、支付情况和信息，并在追偿方面开展国际合作。

我国的信用保证保险的发展始于20世纪80年代初期。1983年年初，中国人民保险公司上海分公司与中国银行上海分行达成协议，对一笔出口船舶的买方信贷提供中、长期信用保险；1986年人保开始试办短期出口信用保险；1988年，国务院正式决定由中国人民保险公司试办出口信用保险业务，并在该公司设立了信用保险部。1994年以后，中国进出口银行也经办各种出口信用保险业务。2001年12月，在原中国人民保险公司信用保险部和中国进出口银行信用保险部的基础上，组建产生了我国第一家专门经营信用保险的国有独资的中国出口信用保险公司。目前我国有多家保险公司开办保证保险业务，具体险种主要有国内工程履约保险、对外承包工程的投标、履约和供货保证保险、产品质量保证保险、住房贷款保证保险、汽车贷款保证保险、雇员忠诚保证保险等。

二、信用保证保险与一般财产保险的区别

信用保证保险承保的是信用风险，补偿因信用风险给权利人造成的经济损失，而不是承保物质风险、补偿由于自然灾害和意外事故造成保险标的的经济损失。因而无论权利人还是义务人要求投保，保险人事先都必须对被保证人的资信情况进行严格审查。

在信用保险与保证保险中，实际上涉及三方的利益关系，即保险人(保证人)、权利人和义务人(被保证人)。当保险合同约定的事故发生致使权利人遭受损失，只有在义务人(被保证人)不能补偿损失时，才由保险人代其向权利人赔偿，从而表明这只是对权利人经济利益的担保。而在一般财产保险中，只涉及保险人和被保险人的利益关系，而且因约定保险事故发生所造成的损失，无论被保险人有无补偿能力，保险公司都得予以赔偿。

从理论上讲，保险人经营信用保证业务只是收取担保服务费而无赢利可言，因为信用保险与保证保险均由直接责任者承担责任，保险人不是从抵押财物中得到补偿，就是行使追偿权追回赔款。其保险费精算基础也不相同，一般财产保险的费率主要涉及自然风险因素，相对容易一些，而信用保证保险的费率主要涉及的是政治、经济和个人品德因素。

三、信用保险与保证保险的区别

信用保险和保证保险都是以信用风险作为保险标的，都是保险人对被保证人的作为或

不作为致使权利人遭受损失负赔偿责任的保险，但也存在区别。

信用保险是保险人根据权利人的请求担保义务人(被保证人)信用的保险；保证保险是义务人(被保证人)自己根据权利人的要求，请求保险人向权利人担保义务人自己信用的保险。即是说前者由权利人投保，后者由义务人(被保证人)投保。

信用保险是填写保险单来承保的，其保险单同其他财产险保险单并无大的差别，同样规定责任范围、责任免除、保险金额(责任限额)、保险费、损失赔偿、被保险人的权利义务等条款；而保证保险是出立保证书来承保的，该保证书同财产险保险单有着本质区别，其内容通常很简单，只规定担保事宜。

信用保险的被保险人(也是投保人)是权利人，承保的是被保证人(义务人)的信用风险，除保险人外，保险合同中只涉及权利人和义务人两方；保证保险是义务人应权利人的要求投保自己的信用风险，义务人是被保证人，由保险公司出立保证书担保，保险公司实际上是保证人，保险公司为了减少风险往往要求义务人提供反担保(即由其他人或单位向保险公司保证义务人履行义务)，这样，除保险公司外，保证保险合同中涉及义务人、反担保人和权利人三方。

在信用保险中，被保险人缴纳保费是为了把可能因义务人不履行义务而使自己受到损失的风险转嫁给保险人，保险人承担着实实在在的风险，必须把保费的大部分或全部用于赔款(甚至亏损)，保险人赔偿后虽然可以向责任方追偿，但成功率很低，就是说信用保险的承保风险比较大，所以，大部分开办出口信用保险的国家都把它列为政策性保险，往往由政府设立专门的政策性保险公司经营，或由政府资助商业保险公司经营；在保证保险中，义务人缴纳的保费是为了获得向权利人保证履行义务的凭证。保险人出立的保证书，履约的全部义务还是由义务人自己承担，并没有发生风险转移，保险人收取的保费只是凭其信用资格而得到的一种担保费，风险仍由义务人承担，在义务人没有能力承担的情况下才由保险人代为履行义务，嗣后再通过反担保措施追回代为承担的赔偿款。因此，经营保证保险对保险人来说，风险相对比较小。

四、信用保证保险所承保的风险

信用保证保险承保的信用风险主要有以下几种：①财务信用风险，即借贷风险，通常表现为借款人不能按照借款合同规定的期限和条件偿还贷款的风险；②商业信用风险，商业信用是延期付款形式的购买行为，表现为卖方先向买方借贷，买方按买卖合同规定的日期、数额及其他条件归还贷款，买方不能按买卖合同规定的日期、数额及其他条件归还贷款的风险，就是商业信用风险；③预付款信用风险，用预付款或定金方式取得某种货物、技术或劳务服务就是预付款信用，支付了预付款或定金而不能以约定条件取得该货物、技术或劳务服务的风险是预付款信用风险；④保证信用风险，由于债务人不能按期履行合同规定的义务，向债权人交付约定货物、技术或劳务，使保证人不得不承担这种履约义务的风险；⑤诚实信用风险。雇主向雇员支付薪金、工资或其他形式的报酬，而雇员不能依合同规定提供服务、履行义务的风险。

📎 **知识链接**

中国信用保证险的现状

我国信保业务虽然发展起步较晚，发展时间较短(从萌芽至今只是40个年头)，但依托于我国经济和金融业的快速增长。尤其是进入到2011年以来，随着线上消费金融和互联网信贷市场崛起，在线上开户、支付及大数据风控等技术和基础设施加持下，我国融资性保证险业务进入爆发增长期，带动我国增长成长为全球最大的信用保险市场之一。

与此同时，保险公司整体信用风险管理能力未能充分积累，风险不断暴露，保险公司信保业务亦出现"增收不增利"的情况。

2020年以来，在新型冠状病毒感染疫情肆虐、宏观经济承压、司法大幅度降低民间借贷利率上限的大背景下，借贷市场需求侧信用状态下滑，供给侧则要求客户质量上移，市场各主体盈利空间大幅压缩，融资性信保行业则面临更大挑战。如何更好地修炼内功、经营风险、平衡收益是整个保险行业亟待解决的课题。发展迅速，规模巨大，从2010年起，我国信用保证保险市场步入发展快车道。2020年，全国信用险和保证保险收入录得200.43亿元和843.55亿元，合计实现1 043.96亿元，较2010年增长7.78倍，2010年以来年均复合增长率达到22.8%，高于全国银行业整体信贷余额同期年均复合增长率的13.4%，接近全国银行信用卡授信总额同期年均复合增长率(25.2%)。

我国信保业务从业主体数量快速增长。截至2019年年底，我国正常营业财产保险公司共有87家，其中有66家保险公司开展了信保业务。66家中，开展信用险业务的有34家，开展保证险业务的共有62家，同时开展信用险和保证险业务的共有30家。在众多竞争者参与的情况下，信保市场依然由前五家头部公司主导。从2020年保费收入规模看，全国信用保证保险业务排前5的公司分别是平安、人保、阳光、大地和太保，5家公司近三年合计保费收入为451亿元、799.6亿元和619.27亿元，全行业占比分别为69%、76%和59%，行业集中度较高。

2021年，受汽车金融批量坏账、P2P出清、疫情对消费和小微融资等负面影响干扰，行业收入快速下降，信用险保费收入录得203.85亿元，保证险收入录得521.19亿元，合计实现725.04亿元，环比降幅为30%。再次证明我国信保业务步入调整期。从产品维度看，此番行业调整主要受P2P暴雷及因疫情引发的汽车金融大面积坏账因素影响，风险爆发于2019年，但缘起2017年快速展业之初。由于信贷类业务风险暴露的延后性，包括部分保司经历大规模坏账后需要一段时间调整并重拾信心，预计未来1~2年，行业将处于持续收缩状态。

无论从存量规模还是增长潜力看，信保业务无疑是优质业务，行业不会从此消亡，我们相信目前的困难是暂时的，希望业界能够深入反思业务自身存在的问题，下大力气解决好各类发展问题，确保利润可持续增长，在金融普惠道路上发挥更大的、特殊的作用。

资料来源：新浪财经，2022-07-11.(有修改)

第七节　农业保险

一、农业保险的概念和特点

(一)农业保险的概念

农业是利用动植物的生活机能，通过人工培育来获得大量产品的社会生产部门，是国民经济的基础。为人民生活和国家建设提供粮食、副食品和轻、化工业原料。农业生产的特点是除土地是基本的生产资料外，主要劳动对象是有生命的动植物。植物和动物的成长受自然条件的影响很大。种植业和养殖业的生产周期较长，短则几个月，长则要几年，甚至几十年。在生产过程中，资金的投放、物料的消耗、产品的收获、资金的回收，以及自然灾害相关疾病的影响都具有明显的季节性和不稳定性。农业生产的丰歉不仅影响从事农业的生产者，而且关系到广大消费者、加工工业部门以及外贸部门。

农业保险是对种植业(农作物)、养殖业(禽畜)在生产、哺育、成长过程中可能遭到的自然灾害或意外事故所造成的经济损失提供经济保障的一种保险。保险机构通过保险的形式，组织农业从业人员集体互助，使受损单位或个人得到应有的补偿，以便及时恢复生产，保证农业生产顺利进行。

农业保险不是农村保险。农村保险是一个地域性的概念，是指在农村范围内所举办的各种保险的总和。农村保险不仅包括农业保险、农业生产者的家庭财产保险和人身保险，还包括乡镇企业的各种财产、人身、责任等保险种类。

(二)农业保险的特点

农业保险主要有以下几个特点：①农业保险是一种需要支付费用的灾害补偿手段；②现行的农业保险主要以"低保障，低保费，广覆盖"为经营原则；③不同的风险区域，农业保险的保额和费率有所不同；④农业保险一般只承保自然灾害风险，市场经济风险和人为造成的风险不在其承保范围；⑤农业保险是一种经济合同行为，与传统的政府救济有很大区别。

知识链接

2021 年中央一号文件中的"农业保险"

1. 提升粮食和重要农产品供给保障能力。扩大稻谷、小麦、玉米三大粮食作物完全成本保险和收入保险试点范围，支持有条件的省份降低产粮大县三大粮食作物农业保险保费县级补贴比例。

2. 强化农业农村优先发展投入保障。将地方优势特色农产品保险以奖代补做法逐步扩大到全国，健全农业再保险制度，发挥"保险＋期货"在服务乡村产业发展中的作用。

3. 提升农村基本公共服务水平。完善统一的城乡居民基本医疗保险制度，合理提高政府补助标准和个人缴费标准，健全重大疾病医疗保险和救助制度；落实城乡居民基本养老保险待遇确定和正常调整机制；推进城乡低保制度统筹发展，逐步提高特困人员供养服务质量。

二、农业保险的作用

(一)农业保险对农民个人的影响

农业保险有利于减少灾害带来的损失，减少收入的波动。由于农业保险提供灾害损失补偿，农民可以尽快地恢复灾后农业生产和生活，减轻灾害所带来的损失。

农业保险有利于灾害的预防和有效救助。农业保险实行防赔结合，通过保前检查、制定并落实防灾预案等一系列措施来减少灾害的发生。当灾害发生后，又通过一系列的措施来减少灾害所带来的损失。

农业保险有利于保障农业投资安全。有了农业保险作为风险保障，农民可以放心地增加农业投入，扩大农业再生产，从而有利于增加农民收入。

农业保险可以降低农民获得贷款的难度。有了农业保险的保障，银行更放心地贷款给农民朋友进行农业投资。为此，国元农业保险公司还推出农村生产小额信贷保险业务，解决农民贷款难的难题。

农业保险可帮助农民积极地试验新品种，有效地化解新品种试验过程中的风险，促进农村产业结构调整。

(二)农业保险对整个国民经济的影响

1. 农业保险有助于国民经济的健康发展

在我国，农业是国民经济的基础，农业经济的波动是引发国民经济周期波动的重要因素。因此，农业上因风险造成的损失，不仅会导致农业再生产过程的不稳定，而且会使整个国民经济处于不稳定的状态。相应地，农业保险在直接促进农业生产经营活动健康稳定发展的同时，也间接保证整个国民经济的协调发展。

2. 农业保险有助于社会生活的安定

农民的生活资料来源于其劳动所得，农民的生产因灾害事故而萎缩或中断会使其家庭生活发生困难。农业保险则可以使农民及其家庭摆脱灾害事故造成的经济上的困难，维持正常的生活。同时，农业生产的停滞，会使农产品的供求状况失衡，价格上涨，影响社会其他阶层人们的正常生活，甚至造成一些社会不安定因素。农业保险的介入，则可以使农业生产者尽快恢复生产，保证农产品的供给和价格的稳定，从而安定社会各阶层人们的社会生活。

3. 农业保险有助于扩大积累规模

农业保险基金作为社会后备基金(用于对各种经济损失的补偿)的一种，退出了生产过程，需要在保险保障期间逐渐地用于各种经济损失的补偿。在任何一个时点上，农业保险基金中都有一部分用于经常性的赔款支出；另一部分处于暂时闲置状态。处于暂时闲置状态的资金，经过保险人的储蓄活动和其他保险融资行为，重新投入社会再生产过程，能使社会资金的积累规模扩大，作为间接的资金积累方式对扩大社会再生产发挥作用。

三、农业保险的一般规定

(一)保险责任

农业保险的保险责任，一般有三种确定方式：一是单一危险责任，保险人仅对某一种危险造成的经济损失给予补偿的保险，如麦场火灾保险、雹灾保险等；二是混合危险责任，它承保的危险责任不是一种而是多种，如烤烟种植保险承保多种自然灾害造成的损失；三是一切危险责任，是对农业生产过程中一切可能发生的危险都提供保障的保险，在农业保险实践中，承保人很少用这种责任承担方式。

(二)保险金额

农业保险的保险金额有一个共同点，即普遍采用较低保额制，以利于承保人控制风险并防止欺诈行为的发生。一般采用两种方式确定：一是以成本为基础，二是以产量为基础。

(三)保险费率

在费率方面，农业保险除考虑承保危险发生的可能性及其损害大小外，还要考虑到保险金额和投保人的缴费承受能力，一般采取低保费。

四、农业保险的分类

(一)种植业保险

1. 农作物保险

农作物保险以稻、麦等粮食作物和棉花、烟叶等经济作物为对象，以各种作物在生长期间因自然灾害或意外事故使收获量减值或生产费用遭受损失为承保责任的保险。在作物生长期间，其收获量有相当部分取决于土壤环境和自然条件、作物对自然灾害的抗御能力、生产者的培育管理。因此，在以收获量价值作为保险标的时，应留给被保险人自保一定比例，促使其精耕细作和加强作物管理。如果以生产成本为保险标的，则按照作物在不同时期、处于不同生长阶段投入的生产费用，采取定额承保。

2. 收获期农作物保险

收获期农作物保险以粮食作物或经济作物收割后的初级农产品价值为承保对象，即作物处于晾晒、脱粒、烘烤等初级加工阶段时的一种短期保险。

3. 森林保险

森林保险是以天然林场和人工林场为承保对象，以林木生长期间因自然灾害或意外事故、病虫害造成的林木价值或营林生产费用损失为承保责任的保险。

4. 经济林、园林苗圃保险

这种险种承保的对象是生长中的各种经济林种。包括这些林种提供具有经济价值的果实、根叶、汁水、皮等产品，以及可供观赏、美化环境的商品性名贵树木、树苗。保险公司对这些树苗、林种及其产品由于自然灾害或病虫害所造成的损失进行补偿。此类保险有柑橘、苹果、山楂、板栗、橡胶树、茶树、核桃、枣树等保险。

(二)养殖业保险

1. 牲畜保险

牲畜保险是以役用、乳用、肉用、种用的大牲畜，如耕牛、奶牛、菜牛、马、种马、骡、驴、骆驼等为承保对象，承保在饲养使役期，因牲畜疾病或自然灾害和意外事故造成的死亡、伤残以及因流行病而强制屠宰、掩埋所造成的经济损失。牲畜保险是一种死亡损失保险。

2. 家畜、家禽保险

以商品性生产的猪、羊等家畜和鸡、鸭等家禽为保险标的，承保在饲养期间的死亡损失。

3．水产养殖保险

以商品性的人工养鱼、养虾、育珠等水产养殖产品为承保对象，承保在养殖过程中因疫病、中毒、盗窃和自然灾害造成的水产品收获损失或养殖成本损失。

4．其他养殖保险

以商品性养殖的鹿、貂、狐等经济动物和养蜂、养蚕等为保险对象，承保在养殖过程中因疾病、自然灾害和意外事故造成的死亡或产品的价值损失。

五、农业保险的经营方式

根据农业生产经营的多样性、分散性、不平衡性、自然风险和病虫灾害等特点，必须采取多种保险经营方式。

(一)法定保险方式

对于频繁发生、损失后果严重的自然灾害，如地震、洪水，应采用法定保险方式。这些灾害会直接影响农业生产的持续进行，给广大农业生产者的生活带来困难，严重影响国民经济发展，同时还会给国家财政造成额外负担。很多国家采用这种强制保险方式，以保障农业生产的稳定和持续发展，由于我国幅员辽阔，可根据地区农业生产特点和受灾特点举办区域性强制保险。

(二)自愿保险方式

农副业生产品种繁多，经营分散，易造成局部性损失。为了提供保障，应大力宣传保险的作用、增强保险意识，鼓励自愿投保，并满足农业生产者对保险的不同需要。随着商品经济的发展，自愿保险方式将为广大商品生产者所接受。

(三)合作保险方式

我国《保险法》第一百八十四条规定："国家支持发展为农业生产服务的保险事业。农业保险由法律、行政法规另行规定。强制保险，法律、行政法规另有规定的，适用其规定。"

(四)联合保险方式

保险公司或保险合作社与有关单位合作共保，特别是一些与职能部门和专业单位关系密切的险种，如畜禽保险与畜牧兽医站的关系密切，就可开展耕牛、生猪的联合保险，搞防治保险责任制，更好地发挥各自的职能作用。保险公司承担损失补偿责任，兽医站负责防治技术，并承担一定的补偿责任，把经济补偿责任和防治技术结合起来。实行这种联合保险方式应具备一些条件，如有一定的禽畜防病、治病人员，财务制度健全，经营管理较好。合作双方应明确各自所承担的责任比例，实行"利益分享，责任共担"原则。

扫描二维码，获取《农业保险承保理赔管理办法》的相关内容。

拓展阅读	学习笔记

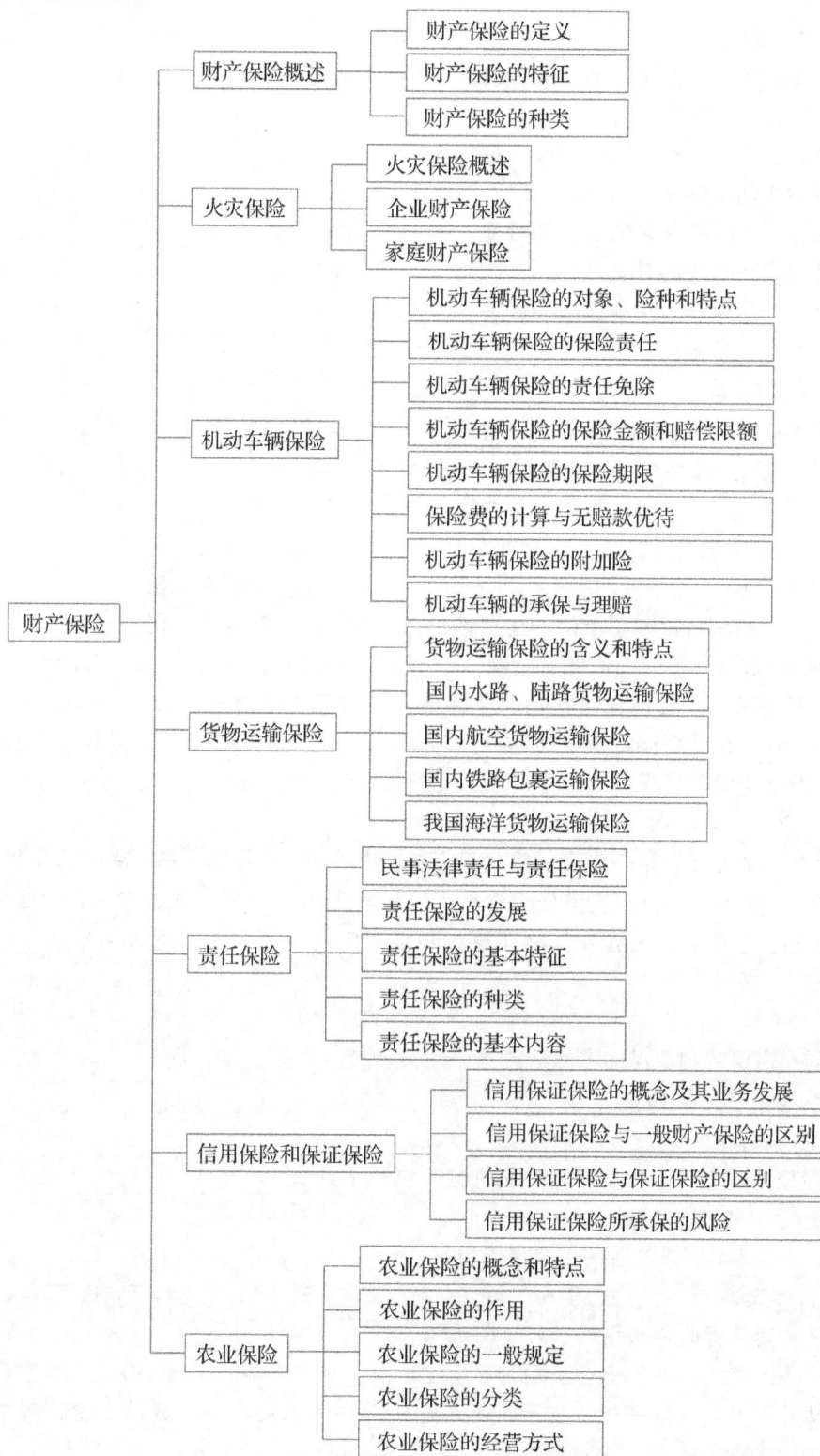

思维导图

财产保险
- 财产保险概述
  - 财产保险的定义
  - 财产保险的特征
  - 财产保险的种类
- 火灾保险
  - 火灾保险概述
  - 企业财产保险
  - 家庭财产保险
- 机动车辆保险
  - 机动车辆保险的对象、险种和特点
  - 机动车辆保险的保险责任
  - 机动车辆保险的责任免除
  - 机动车辆保险的保险金额和赔偿限额
  - 机动车辆保险的保险期限
  - 保险费的计算与无赔款优待
  - 机动车辆保险的附加险
  - 机动车辆的承保与理赔
- 货物运输保险
  - 货物运输保险的含义和特点
  - 国内水路、陆路货物运输保险
  - 国内航空货物运输保险
  - 国内铁路包裹运输保险
  - 我国海洋货物运输保险
- 责任保险
  - 民事法律责任与责任保险
  - 责任保险的发展
  - 责任保险的基本特征
  - 责任保险的种类
  - 责任保险的基本内容
- 信用保险和保证保险
  - 信用保证保险的概念及其业务发展
  - 信用保证保险与一般财产保险的区别
  - 信用保证保险与保证保险的区别
  - 信用保证保险所承保的风险
- 农业保险
  - 农业保险的概念和特点
  - 农业保险的作用
  - 农业保险的一般规定
  - 农业保险的分类
  - 农业保险的经营方式

本章习题

一、简答题

1. 简述财产保险的含义和一般特征。

2. 简述财产保险的种类。

3. 简述企业财产保险基本险保险责任。

4. 简述机动车辆保险的险种构成。

5. 简述货物运输保险的含义和特征。

6. 简述责任保险的含义种类。

7. 简述信用保险与保证保险的区别。

8. 简述农业保险的含义和种类。

二、单选题

1. 我国财产保险承保的风险主要有(　　)。

A. 基本险、综合险　　B. 基本险、一切险　　C. 基本险、附加险　　D. 一切险、附加险

2. 我国现阶段货物运输保险可分为国内货物运输保险和(　　)。

A. 海洋货物运输保险　　　　　　　B. 多式联运保险

C. 邮包保险　　　　　　　　　　　D. 陆上货物运输保险

3. 财产保险综合险与基本险的主要区别在于对(　　)的规定不同。

A. 保险期限　　　　B. 保险金额　　　　C. 保险标的　　　　D. 保险责任

4. 某投保了第三者责任险车辆,在保险期限内发生两次第三者责任保险事故,被保险人对第三者承担的赔偿责任分别是7万元和12万元。由于被保险人在投保时选择了10万元档次的赔偿限额,保险人赔偿了第一次事故7万元以后,对第二次事故的12万元,根据规定应(　　)。

A. 赔偿12万元,第三者责任险仍然有效　　B. 赔偿10万元,第三者责任险仍有效

C. 赔偿10万元,第三者责任险终止　　　　D. 赔偿3万元,第三者责任险终止

5. 车辆损失险和第三者责任险在符合赔偿规定的金额内实行绝对免赔率、负主要责任的免赔(　　)。

A. 20%　　　　　　B. 15%　　　　　　C. 10%　　　　　　D. 5%

6. 下列需要特约承保的家庭财产是(　　)。

A. 房屋及其附属设备

B. 室内装修

C. 存放于院内、室内的非动力农机具、农用工具

D. 金银、首饰、珠宝

7. (　　)是车辆损失险的主要保险责任。

A. 自然灾害　　　　B. 盗窃　　　　C. 火灾　　　　D. 碰撞损失

8. 货物运输保险常采用的方式是(　　)。

A. 超额保险　　　　B. 足额保险　　　　C. 定值保险　　　　D. 不定值保险

9. 某外贸公司出口一批货物至日本,途中因海上暴雨,海水进入船舱打湿货物,这批货物的损失应由(　　)负责赔偿。

A. 出口信用保险　　　　　　　　B. 产品责任保险

C. 海洋货物运输保险　　　　　　D. 合同保证保险

10. 某厂家因担心自己生产的煤气灶造成用户人身伤害或财产损失而承担经济赔偿责任可以投保（　　　）。

A. 公众责任保险　　B. 职业责任保险　　C. 雇主责任保险　　D. 产品责任保险

三、判断题

1. 财产保险是以有形财产为保险标的的保险。　　　　　　　　　　　　　　（　　）

2. 责任保险属于狭义的财产保险。　　　　　　　　　　　　　　　　　　　（　　）

3. 信用保险与保证保险在本质上是同一险种。　　　　　　　　　　　　　　（　　）

4. 任何财产保险单中都必须具备基本责任条款。　　　　　　　　　　　　　（　　）

5. 定值保险是财产保险合同中列明保险标的价值的保险。　　　　　　　　　（　　）

6. 重置价值保险是指发生损失时按市场重置价值赔偿的保险。　　　　　　　（　　）

7. 第一损失保险是有利于保障保险人利益的保险。　　　　　　　　　　　　（　　）

8. 赔款准备金是为了应付周期较长的巨灾赔款而建立的准备金。　　　　　　（　　）

9. 火灾保险是仅以火灾为保险责任的保险。　　　　　　　　　　　　　　　（　　）

10. 为保险标的采取施救、保护所支付的合理费用，其最高赔偿以不超过保险金额为限。　　　　　　　　　　　　　　　　　　　　　　　　　　　　　　　　　　　（　　）

11. 财产保险承保自然灾害和意外事故引起的保险标的的损失，包括物质的直接损失和合理的费用。　　　　　　　　　　　　　　　　　　　　　　　　　　　　　　　　（　　）

12. 土地、矿藏、森林和运输中的货物都可以成为企业财产保险基本险的保险标的。　　　　　　　　　　　　　　　　　　　　　　　　　　　　　　　　　　　　　（　　）

13. 被保险人及其代表的故意行为所导致保险标的的损失，财产保险予以负责。　　　　　　　　　　　　　　　　　　　　　　　　　　　　　　　　　　　　　　　（　　）

14. 对于行政执法行为导致保险标的损失，企业财产保险基本险不负责而综合险承担赔偿责任。　　　　　　　　　　　　　　　　　　　　　　　　　　　　　　　　　　（　　）

15. 保险单所保财产存在重复保险时，本保险人按照保险金额比例分摊损失的责任。　　　　　　　　　　　　　　　　　　　　　　　　　　　　　　　　　　　　　（　　）

16. 金银、珠宝、文件、账册、图表等为家庭财产保险的不保财产。　　　　（　　）

17. 家庭财产保险的赔偿采用比例分摊方式。　　　　　　　　　　　　　　　（　　）

18. 机动车辆第三者责任险的每次事故最高赔偿限额统一为 20 万元。　　（　　）

19. 按照现行规定，保险车辆在一个保险年度内无赔款者即可获得无赔款优待。　　　　　　　　　　　　　　　　　　　　　　　　　　　　　　　　　　　　　　（　　）

20. 任何保险公司均可办理信用保险业务。　　　　　　　　　　　　　　　　（　　）

四、计算题

1. 某企业以 800 万元保险金额，投保企业财产保险，保险期间发生火灾，受损 600 万元，受损保险标的价值为 1 000 万元。

(1)按第一损失保险如何赔偿？

(2)按比例保险如何赔偿？

(3)按定值保险赔偿方式应该如何赔偿？

2. 某日，甲、乙两车相撞，经交通管理部门裁定：甲车车损 10 万元，医疗费 12 万元，货物损失 18 万元；乙车车损 22 万元，医疗费 5 万元，货物损失 13 万元。甲车负主要责任，承担经济损失的 70%；乙车负次要责任，承担经济损失的 30%。该两辆车均投保了车辆损失险和第三者责任险，甲车在 A 保险公司投保了保险金额为 16 万元的车辆损失险、赔偿限额为 50 万元的第三者责任险；乙车在 B 保险公司投保了保险金额为 20 万元的车辆损失险，赔偿限额为 20 万元的第三者责任险。试分别计算 A、B 保险公司对甲、乙两车的被保险人各应承担多少赔偿金额。

实训项目

实训项目 1：企业财产保险产品比较分析实训

实训要求：通过本次实训，要求学生熟悉企业财产保险的基本条款内容，能够比较分析不同保险公司企业财产保险的差异和特点。

实训内容：通过互联网查询不同保险公司企业财产保险产品，比较分析不同保险公司企业财产保险的差异和特点。

实践场所：金融实训室。

实训资料：企业财产保险合同条款、相关客户资料、电脑网络。

实训步骤：每四人为一个小组，进行如下操作。

1. 从网上收集中国人保、太平洋保险、平安保险的企业财产保险保险产品。

2. 比较几家公司企业财产保险产品的差异。

3. 每组派代表上台推荐介绍本组认为比较有优势的产品，说明理由。

鉴定标准：是否能利用互联网查询保险产品信息；是否能够比较分析不同公司同类产品的差异；是否能够准确、简洁、合理地解说不同保险公司同类产品的差异。

实训项目 2：机动车辆保险投保业务实训

实训要求：通过本次实训，要求学生了解机动车辆保险的特征和基本条款，熟悉车险险种，会查询并使用车险费率表计算车险保费，能根据客户情况设计车险投保方案，熟悉车险理赔流程，能独立计算保险赔款。

实训内容：根据客户资料设计一份车险投保方案并解说相关问题。

例如：季先生，25 岁，刚拿到驾照，12 万元购置的比亚迪汽车；无电子防盗系统，无固定车库，行驶区域主要为杭州市。为季先生设计一份车险投保方案并解说相关问题。

实践场所：金融实训室。

实训资料：机动车辆保险合同条款、相关客户资料、电脑网络。

实训步骤：

1. 让学生查询并阅读目前车险保险条款，熟悉条款内容。

2. 分析机动车辆保险基本险和附加险的主要保险责任和主要功能。

3. 根据客户情况分析主要面临风险。

4. 确定投保险种并介绍机动车辆保险险种和保险责任。

5. 填写机动车辆保险投保单。

6．说明出险时索赔的基本流程和所需提供的资料。

7．其他注意事项说明。

鉴定标准：是否对车险条款和险种构成熟悉；是否能够分析该家庭面临主要风险并合理设计保险组合方案；是否可以估算、确定保险金额和保险费；是否能够准确、简洁、合理地解说保险投保方案设计。

思政融入

农业保险为农民撑起防护网

什么是农业保险？要回答这个问题，首先要了解农业风险有哪些。农业生产的收益约等于收入减去成本。其中，收入主要由价格、产量两大因素决定，成本则包括物化成本、土地成本、人工成本和灾害事故等造成的损失。上述因素的波动都属于农业风险。农业保险，即保险公司对被保险人在农业生产过程中因保险标的遭受财产损失承担赔偿保险金责任的保险活动。

为什么要发展财政支持的农业保险？据介绍，这是考虑到农业易受大面积自然灾害影响，农业保险出险概率较大，农户参保意愿较低，承保机构组织经营效益不高，纯商业性质的农业保险难以持续，需要财政对农业保险给予支持。此外，以政策性农业保险代替直接补贴，也能在世贸组织规则的框架下，对农业生产实施合理保护。

近年来，中国农业保险体制机制日益完善。2007年起，中央财政为农业保险投保农户提供一定的保费补贴，拉开了发展政策性农业保险的序幕。2021年，中央财政拨付保费补贴333.45亿元，带动农业保险实现保费收入965.18亿元，为农业生产提供风险保障4.78万亿元。目前，中国农业保险保费规模已超越美国，成为全球农业保险保费规模最大的国家。

同时，财政部等部门采取多种举措，不断加强农业保险保费补贴资金管理。今年年初，财政部修订出台《中央财政农业保险保费补贴管理办法》，优化大宗农产品保费补贴比例体系和地方特色农产品保险奖补政策，促进承保机构降本增效，确保农业保险政策精准滴灌。《办法》提出，农业保险承保机构应当公平、合理拟定农业保险条款和费率，保险费率应当按照保本微利原则厘定，综合费用率不高于20%。财政部有关负责人表示，《办法》明确了政策性农业保险综合费用率20%这一"红线"，将促进农业保险承保机构降本增效。

农业保险"保"哪些领域和品种？据了解，目前中国农业保险已基本形成了以成本保障型产品为主，产量保险、收入保险和指数保险等各类创新性产品共同发展的农业保险产品供给体系。从粮食作物、特色农产品到林业、畜牧业和渔业产品，政策性农业保险保障网覆盖面越来越广，各地也进行了大量的探索实践。

同时，农业保险在从保成本向保收入转型，从保生产环节向保全产业链条扩展。今年，按照中央一号文件部署，稻谷、小麦、玉米三大粮食作物主产省产粮大县将实现完全成本保险和种植收入保险全覆盖。在重庆，万州、黔江等27个产粮大区（县）今年起开展稻谷、玉米、马铃薯3种主要粮食作物完全成本保险，预计财政补贴保费1.11亿元，保额将达到 30 亿元。在山西，财政部门在推进主粮作物完全成本保险和收入保险试点的同时，继续扩大现有中央及省级政策性险种的保障覆盖面，并鼓励引导县级特色农业保险发展。此次糖料蔗、大豆等作物纳入完全成本保险和种植收入保险保障范围，受到种糖料蔗、种大豆的农民欢迎。

与传统的物化成本保险和价格指数保险相比，完全成本保险和种植收入保险优势颇多。完全成本保险覆盖了物化成本、土地成本、人工成本等全部生产成本，可保障自然灾害、重大病虫鼠害、意外事故、野生动物毁损等风险，提高了对农作物单位面积收入（或产值）的保障程度；种植收入保险能够同时保障价格、产量双因素波动，保障更全面、更易触发理赔，将大幅提高投保蔗农所获赔偿金额。

今年中央一号文件对农业保险发展作出多项部署。完善"保险＋期货"模式、发展农业再保险，正成为中国农业保险提质增效的重要抓手。

在创新农业风险转移模式方面，优化完善"保险＋期货"模式被寄予厚望。"保险＋期货"的试点区域涵盖东北三省、新疆、河北、海南等 20 多个省（区、市），品种范围包括玉米、鸡蛋等农产品。在这种运作模式下，农户向保险公司购买作物价格保险，当作物预期价格低于约定期货结算价格时，保险公司对投保农户进行赔偿，降低其因价格下跌可能导致的收入损失；同时，保险公司通过购买看跌期权而将价格风险进一步转移到市场。

在完善农业风险分散机制方面，今年中央一号文件提出要积极发展农业保险和再保险。2020 年，为完善农业再保险体系，财政部和 8 家金融机构发起设立中国农业再保险股份有限公司。成立以来，该公司整合农业大灾保险、完全成本保险和收入保险试点，构建起坚固的农业保险大灾风险准备金制度。2021 年，该公司与 35 家农业保险承保机构签署再保险标准协议，承担行业 20％的农业风险保障，保费规模超过 190 亿元，为农业生产提供风险保障近 1 万亿元，服务农户 1.88 亿户次，全面增强中国农业再保险的保障能力和韧性。

资料来源：魏利洁. 人民日报海外版，2022-06-21.

第六章　保险公司经营与管理

知识目标

1. 掌握保险销售的含义和主要环节。
2. 了解保险承保的含义、主要环节和程序。
3. 掌握保险理赔的含义、原则和流程。
4. 了解保险产品定价的基本内容。
5. 了解保险基金的特征与构成，以及保险资金运用的形式和意义。

能力目标

1. 能够区别保险公司业务经营各个环节的内容及管理。
2. 能够掌握保险产品费率的厘定原理。
3. 能够正确认识保险资金运用的形式。

素质目标

1. 培养学生的服务精神。
2. 培养学生努力学习、认真工作的态度。

导入案例

2021年2月，张先生考虑为妻子王女士投保A人寿公司的重大疾病保险，保额为20万元。投保时，张先生告知其保险营销员，王女士有"高脂血症"病史，并提供了体检报告。A人寿公司的审核人员审核了王女士的身体健康情况，最终同意承保，但需要进行额外加费。张先生也同意加费，保单顺利承保。

2021年12月，王女士因患"急性心肌"，申请重大疾病理赔。A人寿公司收到客户的理赔申请后，第一时间审核理赔资料、进行理赔调查。经调查未发现投保前其他就诊病史，该次事故符合合同约定的重大疾病保险金的赔付标准，A人寿公司按照合同条款约定给付了重大疾病保险金20万元。

【案例分析】随着消费者逐渐增强健康管理意识，对保险需求不断提升，越来越多消费者希望通过购买保险帮助自己抵御健康风险、增加保障。但部分消费者因身体健康情况有异常或有疾病史，担心投保会被保险公司拒保。那么，"带病"是否就不能投保呢？

对于"带病投保"，根据投保的险种不同，保险责任不同，保险公司会对"病"的风险进行评估，作出不同的核保结论。核保结论一般分为：标准体承保、加费承保、除外承保、延期、拒保。

保险公司审核被保险人疾病情况后，作出该疾病不影响对该保单的承保，即为标准体承保；保险公司审核被保险人疾病情况后，认为该疾病对本份保单的承保有一定的影响，需要按照一定比例额外收取一定的保费，即为加费承保；保险公司审核被保险人疾病情况后，作出对于某些特定疾病不予承担保险责任、但不影响其他保险责任，即为除外承保；保险公司审核被保险人现在的疾病情况后，因风险不确定，无法给予准确、合理的风险评估，需要一定时间进行观察，待身体健康情况明确后才能决定是否承保、如何承保，即为延期；保险公司审核被保险人疾病情况后，综合评估后认为风险超过可控范围，决定不予承保，即为拒保。

此案例中，由于投保人张先生在投保时秉承诚信原则，如实告知保险公司被保险人王女士的身体健康情况，虽然导致保费有所增加，但成功避免了后续可能出现的理赔纠纷，当发生保险事故时，顺利获得了保险理赔，更好享受到保险保障。

本案例涉及保险公司核保和理赔两个经营环节。保险公司的做法成功替客户解决了带病投保的问题，保障了客户的权益，并在事故发生后及时进行理赔，为保险公司树立了良好的口碑与声誉。在保险实务中，核保和理赔对保险公司稳定经营具有重要意义。

第一节　保险公司业务经营环节与管理

一、保险销售

(一)保险销售的含义

保险销售是将保险产品卖出的一种行为，是保险营销过程中的一个环节。这个环节可能是消费者通过获得相关信息后主动购买保险产品完成，也可能是通过保险销售人员(包括保险代理人或是保险经纪人)推荐并指导消费者购买保险产品完成的。

保险销售是保险经营中至关重要的一个环节。首先，保险公司"生产"保险产品的目的不是为了自己消费，而只有通过销售的环节才能达到保险公司的"生产"目的。其次，保险产品只有转移到消费者手中，才能使保险产品产生效用，实现保险活动的宗旨。最后，保险销售是实现保险经营目标的重要条件。只有做好保险销售，才能不断扩大承保数量，拓宽承保面，实现保险业务的规模经营，满足大数法则的要求，保持偿付能力，实现保险公司的利润目标。

(二)保险销售的主要环节

保险销售的主要环节包括：准保户开拓、调查并确认准保户的保险需求、设计并介绍保险方案、疑问解答并促成签约。

1. 准客户开拓

(1)准客户的概念。准客户是指具备投保保险条件、将来有可能购买保险的人。要成功地销售保险产品，必须不断获取一些可以接近的新人，这就是准客户的开拓。准客户开拓是保险销售环节中最重要的一个步骤。

(2)准客户的条件。准客户一般需要符合以下五个条件：一是有良好特质，准客户必须具有对家人的爱心、责任感，做事情有条理有计划，并愿意接受新观念；二是可以接近。营销员要考虑准客户是否容易接近，接近准客户需要很多技巧、训练以及耐心，不能轻易放弃那些较难接近的人；三是有保险需求，销售的真正意义在于发现客户原有的需求，提醒客户切身的需求，并通过销售方式满足他的需求；四是有缴费能力，在选定准客户时，对于缴费能力要有充分的考虑；五是符合公司投保规定，保险中尤其人寿保险对投保人都有明确规定，准客户的投保资格与他的年龄、健康状况、财务状况有关，只有在了解了这些规定之后，才能运用得当。

(3)准客户开拓的方法。

①缘故市场。缘故即过去有缘相识的故友、熟人。一般来说，缘故包括亲戚、朋友、同学、老乡、同事、邻居等。缘故开拓具有明显的优势。不仅容易接近，而且容易成功，比陌生拜访的成功率高很多。

②连锁介绍。保险营销人员可以从熟人或朋友那里得到新的准客户介绍。根据这样介绍的准客户开拓法成为连锁介绍。

③陌生拜访。陌生市场是效率最低的准客户开发来源。但是在除了利用其他各种方法得到准客户外，有再扩大准客户的必要时，陌生拜访还是可以成为运用时间的有效手段。这种方法不仅可以提升接触人的技巧，还可以磨炼各种应对技巧。

④直接邮件。在美国，直接邮件方式是准客户开发中最普遍使用的方法。因为它可以避免初次拜访时遭遇的冷淡反应，可以给营销员持续提供新的准客户。

⑤电话联络。电话联络就是通过打电话给事先选定的准保户，了解他们感兴趣的产品，以发现他们的真正需求，从而决定是否需要面谈或约定面谈的具体时间。利用电话开发准客户，可以节省许多交通费、时间和精力。

2. 调查并确认准保户的保险需求

保险需求就是指在一定的费率水平上，保险消费者从保险市场上愿意并有能力购买的保险商品数量表。

每个人和家庭都会面临很多财产和人身方面的风险，谁也不能保证一生一帆风顺、永远风平浪静。而风险一旦发生，就会带来经济上的损失和一些额外费用的产生。另外，很多保险产品具有投资功能，可以满足人们的投资需求。风险以及投资理财的存在是一个人产生购买保险愿望的前提，因此，确定个人和家庭的保险需求是购买保险的第一步。

准客户调查与分析的内容包括以下几个方面。

(1)风险调查。不同的风险需要不同的保险计划。每个人的工作环境、经济状况、健康情况不同，每个企业所面临的风险也不相同。保险销售人员在进行产品销售前，应该认真调查，获取相关信息，分析准保户所面临的风险。这是调查的第一步。

(2)经济状况。家庭或企业究竟要买多少保险，很大程度上取决于其经济状况。通过对准保户的财务问题及其财务目标建立的可行性分析，可以帮助准保户了解其财务需求和优先考虑的重点。

(3)确认准保户的保险需求。在对准保户进行风险调查和经济状况分析之后，需要进一步确认其保险需求。准保户面临的风险，分为必保风险和非必保风险。对于必保风险，最好采取购买保险的途径。而且有些风险只能通过购买保险才能有效处理。比如汽车第三者责任风险就是必保风险，属于强制性保险。对于非必保风险，则由客户自由选择。

3. 设计并介绍保险方案

保险销售员在充分了解准保户的保险需求后，就要设计出合适的保险产品方案。保险产品方案就是根据不同客户的家庭、年龄、收入、财务状况、需要、消费习惯等具体情况，站在客户的立场考虑最需要的保险产品，以科学的方法作出的完整规划。设计保险方案是销售流程中承上启下、至关重要的一环，是对保险这个无形产品提供包装和试用的机会。一份精美、专业、图文并茂的保险方案，再配以业务员准确生动的讲解说明，能给客户带来比较直观的感觉，使客户更清晰了解产品特色和保单利益，从而激发购买欲望。

保险产品说明主要包括以下几个方面。

(1)准保户需求。销售员在实情调查面谈中已经了解了客户的需求，此时要提及客户的需求，并把客户需求与下面因素结合起来以便让客户获得最大的满足。

(2)产品特色。客户购买保险产品的理由是因为保险有各种特色，保险公司为了满足客户需求提供了很多好处(切合实际的商品、最好的服务、多样商品的组合、简便的缴费方法、便捷的理赔、保单贷款等)，因此客户的需求与各种特色的结合是不可分的。

(3)客户利益。客户投保后所得到的实质利益是从购买商品、得到服务后才开始。所以产品要尽量适合客户，符合客户利益。

4. 疑问解答并促成签约

准保户对保险方案完全满意以至于毫无异议地购买的情况是极为少见的，有异议是销售过程的正常情况。如果准保户提出反对意见，保险销售人员要分析准保户反对的原因，并有针对性解答准保户的疑问。促成签约是保险销售人员在准保户对于保险建议书基本认同的条件下，促成准保户达成购买承诺的过程。

法律链接

《中华人民共和国保险法》第一百三十一条　保险代理人、保险经纪人及其从业人员在办理保险业务活动中不得有下列行为：

(一)欺骗保险人、投保人、被保险人或者受益人；

(二)隐瞒与保险合同有关的重要情况；

(三)阻碍投保人履行本法规定的如实告知义务，或者诱导其不履行本法规定的如实告知义务；

(四)给予或者承诺给予投保人、被保险人或者受益人保险合同约定以外的利益；

(五)利用行政权力、职务或者职业便利以及其他不正当手段强迫、引诱或者限制投保人订立保险合同；

(六)伪造、擅自变更保险合同，或者为保险合同当事人提供虚假证明材料；

(七)挪用、截留、侵占保险费或者保险金；

(八)利用业务便利为其他机构或者个人牟取不正当利益；

(九)串通投保人、被保险人或者受益人，骗取保险金；

(十)泄露在业务活动中知悉的保险人、投保人、被保险人的商业秘密。

促成签约的技巧有以下几个。

(1)缩小面谈的主题范围。销售员必须抱着假定销售成功的心态开始面谈，在会谈慢慢进行当中强调购买的理由。销售员也可以测试准保户对自己的动作或故事有什么看法，从中找出签约的方向。

(2)假定同意法。这种方法假定准保户已经同意投保，并不是强求准保户作出决定，只是在做一种试探，可以顺利从说明阶段进入完成阶段，也可以避免准保户在作决定时拖拖拉拉，保证面谈的主导权。

(3)二选一法。这是让准保户在两个选择中选出一个的方法。这个方法通常与假定同意法并用。例如，业务员可以这样询问准保户，"保费的缴纳，您是要选择年缴还是月缴?""您的缴费期是要十年还是十五年呢?"在面谈时运用二选一法会提高签约成功的机会。

(4)行动诱导法。客户有需要也有能力缴保费时，可以运用这个方法。例如，业务员可以简单问:"我可以在您桌上写这份投保书吗?"

(5)先解决小问题。对业务员来说，劝说准客户投保几千万元的保险并不是一件容易的事情，但是要说服客户同意做健康检查就不那么困难了。业务员要引导准保户从解决小的问题开始，循序渐进，直到顺利完成销售。

客户同意签约后，业务员要认真指导客户填写投保单。投保人在填写投保单时，应当遵守《中华人民共和国保险法》所规定的基本原则。切忌投保人代被保险人签字，保险代理人代投保人签字，否则，保险合同无效。

法律链接

《中华人民共和国保险法》第一百二十七条　保险代理人根据保险人的授权代为办理保险业务的行为，由保险人承担责任。

保险代理人没有代理权、超越代理权或者代理权终止后以保险人名义订立合同，使投保人有理由相信其有代理权的，该代理行为有效。保险人可以依法追究越权的保险代理人的责任。

知识链接

寿险投保单填写注意事项

1. 投保人填写个人资料时，应注意填写的姓名应当为个人居民身份证上的名字。姓名对个人的认证极具重要性，所以填报人应当注意姓名的相关填写要求。

2. 投保人在填写个人资料时，要注意个人的住址填写的完整性，最好具体到居住处的门牌号。

3. 投保人所从事的相关职业的职业范围也需要明确填写，如教师、记者或学生等。

4. 投保人应当注意即将购买的商业保险属于哪种保险的范畴，以及该种保险有何种适用要求也需要投保人来确认并且进行投保意向的填写。

5. 投保人应当注意所购保险的保险标的相关内容。例如，投保人所购买的是人身意外险，那么在购买人身意外险时应当注意明确填写生存、死亡及伤残等标准，这有利于明确后续的赔付范围。

6. 假设投保人所购买的是个人人身保险，除了个人基础信息的完整性需要保证，还需要注意投保人年龄的填写准确。例如，满 20 周岁的同时超过 6 个月，则投保人需要填写本人 21 岁。

7. 投保人在进行保险投购时，对于保险赔付的受益人应当仔细考量，并且受益人的相关信息也应当填报准确，其填报标准与填报个人信息时一样。

8. 投保人在进行保险购买时的最后步骤之一就是填报相关的投保金额，投保人应当根据自身需要和经济实力自主决定相关的保险投入金额。

9. 投保人在完成所有信息的填写之后需要亲自在投保单上签名，以个人签名完成保险协议。此外，假使投保人不具备书写的能力，可以以十字画押的方式完成保险的投保确认。

(三)保险销售渠道

保险销售渠道是指保险商品从保险公司向保户转移过程中所经过的途径。保险销售渠道的选择直接制约和影响着销售策略的制定和执行效果。选择适当的销售渠道，不仅会减少保险公司经营费用的支出，而且会促进保险商品的销售。

保险销售渠道按照有无保险中介参与，分为直接销售渠道和间接销售渠道。

1. 直接销售渠道

直接销售渠道(直销制)是一种能够使保险公司和消费者彼此进行直接交易的销售渠道。具体而言，直接销售渠道借助于互联网、电视、广播、报纸、电子邮件，保险公司直接向消费者陈述、介绍保险商品。

2. 间接销售渠道

间接销售渠道(中介制)是指保险公司通过保险中介机构、依法取得资格证书的保险代理从业人员等中介销售保险产品的方式。具体又包括保险代理人、保险经纪人。

保险代理人是指根据保险人的委托，向保险人收取手续费，在保险人授权的范围内办理保险业务的单位或个人。广义而言，目前我国保险市场上的代理人主要有专业保险代理机构、兼业保险代理机构和保险营销员三种类型(详见第七章)。

保险经纪人是基于投保人的利益，为投保人与保险人订立保险合同提供中介服务，并依法收取佣金的单位。我国目前只允许法人单位从事保险经纪活动。保险人通过保险经纪人争取保险业务，从而实现保险的销售。

(四)保险公司的投保业务管理

1. 投保服务

(1)投保人的权利。服务是企业的一种组织功能。因此，投保服务是保险业务经营管理的组织职能的一部分。投保人投保是保险人经营活动的起点。在保险交易过程中，投保人享有的基本权利体现在下面几个方面：①得到准确保险信息的权利；②保证安全的权利；③可自由选择保险险种的权利；④遭遇不良待遇时，有申诉、控告的权利；⑤要求开发和改进险种的权利；⑥获得良好售后服务的权利；⑦要求提供的服务不得违反社会公共道德。在上述的投保人权利中，获得准确保险信息的权利是投保人利益得到保障的首要权利。

(2)保险人应该的义务。投保人在投保时有要求良好服务的权利，这要求保险人应该做到：①帮助投保人分析自己所面临的风险；②帮助投保人确定自己的保险需求；③帮助投保人估算可用来投保的资金；④帮助投保人制订具体的保险计划。

投保服务的内容，如图 6-1 所示。

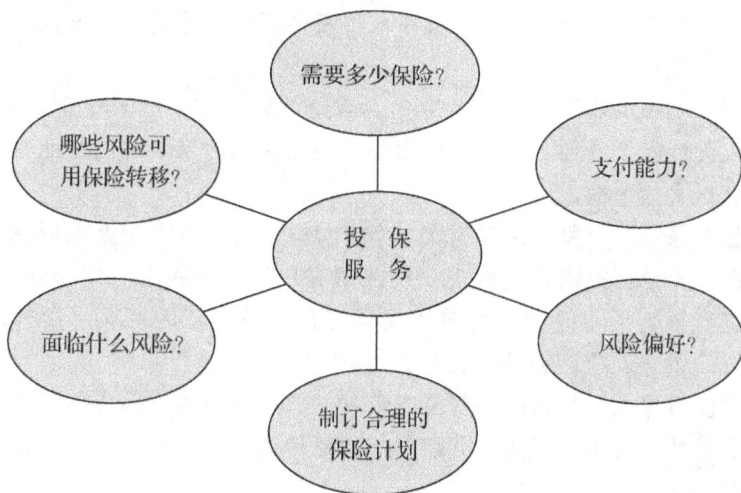

图 6-1　投保服务的内容

（3）投保时遵循的原则。一般而言，无论是企业还是个人，其投保的目的都是为了生产经营或个人家庭生活的安全、稳定。从此目的出发，投保人在投保时主要遵循以下三个基本原则。

①重视高额损失原则。某一风险事故发生的频率虽然不高，但造成的损失严重，应优先投保。从现实生活来看，与损失的可能性相比，损失的严重性是衡量风险程度更为重要的一个指标。从该原则出发，投保人在决定购买保险之前首要考虑的问题就是：本企业或本家庭所面临的主要风险及其潜在损失的规模有多大。潜在损失规模越大，越应当购买保险，把风险转嫁给保险公司。

②充分利用免赔方式原则。所谓免赔，是指在保险事故发生后，保险人对被保险人自身需要承担的那部分损失不予赔偿。免赔的目的在于降低保险人的成本，使低保费成为可能。这主要基于两点考虑：一是免赔的规定有助于减少小额的索赔，结果必然会减少保险人的费用；二是由于被保险人在保险事故发生后要承担部分损失，有助于促进被保险人更好地进行防灾防损工作。

③量力而行的原则。保险是一种契约行为，属于经济活动范畴，投保人必须支付一定的费用，即以保险费来获得保险保障。而投保的险种越多，保障范围越大，保险金额越高，保险期限越长，需要支付的保险费就越多。也就是说，保险契约中的权利与义务是统一的，投保人的经济实力决定了其享受的保障范围、保障期限和赔偿金额。如果投保人忽视自己的经济实力来投保，很容易因为今后生产、生活的变故导致自己续交保费能力的减弱，甚至是丧失，结果导致保险合同效力的中止、失效、终止等变更情况。所以投保人要根据自己的经济实力量力而行。

2. 投保选择

（1）选择保险中介人。"保险不是由投保人来购买的，而是由保险中介人来卖出的"这句保险界名言道出了保险中介人的重要性。在保险实务中，投保人的投保大多数是通过保险代理人或保险经纪人来实现的。

在选择保险中介人时，应该注意以下几个方面。

①保险中介人资格的具备。保险中介人资格的具备是确保其服务质量的前提。保险中介人需要向有关主管机关登记和按规定程序取得资格证书，并接受国家保险监督机关的培训和资格审查。

②专业知识水平和从业经验。保险中介人需要掌握扎实全面的专业知识和保险知识，才能帮助投保人设计保险计划、选择保险险种，做投保人的保险顾问。而其丰富的从业经验也将对客户有很大的帮助。

③服务质量。保险中介服务是多层次、全方位的。每个保险中介人所提供的服务也是不一样的。帮助客户分析需求，进行规划；根据客户的经济实力，选择适合的保险险种；对客户的资料进行系统全面的统计判定，提醒客户应该注意的事项；及时通知客户续保等，都是一个好的中介人应该提供的服务。

④可信任度。投保人应当选择那些值得信赖的保险中介人。值得信任的保险中介人应该将委托人的利益放在首位，诚实、守信，能清楚传递信息，从而帮助投保人理解自己所需要的保险合同的含义。

(2)选择保险公司。投保人在选择保险公司时应该着重考虑以下几个方面的因素。

①注意保险公司提供的险种与价格。要选择那些能为自己提供适当的、切实可行的保障的保险公司，同时保险的价格应当是公正的。选择公正的价格的方法之一，就是对各家公司相同险种的费率进行比较。

②保险公司的偿付能力和经营状况。一是查看保险监管部门或评级机构对保险公司的评定结果。二是对保险公司的年终报表进行直接分析，着重分析公司净资产是否等于总资产减去负债，如果净资产与负债的比率为 1∶1，说明该公司有足够的偿付能力。此外，还要分析保险费与净资产的比率。一般来说，保险费与净资产的比率不超过 2∶1 被视为安全。保险公司的利润来源于两部分：一是承保利润，二是投资利润。一般来说，利润高(尤其是投资利润高)的保险公司，其经营的稳定性较好。

③保险公司的服务质量。保险公司所推出的保险单极其相似，但提供的服务却不相同，保险公司服务最重要的方面，就是发生保险事故时，能否对申请人的索赔尽快作出赔偿的决定，投保人在选择时要格外考虑这一因素。

扫描二维码，获取防范保险销售误导的相关内容。

拓展阅读	学习笔记

二、保险承保

保险承保是保险人对愿意购买保险的单位或个人(即投保人)所提出的投保申请进行审核，作出是否同意接受和如何接受的决定的过程。可以说，保险业务的邀约、承诺、核查、定费等签订保险合同的全过程，都属于承保业务环节。实际上，进入承保环节，就进入了保险合同双方就保险条款进行实质性谈判的阶段。

(一)保险承保的主要环节与程序

1. 核保

保险核保是指保险公司在对投保的标的信息全面掌握、核实的基础上，对可保风险进行评判与分类，进而决定是否承保、以什么样的条件承保的过程。核保是保险公司承保环节的核心，其主要目标在于辨别保险标的的危险程度，并据此对保险标的进行分类。

2. 作出承保决策

保险承保人员将通过一定途径收集的核保信息资料加以整理，并对这些信息经过承保选择和承保控制之后，作出以下承保决策。

(1)正常承保。对于属于标准风险类别的保险标的，保险公司按标准费率予以承保。

(2)优惠承保。对于属于优质风险类别的保险标的，保险公司按低于标准费率的优惠费率予以承保。

(3)有条件地承保。对于低于正常承保标准但又不构成拒保条件的保险标的，保险公司通过增加限制性条件或加收附加保费的方式予以承保。

(4)拒保。如果投保人投保条件明显低于承保标准，保险人就会拒保。

3. 缮制单证

承保人作出承保决策后，对于同意承保的投保申请，由签单人员缮制保险单或保险凭证，并及时送达投保人手中。缮制单证是保险承保工作的重要环节，其质量的好坏，直接关系到保险合同双方当事人的权利能否实现和义务能否顺利履行。

4. 复核签章

任何保险单均应按照承保权限规定由有关负责人复核签发。它是承保工作的一项重要程序，也是确保承保质量的关键环节。

5. 收取保费

支付保险费是投保人的基本权利，向投保人及时足额收取保险费是保险承保中的一个重要环节。为了防止保险事故发生后的纠纷，在签订保险合同时要对保险费缴纳的相关事宜予以明确。

案例分析 6-1

2019 年 4 月 11 日，在某人寿保险公司营销员的动员下，张先生同意购买 80 万元终身寿险。张先生填写了"终身寿险投保单"，并交付了首期保险费。2019 年 5 月 7 日，张先生出差时在所住宾馆的意外火灾中不幸身亡。事故发生后，保单受益人张先生的妻子刘女士立即通知了保险公司，要求保险公司全额给付 80 万元保险金。保险公司认为，人身保险合同保额巨大的，必须经过体检后方可决定承保与否，张先生尚未体检，因而该保险合同不成立，于是作出拒赔决定。刘女士不服，向法院起诉，要求保险公司承担给付保险金的责任。

在法院一审过程中，保险公司认为，保险合同没有成立：首先，投保人填写投保单并预交首期保险费只是要约行为，并不能因此认为保险公司已作出承诺；其次，张先生并没有根据保险公司的规定进行体检，保险公司无法确定保险金额和应缴纳的保险费；

最后，保险公司出具保险费收据并不能代表保险公司已作出承诺。刘女士则认为，张先生填具投保单是要约行为，保险公司收取保险费是承诺行为，保险合同已经成立并生效。至于张先生没有完成体检这一过程，是由于保险公司没有通知张先生，过错应该在保险公司。

一审法院经审理认为，张先生与保险公司签订的保险合同不成立，判决驳回原告刘女士的诉讼请求，保险公司返还所收保险费。刘女士收到一审判决后不服，提起上诉。在二审过程中，双方达成调解协议，保险公司赔付 30 万元结案。

【案例分析】本案双方争议的焦点之一就是被保险人张先生未按保险公司内部规定进行体检是否影响保险合同的成立。我们认为，保险公司违反业务操作规定承保并不影响保险合同成立，保险合同已经成立。

我国《保险法》第十三条第一款规定："投保人提出保险要求，经保险人同意承保，保险合同成立。保险人应当及时向投保人签发保险单或者其他保险凭证。"保险合同要经过要约和承诺两个阶段。张先生填写了"终身寿险投保单"是要约行为，投保单交给保险公司时该要约生效。如果保险公司作出承诺的意思表示并送达张先生时，保险合同成立。本案中，投保单上写明："投保人和被保险人填写完本投保单和健康告知书后，请向我公司业务员缴纳首期保险费，并索取临时收据。保险计划书、保险费正式收据及保险单将延后 1 至 5 天呈送。"从投保单上述约定看出，保险公司的承诺期最多为 5 天。而从保险公司收取保险费之日到被保险人张先生意外死亡之日已近 1 个月，保险公司在承诺期内没有作出明确的拒绝承保的意思表示；相反，保险公司收取了首期保险费。根据上述事实，从法律上可以推定保险公司对投保人的要约作出了承诺，保险合同因此成立并生效。

保险公司的业务操作规定是保险公司在开展保险业务时用来规范业务流程、强化内部管理的一系列规则和制度，这些规定一般由保险公司的工作人员内部掌握。这些规定并没有载明在保险合同中，也没有在投保人投保时告知投保人，这些规定对投保人应当不具约束力。只有保险公司的业务操作规定已写在保险合同中或者已明确告知了投保人，这些规定对投保人才具有约束力。本案中保险公司关于超过一定保险金额的保险合同须经体检后才能承保等规定，并未在合同中注明，也没有告知张先生。由此可见，保险公司应当按保险合同的约定承担保险责任。

在人寿保险业务中，相当一部分保险业务通过保险代理人即营销员推销，投保人同意投保后，由营销员收取保险费。但根据我国对保险代理人的有关规定，营销员无权签发保险单。保险合同是否签发，由保险公司决定。保险公司根据业务操作规定，必须审查投保人的申请，为控制风险，对超过一定金额的保险还要在对被保险人进行体检后才决定是否承保。这样，在投保人交付首期保险费到保险公司作出承保决定期间，就可能出现一段被保险人利益得不到保护的空白时间段，这对被保险人来说是不公平的。保险公司应从最大限度保护投保人和被保险人利益出发，制定切实可行的措施，尽可能消除盲点。此外，保险公司对内要加强管理，教育员工及其代理人严格按业务操作规程开展业务，对外不能轻率以违反业务操作规定等理由拒赔。

（二）财产保险的核保

财产保险在核保时，需要对下列因素进行重点分析：①保险标的物所处的环境，保险财产坐落的位置以及周围环境，足以影响保险财产风险的大小；②保险财产的占用性质。查明保险财产的占用性质，可以了解其可能存在的风险，同时要查明建筑物的主体结构及其所使用的材料，以确定其危险等级；③投保标的物的主要风险隐患和关键防护部位及防护措施状况；④有无处于危险状态中的财产，核保人在检验时要认真检查保险财产是否正处于危险状态中，对于正处于危险状态中的那些必然发生的损失，是保险公司的不可保风险，必须坚决拒绝；⑤检查各种安全管理制度的制定和实施情况；⑥查验被保险人以往的事故记录；⑦调查被保险人的道德情况。

（三）人寿保险的核保

人寿保险的核保要素一般分为影响死亡率的要素和非影响死亡率的要素。在寿险核保中重点考虑死亡率的要素。

1. 年龄

年龄是保险核保所要考虑的最重要的因素之一。因为死亡概率一般随着年龄的增加而增加。

2. 性别

性别是寿险核保的重要因素，只是性别仅用作个人寿险的分类因素以确定保费。

3. 体格及身体情况

健康状况是医疗风险因素中的重要组成部分，体格是判断健康状况的因素之一，包括身高、体重等。

4. 个人病史和家族病史

如果投保的被保险人已患有某种严重疾病或曾遭受意外伤害，这些都有可能转化为额外的风险因素。现有的健康情形有某些异常状态，这也将对其寿命有重要影响。由于某些疾病的遗传特征，使得家族病史成为核保的重要因素之一。

5. 职业

虽然不同职业死亡率的差别已经缩小，但仍然不容忽视，在实际处理过程中一般视其危险程度划分为不同的职业类别并进行差别费率。

6. 习惯、嗜好和生存环境

被保险人是否吸烟、酗酒和吸毒，以及是否爱好高风险运动等。

📎 知识链接

年龄与保险

中国人寿保险股份有限公司（以下简称"中国人寿寿险公司"）与北京大学中国社会科学调查中心联合出品的《中高净值家庭资产配置和保险保障白皮书》（以下简称"白皮书"）正式发布。白皮书对拥有一定财富、具有较强购买力的高净值人群的家庭画像、资产配置和保险参与情况进行了深入分析，可以为年轻人的养老保险规划提供一定的指引。

白皮书报告显示：养老保险覆盖率明显提升，商业养老保险上升空间较大。

近年来，我国人口老龄化程度持续加深。2021年第七次人口普查数据显示，我国60岁以上老年人口达2.6亿，占总人口的18.7%，预计2025年达到3亿。在老龄化程度快速提高的背景下，2020年党的十九届五中全会将积极应对人口老龄化上升为国家战略。老龄化的加速发展，加之少子化和长寿时代的到来，使养老日益成为国民关注的热点话题。

发展多层次、多支柱的养老保险体系，对于推动国内养老体系的发展至关重要。2022年4月，国务院办公厅发布了《关于推动个人养老金发展的意见》，提出推动发展个人养老金，与基本养老保险、企业(职业)年金相衔接，为民众补充养老资产提供了优质选择。与此同时，国民养老意识也在不断提高，越来越多的民众开始重视以养老保险配置为个人养老增加保障。

白皮书显示，中高净值家庭养老保险覆盖率近年来明显提升。2011年中高净值家庭养老保险覆盖率为42.1%，此后迅速增加，2013年增加到79.64%，2015年增加到84.15%，至2018年已达到92.27%。其中，商业养老保险的覆盖率呈现持续上升的趋势。2011年中高净值家庭商业养老保险覆盖率为0.92%，2013年增加到1.41%，2015年增加到2.12%，2018年增加到6.44%，未来还有很大上升空间。总体而言，我国第三支柱保险养老体系还比较弱，可以循序渐进地推动保险养老体系改革，通过加大税收优惠政策力度，鼓励发展第三支柱养老体系中的个人储蓄和商业性补充保险。

资料来源：河南法制报，2022-10-09.

(四)保险公司的承保业务管理

从广义上讲，承保包括保险的全过程。保险人承保的目的主要有三个：一是安全地分散保险风险，二是降低成本获得利益，三是保证所有的保单持有人之间的公平。

承保的内容包括以下几项。

1. 审核投保申请

(1)审核投保人的资格。投保人必须具备两个条件：一是具有相应的民事权利能力和民事行为能力；二是投保人对保险标的应具有法律上承认的利益，即可保利益。审核投保人的资格主要是审核投保人对保险标的是否具有可保利益。

(2)审核保险标的。一方面对照投保单或其他资料核查保险标的使用性质、结构性能、所处环境、防灾设施、安全管理等情况。另一方面，保险人通过选择保险标的，承保不同类型或不同地区的保险标的将风险分散。

(3)审核保险费率。例如，承保建筑物的财产保险，确定费率要考虑的因素有：①房屋的建筑类别，是砖结构还是木结构；②房屋的占用或使用性质，是商用还是民用；③周围房屋的状况；④房屋所在区域所能提供的火灾防护设施；⑤与房屋相关的任何安全保护设施，如是否安装自动洒水灭火装置或警报器等。

2. 控制保险责任

(1)控制逆选择。逆选择，就是指那些有较大风险的投保人试图以平均的保险费率购买保险。或者说，最容易遭受损失的风险就是最可能投保的风险，从保险人的角度来看这就是逆选择。保险人控制逆选择的方法是对不符合承保条件者不予承保，或者有条件地承保。

(2)控制承保能力。承保能力是指保险人能够承保业务的总量。保险人承保能力通常用的度量方法是承保能力比率，即用承保保险费除以偿付能力额度。

保险人保证承保能力的主要途径有：一是保持风险分散，二是用特殊的承保技术和经验满足某些险种的承保要求，三是安排再保险。保险人需要与投保人充分协商保险条件、免赔额、责任免除和附加条款等内容后特约承保。特约承保是根据保险合同当事人的特殊需要，在保险合同中增加一些特别约定，满足被保险人的特殊需要，并以加收保险费为条件适当扩展保险责任；或者是在基本条款上附加限制条款，限制保险责任。通过特殊的承保控制，将使保险人所支付的保险赔偿额与其预期损失额十分接近。

3. 分析风险因素

保险人对实质风险、道德风险、心理风险和法律风险，在承保时也要作出具体的分析。

(1)实质风险。在评估投保单时，保险人会考虑各种实质风险因素，如建筑物的结构、占用性质、防火措施、外部环境等。

(2)道德风险。道德风险是指人们以不诚实或故意欺诈的行为促使保险事故发生或夸大索赔金额，以便从保险中获得额外利益的风险因素。投保人产生道德风险的原因主要有两点：一是丧失道德观念，二是遭遇财务上的困难。从承保的观点来看，保险人控制道德风险发生的有效方法就是将保险金额控制在适当额度内。因此，保险人在承保时要注意投保金额是否适当，尽量避免超额承保。

(3)心理风险。心理风险也称行为风险或态度风险，是指由于人们的粗心大意和漠不关心，以致增加了风险事故发生的机会并扩大损失程度的风险因素。为了激励被保险人克服心理风险因素，主动防范损失的发生，可以采取如下措施。

一是实行限额承保。采用低额或不足额的保险方式，如果发生部分损失，被保险人只按保险金额与保险标的实际价值的比例获得赔偿。

二是规定免赔额(率)。免赔额有绝对免赔额和相对免赔额之分。前者是指在计算赔偿金额时，不论损失大小，保险人均扣除约定的免赔额。后者是指损失在免赔额以内，保险人不予赔偿，损失超过免赔额时，保险人不仅要赔超过部分，而且还要赔免赔额以内的损失。

(4)法律风险。法律风险主要表现有：主管当局强制保险人使用一种过低的保险费标准；要求保险人提供责任范围广的保险；限制保险人使用可撤销保险单和不予续保的权利；法院可能作出有利于被保险人的判决；等等。

三、保险理赔

保险理赔是指在保险标的发生保险事故而使被保险人财产受到损失或人身生命受到损害时，或保单约定的其他保险事故出现而需要给付保险金时，保险公司根据合同规定，履行赔偿或给付责任的行为，是直接体现保险职能和履行保险责任的工作。

(一)保险理赔的基本原则

1. 重合同，守信用

保险合同所规定的权利和义务关系受法律保护，因此，保险公司必须重合同、守信用，正确维护保户的权益。

2. 坚持实事求是

在处理赔案过程中，要实事求是地进行处理，根据具体情况，正确确定保险责任、给付标准、给付金额。

3. 主动，迅速，准确，合理

要让保户感觉到保得放心，赔得心服。

(二)保险理赔的流程

保险理赔流程是保险公司保险经营的核心流程之一，流程环节的掌握和扎实的操作对于公司整体赔付情况的改善与盈利的提高是非常关键的。

理赔的基本流程，如图 6-2 所示。

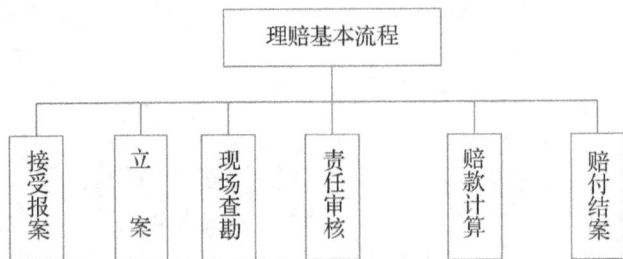

图 6-2　理赔基本流程

1. 接受报案

保险标的出险后，投保方应及时通知保险公司，以便保险公司能够及时赶赴现场查勘理赔。通知方式可以是书面或口头、电话、电报等方式。一般情况下，索赔者应填写保险事故通知书，将被保险人的名称、保单号码、出险时间、估计损失都记录下来。同时要请被保险人尽快填写出险通知。

投保方在索赔申请的同时，有义务积极抢险救灾，避免损失扩大。投保方还应向保险人提供必要的索赔文件和证明，包括保单正本或保险凭证、损失鉴定证明、相关部门的事故证明、有关保险标的的原始单证、损失鉴定证明、受损财产损失、被保险人死亡证明等。

2. 立案

保险公司理赔人员在拿到保单之后，应首先验证保单的有效性。理赔内勤将"出险抄单通知书"送达业务内勤，由业务内勤抄录或复印保单副本和批单一份，注明抄单日期，加盖印章。理赔人员在收到抄单后，应审核单证，以便确定理赔责任。主要的审核内容包括：保单是否有效；出险日期是否在保险期限之内；损失是否由承保风险引起；遭受损失的财产是否为保险财产；被保险人的年龄、性别是否正确。在审核结束之后，对于可以受理的案件，理赔人员应及时在出险立案登记本上编号立案，分不同险种按照顺序填写。目前，这些工作都是通过公司的保险应用软件完成。

3. 现场查勘

接到报案后，保险公司根据地点和案情带上查勘工具。现场查勘人员应对事故的出险时间、地点、原因、财务状况进行深入而准确的调查，同时，应力所能及地提供现场救援，阻止损失的进一步扩大。并进行现场照片，提供事故证明，聘请专业公估人进行鉴定，并出具具有一定法律效力的证明材料。在现场查勘完毕后，理赔员应缮制现场查勘报告，写明事故的起因、经过、结果，所了解的情况、处理结果、损失情况和估损金额等。

4.责任审核

保险责任审核的主要内容包括：索赔人是否有求偿权利；损失是否由保险条款规定的保险责任事故所引起；受损财产是否属于保险财产；出险时间是否在保险有效期内；被保险人是否尽到义务；等等。

5.赔款计算

在确定赔偿责任之后，就可以根据保险合同规定的方式计算赔款金额。人身保险和意外伤害保险是定额保险，当事故发生后，保险公司按照约定的金额进行赔偿或给付；健康保险是按照约定的免赔额和分摊比例进行赔付；在财产保险中，赔款计算主要有三种：第一危险赔偿方式、比例赔偿方式、限额赔偿方式。

6.赔付结案

完成赔款计算后，保险人根据保险条款的相关规定进行赔付，再将赔案有关单证和文件整理归档。

四、保险客户服务

保险客户服务是指保险人在与现有客户及潜在客户接触的阶段，通过畅通有效的服务渠道，为客户提供产品信息、品质保证、合同义务履行、客户保全、纠纷处理等项目的服务，以及基于客户的特殊需求和对客户的特别关注而提供的附加服务内容。

(一)保险客户服务的主要内容

客户服务是保险公司业务经营最重要的内容之一。保险公司提供优质客户服务的能力对建立和保持积极、持久和紧密有力的保险客户关系十分重要。保险客户服务以实现客户满意最大化，维系并培养忠诚保险客户，实现客户价值与保险公司价值的共同增长为目标。保险客户服务包括保险产品的售前、售中和售后三个环节的服务，在每一个环节上又都包含着具体详细的内容。

保险客户服务的主要内容有以下几项。

1.提供咨询服务

顾客在购买保险之前需要了解有关的保险信息，如保险行业的情况、保险市场的情况、保险公司的情况、现有保险产品、保单条款内容等。保险人可以通过各种渠道将有关的保险信息传递给消费者，而且要求信息的传递准确、到位。

2.风险规划与管理服务

帮助客户识别风险，包括家庭风险和企业风险的识别。在风险识别的基础上，帮助客户选择风险防范措施。特别是对于保险标的金额较大或承保风险较为特殊的中大型标的，应向投保人提供保险建议书。

3.接报案、查勘与定损服务

保险公司坚持"主动、迅速、准确、合理"的原则，严格按照岗位职责和业务操作实务流程的规定，做好客户报案、派员查勘、定损等各项工作，全力协助顾客尽快恢复正常的生产经营和生活秩序。

4.核赔服务

核赔人员要全力支持查勘定损人员的工作，在规定的时间内完成核赔。

5. 客户投诉处理服务

保险公司各级机构应高度重视客户的抱怨、投诉。通过对客户投诉的处理，注意发现合同条款和配套服务上的不足，提出改进服务的方案和具体措施。

(二)财产保险客户服务的特别内容

对承保标的的防灾防损是财产保险客户服务的重要内容。

1. 制订方案

防灾防损要以切实可行的防灾防损方案、周密翔实的实施计划和具备技术特长的专业人员为保障，并根据时间的推移和现实情况的变化，定期或不定期地调整防灾防损对策。

2. 重点落实

定期对保险标的的安全状况进行检查，及时向客户提出消除不安全因素和隐患的书面建议；对重要客户和大中型保险标的，要根据实际需要开展专业化的风险评估活动。

3. 特殊服务

财产保险公司可以主动或应客户要求提供一些特殊的服务。例如，收集中长期气象、灾害预报及实时的天气预报信息，协助客户做好灾害防御工作。

🔗 知识链接

华安保险河南分公司：有温度的"管家式服务"让人伤理赔更暖心

2022年2月10日，华安保险河南分公司承保的车辆在河南省南阳市方城县与三者车辆发生交通事故，造成三者车上三人死亡。人伤管家徐莹莹、张桂红先后五次到死者家中慰问，向家属讲解华安保险的人伤管家服务。同时针对重大死亡案件启动提前预付既定损失程序，提前进行调解。3月2日，三位死者家属先后收到华安保险的962 000元理赔款，暖心的理赔服务安抚了死者家属，配合了政府部门维护了社会稳定。出险后，专业且有温度的全程"管家式理赔服务"获得客户及伤者的高度肯定。

华安保险客户服务部负责人表示，为车辆事故中出现人身伤害的案件提供理赔一站式的"管家式服务"，不仅能让保险客户的理赔感受更贴心，同时也是保险公司持续提升社会服务能力，积极化解各方矛盾，积极促进社会和谐稳定的服务升级。2021年，华安保险的数百名"人伤管家"累计为客户提供管家服务151 658次，开展了82 548人次的人伤调解，累计支付车险人伤赔款33.7亿元，垫付医疗费用9 532万元。

随着私家车的普及，车辆保险已经成为大众最熟悉的一款保险，也是财险行业中占比最高，赔付金额最大的一款保险。对于保险公司而言，车辆的维修赔偿标准已经较为统一明确，发生人员伤亡的交通事故则是理赔的重点和难点。近年人伤案件的报案件数约占总车险理赔案件的10%，赔款金额占比则超过了50%。这些案件往往涉案金额大、处理难度大：由于伤者的治疗期很长，治疗过程中需要支付大额医疗费，发生陪护成本，后期的保险赔偿项目繁多，除医疗费外还涉及误工费、护理费、伤残赔偿金等10余种赔偿项目。每一起人伤案件，都有其特殊性和复杂性，理赔处理难度大。如不慎发生严重车祸，特别是涉及人员受伤甚至死亡的事故时，涉事车主和家属往往都会因此陷入焦虑和纠纷中。受伤人员需要及时救治，事故赔偿需要双方甚至多方协调，保险公司在其中不仅需要与事故各方确认事故责任，损失认定，也要常常承担起"和事佬"的角色，推进各方争议尽快协调解决。

据悉，在"人伤管家"服务中，保险公司会派出专人跟进到底，为客户提供一对一的调解服务，并提供医疗费预付，重大人伤案件慰问关怀，提供绿色理赔通道并且帮助寻找康复资源，为受害人提供免费的伤残鉴定服务等。贺常红告诉记者，对比此前的理赔服务，"人伤管家"的定位和工作目标设定为站在客户视角和需求去定制全流程服务项目，这会让"人伤管家"更有责任心和同理心：不仅要第一时间了解事故情况，安抚客户情绪，提醒注意事项，看到处理过程中的实际困难，也要主动去帮助客户争取医疗费的垫付，为伤者寻找更好的康复治疗资源，或是帮助客户与受害方开展调解、化解纠纷。

对于很多重大事故而言，保险企业及时医疗垫付也能够为更多生命赢得时间。2021年11月12日，华安保险河南分公司承保的车辆与尚女士驾驶的电动三轮车发生交通事故，尚女士被诊断为颈髓损伤伴截瘫，治疗期间先后花费15万余元。2022年1月6日，人伤管家在跟踪回访中得知伤者手术后花费巨大，华安保险河南分公司随即为伤者垫付90 000元，有效缓解了伤者家庭困难。2019年至今，华安保险已经为22 989人次受害人的治疗垫付近5亿元的医疗抢救费用。

资料来源：刘高磊.中国日报网，2022-03-14.(有修改)

(三)人寿保险客户服务的特别内容

1.寿险契约保全服务

保全服务是寿险公司业务量最大的服务，寿险公司一般都设有处理保全业务的职能部门，在遵循客户满意最大化原则的基础上，具体内容包括：合同内容变更；行使合同权益；续期收费；保险关系转移；生存给付。

2."孤儿"保单服务

"孤儿"保单是指因为原营销人员离职而需要安排人员跟进服务的保单。"孤儿"保单服务具体包括保全服务、保单收展服务和全面收展服务三种。

第二节　保险产品定价

一、保险费与保险费率

(一)保险费

保险费是投保人为获得保险保障而缴纳给保险人的费用。保险人依靠其所收取的保险费建立保险基金，对被保险人因保险事故所遭受的损失进行经济补偿。

保险费由纯保险费和附加保险费构成。纯保险费主要用于支付保险赔款或给付保险金。附加保险费主要用于保险业务的各项营业支出，包括营业税、代理手续费、企业管理费、工资及工资附加费和固定资产折旧等。

(二)保险费率

保险费率是单位保险金额的保险费，通常被称为购买保险的价格。保险费率由两部分构成，一部分是依据风险发生概率测定的纯费率(又称自然率)；另一部分是根据保险公司自身的管理费、合理利润及税收等测定的附加费率。前者是计算纯保费的依据，后者是计算附加保费的依据，二者共同构成保险公司的适用费率，又称为市场费率和毛费率。

1. 保险费率的组成

保险费的计算基础是保险费率或称毛保险费率,相应由纯费率和附加费率组成。

(1)纯费率。目前,世界各国普遍采用把以往若干年的平均保额损失率与一定数量的风险附加率之和作为纯费率,以此计算其纯保费。平均保额损失率就是在一定时期内的保险赔款总额与保险金额总和的比率。由于按平均保额损失率计算出来的纯保费只是一个平均数,而实际发生的保险损失额往往会高于或低于平均纯保费的数额,为了提高保险经营财务的稳定性,必须在平均保额损失率的基础上增加一定比率的风险附加率,两者之和即为预期的纯保费率。

(2)附加费率。附加保费通常包括三项内容:营业费用、预期利润、异常风险费用。三项之和与保险金额之比即为附加费率。

(3)毛费率。毛费率包括纯费率和附加费率两部分。计算公式为:

$$毛费率＝纯费率＋附加费率$$

按毛费率计算出来的保费为保险费,即保险理论价格。因此,保险理论价格就是纯保费与附加保费(费用附加保费、利润附加保费、异常风险附加保费)之和。

为了保证费率的公正性和保障保险公司的偿付能力,从而最终保证被保险人或者受益人的利益不被损害,世界各国都对保险公司的费率施行了严格监管政策。政府的保险监督管理机构不仅具有费率的核定权力,而且还规定费率计算的公式。

法律链接

《中华人民共和国保险法》第一百三十六条 保险公司使用的保险条款和保险费率违反法律、行政法规或者国务院保险监督管理机构的有关规定的,由保险监督管理机构责令停止使用,限期修改;情节严重的,可以在一定期限内禁止申报新的保险条款和保险费率。

2. 保险费率的厘定原则

保险费率水平直接关系到保险公司的偿付能力和被保险人或者受益人的利益,因此,厘定费率必须坚持以下几个原则。

(1)合理、适当原则。厘定费率必须公平合理。一方面以风险的发生概率、风险损失的程度为依据,保证保险公司的偿付能力,防止因费率过低导致保险公司破产倒闭,最终损害投保人的利益。另一方面又要为投保人着想,减轻投保人的保险费负担,使保险费负担与所提供的保险保障水平相一致。过高的保险费负担,不仅损害投保人的利益,也不利于业务的发展。

法律链接

《中华人民共和国保险法》第一百一十四条 保险公司应当按照国务院保险监督管理机构的规定,公平、合理拟订保险条款和保险费率,不得损害投保人、被保险人和受益人的合法权益。

保险公司应当按照合同约定和本法规定,及时履行赔偿或者给付保险金义务。

《中华人民共和国保险法》第一百三十五条 关系社会公众利益的保险险种、依法实行强制保险的险种和新开发的人寿保险险种等的保险条款和保险费率，应当报国务院保险监督管理机构批准。国务院保险监督管理机构审批时，应当遵循保护社会公众利益和防止不正当竞争的原则。其他保险险种的保险条款和保险费率，应当报保险监督管理机构备案。

保险条款和保险费率审批、备案的具体办法，由国务院保险监督管理机构依照前款规定制定。

(2)相对稳定原则。保险费厘定后，应保持相对的稳定，在相当长的时间内，不宜变动。如果经常变动，一方面保险公司业务工作量会因此而增长，导致业务费用的增加；另一方面也给投保人计算保险费造成困难，影响业务发展。因此，在厘定费率方面应考虑各种因素，把费率的厘定建立在科学的预测基础之上，从而保证所厘定的费率在相当一段时期内具有适应性，以满足业务的需要。

(3)反应灵敏原则。保险市场的扩大，投保人的增多，带来两方面的效应，一方面是随着业务量的增多，有促进保险费率下降的作用；另一方面，因投保人的增多、保险标的的扩大，保险事故也随之而增多，从而促使保险费率上升。因此，所厘定的保险费应当能够反映这种变化趋势。

(4)鼓励防灾防损原则。厘定的费率应当有利于投保人、被保险人加强防灾防损工作，对防灾防损搞得好的单位或者个人予以经济奖励，给注重防灾防损的被保险人予强有力的经济刺激。坚持防灾防损原则的意义在于减少风险发生的频率，从而避免或减少不必要的经济损失和保险金的赔付。

二、财产保险费率的厘定

财产保险的纯费率与保险标的损失频率和损失金额有密切的关系，一般损失频率和损失金额越高，纯费率越高。具体计算公式如下：

$$财产保险的纯费率＝损失频率×损失金额＝\frac{理赔次数}{保险单位数}×\frac{损失总额}{理赔次数}＝\frac{损失总额}{保险单位数}$$

式中：理赔次数是指构成理赔条件的损失次数，损失金额是指补偿金额与理赔费用之和，保险单位是指度量保险成本的单位。

财产保险的附加费率与保险公司具体开支和费用管理具有密切关系。除保险税金、监管费等支出具有刚性以外，其他费用支出，公司管理越严，支出金额越小，相应附加费率就越低。具体计算公式如下：

$$附加保险费率＝\frac{业务开支总金额}{保险单位数}$$

厘定费率的方法主要有观察法、分类法和增减法三种。观察法是对个别保险标的的风险要素进行分析，观察其优劣，估计损失概率，直接决定保险费率的方法。分类法是对风险进行分类，对同一类的各风险的损失概率进行测算，根据它们共同的损失概率，厘定保险费率。增减法又称为修正法，是指在同一费率类别中，对被保险人给予变动的费率，其变动幅度或基于保险期间的实际损失经验，或基于其预想的损失经验，或同时以两者为基础。在不同的国家和地区，由于非寿险精算技术基础与水平不同，以及统计资料完整性上的差异，采用的方法也不同。

三、人寿保险的保费厘定

(一)人寿保险费的构成及性质

人寿保险费由两部分构成：纯保险费和附加保费。其计算公式为：

毛保费＝纯保费＋附加保费

确定保险费的过程实质是，在不同缴费方式下的保险费匹配不同保险事故对应的保险面值和各项经营费用。

寿险保费计算的基本原则是收支平衡。第一，寿险保费收支平衡原则中，从保险人角度看，"收"是指保险人收取的保费总额，"支"是指保险人的保险金给付和支出的各项经营费用；第二，收支平衡关系建立的时点通常在投保生效之日，而保险金给付与保费缴纳总是分离的；第三，通过上述分析，收支平衡原则可用"保险费的精算现值＝保险金额的精算现值＋各项业务费用的精算现值"来描述。

(二)影响人寿保险费率的因素分析

1. 利率因素

寿险业务大多是长期性的。预定利率对于保险公司制定费率十分重要。一般利率要根据其公司的盈利能力而制定，预定利率的计算相对来说比较保守。精算人员会根据保险公司过去的投资收益情况来制定预定利率。

2. 死亡率因素

寿险公司的经验死亡率是制定寿险费率十分重要的因素之一。各家寿险公司之间的经验死亡率差别是很大的。各寿险公司的科学做法应是将国民生命表与各公司的经验数据相结合，找出最适合本公司的死亡率数据。

3. 费用因素

寿险公司的费用一般包括：第一，合同初始费，包括签发保单费用和承保费用等；第二，代理人酬金，包括代理人佣金、奖金、竞赛费用、奖励、培训费和养老金计划支出等；第三，保单维持费用，包括缴费费用、会计费用、佣金的管理费用、客户服务费用、保单维持的记录费用和保费收入税等；第四，保单终止费，包括退保费用、无现金价值失效费用、死亡给付费用和到期费用等。

4. 失效率因素

一般而言，影响保单失效率的因素包括：第一，保单年度，保单失效率随保单年度的增加而降低；第二，被保险人投保时年龄，十几岁至二十几岁的人口保单失效率较高，而30 岁以上的被保险人保单失效率较低；第三，保险金额，大额保单的失效率通常较低；第四，保费交付频率，每年缴费一次与每月预先从工资中扣除保费的保单失效率较低，而每月直接缴费的保单的退保率较高；第五，性别，当其他情况相同时，女性的保单失效率要比男性的低。

5. 平均保额因素

通过平均保额来计算每张保单的开支情况，通常根据被保险人年龄、性别和保单特点来调整平均保额。

第三节　保险基金的运用

一、保险基金

(一)保险基金的概念

基金一般是指国民经济中具有专门用途的资金，而后备基金则是基金中的一种，在国民经济中专门用来应付不幸事故和自然灾害。后备基金又分为三种类型：第一种是集中形式的后备基金；第二种是分散自保的后备基金；第三种是保险形式的后备基金，又称保险基金或保险准备基金。

保险基金是通过法定的合同方式，采取经济的方法，按照标的物的价值和风险程度收取保费而建立的。不论是风险的转移，还是保障的供给，都是按商业原则办理的，因此，从使用的对象来说，保险基金只能在保险的参加者之间使用；而从使用的范围上，只根据合同规定的风险损失进行补偿与给付。

(二)保险基金的性质与特点

1. 保险基金的性质

保险基金也称保险准备基金，是社会后备基金的一种。保险基金是以保险经济形式建立的一种具有特定用途的货币资金，用于补偿因自然灾害和意外事故所造成的经济损失，或因人身伤亡事故给付保险金的一种后备基金。

2. 保险基金的特点

(1)专用性。保险基金是保险公司专门用来履行保险合同所规定的赔偿或给付义务的专项资金。保险基金的专用性是实现保险的补偿职能和给付职能的前提。为了保证保险基金的专款专用，各国都有保险法、金融法规等一系列法律法规对其加以规范，同时责成保险监管部门对保险基金的使用情况进行监督和管理。

(2)互助性。保险基金的互助性体现了保险"我为人人，人人为我"的运行机制。任何单位和个人根据自身转嫁风险的需要，缴纳相应的保费以换取保险保障，保险基金的这种运行机制充分体现了人类为应对自然灾害和意外事故的互助共济思想，这也是任何其他后备基金所不能比拟的。因为不管是范围上，还是程度上其他后备基金都无法体现如此的互助精神。

(3)增值性。商业保险以盈利为根本目的，它的商业属性决定了保险基金追求效益最大化。保险基金通过合理、合法渠道进行多元化投资，获得基金的增值。在当代保险中，有许多险种特别是人身保险险种本身就有投资性质，要求保险基金增值。而金融市场的不断发展和完善，投资渠道的不断开拓，为保险基金的增值提供了可能性。

二、保险资金运用的意义

(一)增强保险公司的偿付能力

保险公司运用保险资金，可以得到高于银行存款利息收入的效益，使大量闲置的保险资金增值。只有不断保持保险资金的增值，才能保证保险赔款及保险给付的及时支付。同时，通过保险资金运用可以及时调整、优化保险公司的资产结构，保证资产负债之间的匹配,提高保险公司的偿付能力。

(二)增强保险公司的竞争能力

由于保险市场的竞争日益激烈,直接承保业务利润不断下降,甚至出现亏损。通过资金运用获取收益弥补承保利润不足,成为保险公司扩大利润来源,增强经济实力的重要途径。

(三)提高保险基金的社会效益

保险资金的运用主要通过资本市场进行,保险资金的投入直接推动资本市场的形成和发展,推动市场经济的发展。同时,保险公司把本来分散的资金集中起来,根据社会需求进行投资,促进了社会生产力的大发展。

三、保险资金运用的形式

(一)银行存款

由于存款具有良好的安全性和流动性,所以保险公司会将部分闲置资金存在银行等金融机构,但是银行存款的机会成本在于收益率偏低,这也是许多金融市场比较发达的国家不太愿意使用的投资方式。

(二)购买债券

保险公司一般将一定比例的资金用于购买国家债券、地方政府债券、金融债券和公司债券等可以在二级市场流通的债券。这类债券具有安全性好,变现能力相对较强,投资收益率比银行存款偏高的特点。尤其是国家债券和地方债券,基本上不存在不确定的风险,但其收益不如金融债券和公司债券。由于债券一般采取息票的方式发行,因此,债券对通货膨胀和银行利率变动损失的避险能力较差。

(三)投资股票

股票投资的特点是收益高、流动性好,但是风险偏大。股票收益来自股息收入和资本利润,股息收入的多少完全取决于公司的盈亏状况;资本利得则取决于未来股票价格的走向。因此,股票投资的风险比较大。只有在资本市场比较发达的国家,才偏重于这个投资方式。

知识链接

保险资金ESG投资挑战机遇并存

中国保险资产管理业协会(以下简称"协会")及其责任投资(ESG)专业委员会与中央财经大学绿色金融国际研究院在第二届IAMAC资产管理发展论坛上联合发布《保险资金ESG投资发展研究报告》(以下简称《报告》)。《报告》显示,中国保险机构开展ESG投资已初具成效。论坛嘉宾表示,ESG可持续投资理念成为养老金投资趋势。

《报告》显示,我国多数保险机构已经从战略层面加深对ESG理念的认知,将ESG理念纳入制度和标准体系,并积极探索ESG投资机制与ESG产品创新。少数机构初步建立ESG风险管理机制,并开展ESG信息披露及ESG数据技术工作。个别机构开始重视ESG治理及组织架构。

《报告》指出,ESG投资相关政策陆续出台,保险资金绿色投资规模逐步扩大,ESG投资产品发行增加,产品类型逐渐丰富,保险资金ESG投资整体面临五大机遇与四大挑战。

从机遇来看，国际资本市场 ESG 主流化为 ESG 投资提供良好借鉴；我国经济绿色转型发展为 ESG 投资创造应用场景；金融和保险业高质量发展是催化 ESG 投资的良性动力；保险业加大气候风险管理将深化 ESG 投资力度；金融科技赋能是推动 ESG 投资的重要手段。

从挑战来看，ESG 投资相关支持政策有待完善，如缺乏统一的 ESG 信息披露和评价标准，尚未建立健全规范化的 ESG 投资和产品标准政策；我国 ESG 投资市场国内外影响力有限，整体投资规模相对较小，相关金融产品种类有限，保险机构的市场参与不足，机构加入国际相关可持续组织或倡议的积极性不高，整体影响力和话语权较低；机构 ESG 投资能力相对落后，ESG 仍较少全面纳入机构战略规划、组织管理、投资机制、风险管理和信息披露等方面，ESG 理念认知和人才培养不足；发展初期 ESG 投资成本较高。

此外，在"双碳"目标背景下，ESG 投资尽责管理能够助力保险资管参与金融业转型。北京绿色金融与可持续发展研究院院长马骏表示，保险资管行业应发挥长期资金的积极作用，开展尽责管理，督促并积极参与被投企业的低碳转型。尽责管理应成为机构投资者在投资端参与转型金融从而影响我国实体经济变革的一项重要举措，也是机构投资者本身应履行的受托人的义务和责任。

(四)投资不动产

保险基金进行不动产投资一般用于直接建造、购买并自行经营的房地产。房地产投资的特点是：安全性好、收益高、项目投资额大、期限长、流动性差。房地产比较适合于长期性保险基金的运用。目前为止，我国还没有保险资金涉足不动产业。

(五)用于贷款

保险资金用于贷款是指向需要资金的单位或个人提供融资，贷款的收益率决定于市场利率，这类似于民间借贷。由于我国不存在信贷资产的二级市场，故信贷资产的变现能力不如有价证券，流动性较差。

由于各国保险管理对保险企业资产管理办法不同，因此，各国保险业的资产结构也有差异，很难说谁更合理，而只能结合各国的情况去分析。

法律链接

《中华人民共和国保险法》第一百零六条 保险公司的资金运用必须稳健，遵循安全性原则。

保险公司的资金运用限于下列形式：

(一)银行存款；

(二)买卖债券、股票、证券投资基金份额等有价证券；

(三)投资不动产；

(四)国务院规定的其他资金运用形式。

保险公司资金运用的具体管理办法，由国务院保险监督管理机构依照前两款的规定制定。

思维导图

```
                              ┌── 保险销售
                              │
              保险公司业务经营   ├── 保险承保
              环节与管理        │
                              ├── 保险理赔
                              │
                              └── 保险客户服务

                              ┌── 保险费与保险费率
                              │
  保险公司经营   保险产品定价    ├── 财产保险费率的厘定
  与管理                       │
                              └── 人寿保险的保费厘定

                              ┌── 保险基金
                              │
              保险基金的运用    ├── 保险资金运用的意义
                              │
                              └── 保险资金运用的形式
```

本章习题

一、简答题

1. 保险销售的环节有哪些？

2. 保险代理人和保险经纪人有什么区别？

3. 保险公司承保的内容有哪些？

4. 财产保险费率厘定与人寿保险费率厘定有什么区别？

5. 保险基金投资的渠道有哪些？

二、单选题

1. 保险人在与现有客户及潜在客户接触的阶段，通过畅通有效的服务渠道，为客户提供产品信息、品质保证、合同义务履行、客户保全、纠纷处理等项目的服务以及基于客户的特殊需求和对客户的特别关注而提供附加服务内容的保险行为被称为(   )。

A. 保险客户服务　　　　　　　　　　B. 保险销售服务

C. 保险纠纷处理　　　　　　　　　　D. 保险售后服务

2. 在保险公司业务经营环节中，以保险产品为载体，以消费者为导向，以满足消费者的需求为中心，运用整体手段，将保险产品转移给消费者，以实现保险公司长远经营目标的一系列活动被称为(   )。

A. 保险推销　　　　B. 保险营销　　　　C. 保险销售　　　　D. 保单转移

3. 诚实信用作为保险代理从业人员应当遵守的职业道德原则，其要求保险代理从业人员对(   )。

A. 保险人做到诚实信用即可

B. 投保人做到诚实信用即可

C. 被保险人做到诚实信用即可

D. 保险人和投保人或被保险人同时做到诚实信用即可

4. 保险销售人员在准保户对于投保建议书基本认同的条件下，促成准保户达成购买承诺的过程被称为（　　）。

A. 促成签约　　　　B. 保险承保　　　　C. 保险承诺　　　　D. 签订保单

5. 在财产保险的核保中，保险人通常要对投保人所投保的房屋是否属于高层建筑，周围是否通畅，消防车能否靠近进行检验。在财产保险的核保要素中，保险人考虑的这一核保要素属于（　　）。

A. 保险财产的占用性质

B. 投保标的物的主要风险隐患

C. 投保标的物所处的环境

D. 投保人的安全管理制度的制定和实施情况

6. 在财产保险的承保中，如果保险标的低于承保标准，但又并非不可保时，保险人通常作出的承保方式之一是（　　）。

A. 正常承保　　　　B. 优惠承保　　　　C. 减低保险金额　　　　D. 拒保

7. 保险公司承保过程的核心环节是（　　）。

A. 核保　　　　B. 勘察　　　　C. 理算　　　　D. 复核

8. 保险公司核赔部门受理客户索赔申请，进行登记和编号，使案件进入正式的处理阶段的过程被称为（　　）。

A. 报案　　　　B. 立案　　　　C. 初审　　　　D. 核定厘定

9. 保险费率的合理性原则要求（　　）。

A. 保险公司收支相抵后，不能产生利润结余

B. 保险公司收支相抵后，全部结余归投保人

C. 保险公司收支相抵后，可以获得超额利润

D. 保险公司收支相抵后，不得获得过高的营业利润

10. 在客户服务中，财产保险公司应客户要求，搜集中长期气象、灾害预报及实时的天气预报信息，协助客户做好灾害防御工作的服务内容属于（　　）。

A. 重点服务　　　　B. 特殊服务　　　　C. 售前服务　　　　D. 售中服务

11. 保险客户服务中，保险人为广大的潜在消费者提供的各种有关保险行业资讯、咨询、免费讲座、风险规划与管理等服务活动属于（　　）。

A. 售前服务　　　　B. 售中服务　　　　C. 附加服务　　　　D. 售后服务

三、判断题

1. 投保人故意隐瞒事实，不履行如实告知义务的，或者因过失未履行如实告知义务，足以影响保险人决定是否同意承保或者提高保险费率的，保险人有权解除保险合同。

（　　）

2. 为了支持国家经济建设，保险公司应当按照保险监督管理机构的规定提存保险保障基金。

（　　）

3. 保险公司及其工作人员在保险业务活动中不得有故意编造未曾发生的保险事故进行虚假理赔，骗取保险金的行为。　　　　　　　　　　　　　　　　　（　　）

4. 设立保险公司的申请经初步审查合格后，申请人应当依照保险法和公司法的规定进行保险公司的筹建。对具备保险法规定的设立条件的，除应当向保险监督管理机构提交正式申请表外，还应该提交的有关文件、资料包括持有公司股份百分之十以上的股东资信证明和有关资料等。　　　　　　　　　　　　　　　　　　　　　　　　　　　（　　）

实训项目

实训项目 1：保险产品的销售

实训目的：通过该项目的实训，使学生体会保险销售的技巧，掌握保险投保流程。

环境要求：社区、公共场所。

实训步骤：

步骤一：以小组为单位，每组 8 个人，成立销售小组。

步骤二：每组在指定的地方运用销售技巧进行产品销售。

步骤三：每天销售结束的第二天进行晨会，小组成员交流。

步骤四：销售任务结束，各小组撰写销售报告，并进行交流。

考核标准：根据销售的业绩和撰写的实训报告评定实训成绩。

实训报告：实训报告要求思路清楚，表述详细，能把销售过程中的问题清楚反映出来。

实训项目 2：保险公司核保流程调研

实训目的：通过对某家保险公司参观调查，了解其投保、核保、理赔工作流程，熟悉保险经营管理环节。

环境要求：保险公司实地调研。

实训步骤：

步骤一：以小组为单位，每组 8 个人，选择某家保险公司参观。

步骤二：了解其投保、核保、理赔流程。

步骤三：以小组形式形成调研报告。

考核标准：根据撰写的实训报告评定实训成绩。

实训报告：实训报告要求思路清楚，表达顺畅，有理有据(有实地调查数据资料)，图文并茂。

思政融入

银保监会起草《保险销售行为管理办法》：禁止强制搭售

央视网消息：为保护投保人、被保险人、受益人的合法权益，规范保险销售行为，统一保险销售行为监管要求，根据《中华人民共和国保险法》《国务院办公厅关于加强金融消费者权益保护工作的指导意见》等法律和文件，中国银保监会起草了《保险销售行为管理办法(征求意见稿)》(以下简称《管理办法》)，现向社会公开征求意见。

　　《管理办法》共6章，49条，分别是总则、保险销售前行为管理、保险销售中行为管理、保险销售后行为管理、监督管理、附则。其中总则明确了办法适用范围，保险销售行为原则和分类，以及保险公司、保险中介机构需要承担的公众教育和信息安全保护义务等。第二、三、四章以保险销售流程为主线，分别对保险销售前、保险销售中及保险销售后的行为规则作出了规定。第二章"保险销售前行为管理"主要规定保险销售资质条件、业务范围、保险产品信息披露、保险营销宣传行为以及保险销售的技术准备、人员准备、渠道准备等。第三章"保险销售中行为管理"主要规定保险公司告知义务、说明义务、询问义务、禁止强制搭售、禁止代签名等。第四章"保险销售后行为管理"主要规定保险合同订立后保险公司在保单送达、回访、信息通知、档案管理等环节的工作要求。第五章明确相关监管要求，并对违反办法规定行为的行政责任作出规定。附则是对本办法与其他监管制度的衔接、办法解释和施行时间作出规定。

　　《管理办法》是银保监会落实以人民为中心的发展思想、切实提升保险消费者获得感的重要举措，是健全行为监管制度体系、完善保险销售行为监管框架的基础环节。后续以《管理办法》为基础，还将陆续出台分领域实施细则，全方位、系统化规范保险销售行为。

　　银保监会将根据各界反馈意见，进一步修改完善《管理办法》并适时发布实施。

　　来源：钱景童. 央视网，2022-07-19.(有修改)

第七章　保险市场与保险监管

知识目标

1. 了解保险市场的含义、特征、模式和机制。
2. 了解保险市场的供给和需求。
3. 掌握再保险市场。
4. 了解保险监督管理的概念和内容。
5. 了解保险监督管理的方法。

能力目标

1. 能够对保险市场供给情况进行分析。
2. 能够正确区别保险中介市场。
3. 能够理解保险市场监督管理的必要性。

素质目标

1. 培养学生公平竞争，遵循市场规律的态度。
2. 培养学生根据规定，保守客户秘密，诚心服务客户的品质。
3. 培养学生的契约精神，为公司、为客户双方利益进行公平交易。

导入案例

　　本想去银行存款，最后却稀里糊涂买了保险，而且还是15年之后才能取出来的寿险。青岛市民马女士近日很郁闷，由于接听回访电话时未留心，已过了10天犹豫期，保险能不能退，成了压在她心口的一块大石。

　　"存钱之后就没打开单子看过，这都过了5个月了才发现这些钱都给买成保险了。"8日下午，市民马女士对记者讲述了自己遭到的郁闷事。2021年6月4日，马女士带了1万块钱到青岛市台东一路的一家银行存款。一个穿着银行制服的人向她推荐了一种"理财产品"，称每年存1万元，可得到500元的利息，连存5年之后可以取出本金。

　　"反正我也是存钱，这样还比存定期划算，我就答应了。"马女士按照对方说法填写了表单之后，并被告知在一周之内会有一个回访电话，届时只要说答应就可以了。6月6日，马女士果然接到回访电话，"对方自我介绍时说得很快，而且一直在确认我的姓名、地址、身份证号之类的，也没提及保险的内容。"马女士稀里糊涂地完成了回访，而所有关于所谓"理财产品"的详单都被装在一个信封里，出于对银行的信任，马女士也一直没拆开看过。

"前几天看报纸，说一个人存款存成保险，我觉得跟我遇到的情况很像，就赶紧看了单子。这才知道我买的不是5年的理财产品，而是A人寿保险有限公司为期15年的保险。"记者看到，马女士的保险单上写着保险期限15年，保险名称为"安全理财D款"。

马女士很苦恼，满怀信任去存款，谁知却落入了陷阱。她到银行找当初给自己办理保险的业务人员，被告知那名业务人员已经离职。虽然A人寿保险公司表示正在协商，但却一直没有回复。

【案例分析】上述案例涉及保险市场运作时出现的一些违规现象给客户、社会带来的一些不良反应。在保险实务中，保险监督管理机构应该加强对保险公司的监督管理，这对维护整个行业的正规运作有非常重要的作用。

第一节　保险市场

一、保险市场概述

(一)保险市场的含义和特征

1. 保险市场的含义

保险市场是指保险商品交换关系的总和或是保险商品供给与需求关系的总和。它既可以是有形的，也可以是无形的。有形的保险市场往往以保险经纪人或代理人为中介人，并且具有固定的交易地点和稳定的交易方式，如保险交易所。无形的保险市场是指并不设立特定的交易场所，或保险业务并不一定在保险交易场所内进行，而是由各种保险组织和其他代理机构分散完成保险交易的一种方式。无形保险市场的形成有赖于现代化的通信设备和计算机技术的广泛应用。无形交易市场的存在使得保险市场摆脱了固定的交易模式。

2. 保险市场的特征

与普通的商品市场相比，保险市场有其自身的特征。

(1)保险市场直接经营风险。任何市场都有风险，但一般商品市场经营的对象是商品和劳务，不是风险本身；而保险市场的经营对象是风险，通过对风险的聚集和分散来开展经营活动。由于保险市场经营对象的特殊性，使保险市场具有专业性强，经营面广的特点。

(2)保险市场是预期市场。传统商品市场上的交易活动一般都是一手交钱一手交货，属于即时交易；而保险市场是一个预期市场，保险合同签订后，被保险人不能立即从保险人那里获得保险赔偿或给付，只有在合同有效期内约定的风险事故发生并造成损害，保险人才给予赔偿或给付。

(3)保险市场是政府积极干预型市场。在市场经济条件下，政府对传统商品市场的干预已经越来越少，而主要由市场机制自动调节企业的行为。但保险市场则不同，由于保险具有广泛的社会性，保险业的经营活动直接影响到广大公众的利益，所承担的又是未来的损失赔偿责任，所以政府有责任保证保险人的偿付能力，以保障广大被保险人的利益。同时，政府的监督和管理，对保护投保人获得合理的保险条件和费用支付条件也是必不可少的。所以，即使在发达的资本主义国家，政府对保险业仍然实行严格的监督和控制。比如，保单格式、保险费率、各项责任准备金、资金运用等都受到政府限制。

(二)保险市场的模式

从保险发展的历史考察，根据进入保险市场的经营者的数量与规模，产品差异及进出市场的难易程度，世界保险市场发展模式大致有四种。

1. 完全垄断型的保险市场模式

完全垄断型的保险市场模式又称独家垄断型模式，是指在一个保险市场上只有一家或者少数保险公司垄断所有保险业务，保险市场上没有竞争。完全垄断型保险市场上的保险公司既可以是国有保险公司，也可以是私营保险公司。

在实践中，完全垄断型保险市场模式有两种变通形式：一种是专业型完全垄断模式，即在一个保险市场上同时存在两家或两家以上的保险公司，各个保险公司垄断不同的保险业务，相互间业务不交叉，从而保持完全垄断模式的基本性质；另一种是地区型完全垄断模式，即在一国保险市场上存在两家或两家以上的保险公司，它们分别垄断不同地区的保险业务，相互间业务没有交叉。完全垄断型保险市场模式在世界上已不复存在。

2. 寡头垄断型的保险市场模式

寡头垄断型的保险市场模式是以大保险公司为主的寡头保险市场结构。其特点是市场被数目不多但规模较大的保险公司所分割。这种保险市场模式有一个十分明显的特点，即国家保险监管机关对市场规模控制得非常严格，新公司难以进入市场，保险市场的结构较为稳定。

3. 垄断竞争型的保险市场模式

垄断竞争型的保险市场模式是指在一个保险市场上存在大量的保险公司，并且大型公司与小型公司并存，少量大型保险公司占有大量市场份额的保险市场模式。以大、小保险公司混合存在的垄断竞争型模式则较为普遍。

4. 自由竞争型的保险市场模式

自由竞争型的保险市场模式是市场份额由众多规模相对偏小的保险公司共享的市场模式，资源自由流动，但公司利润微薄。在一个保险市场上存在数量众多保险公司，任何公司都可以自由进入保险市场，它们对市场的信息充分了解，市场实行完全开放政策，保险公司数量没有严格规定，公司数量由市场自行调节，市场秩序没有保证。很显然，自由竞争型的保险市场在当今已经不具有任何现实意义，没有一个国家、一个地区的保险市场是自由竞争型。因此，这种保险市场模式只具有理论上的研究价值，而无任何现实意义。

(三)保险市场的机制

市场机制是指由于价值规律、供求关系和竞争规律三者之间相互制约、相互作用的内在关系形成的一种客观机制。在保险经济活动中引入市场机制，是保险市场的核心内容。由于市场机制的作用，价值规律、供求规律和竞争规律势必在保险市场中发挥重要作用，并形成必要的调节力量。这种调节最主要的表现是影响费率，打破高度垄断条件下费率受人为因素影响或控制的局面，使保险市场费率具有弹性，以增强保险市场的原动力。一般而言，价值规律是调节保险市场的基本规律，供求规律是调节保险市场的重要规律，竞争规律是调节保险市场的核心规律。

二、保险市场的供给与需求

(一)保险市场的供给

保险供给是指在一定社会经济条件下，国家和从事保险经营的企业所能提供的并已实现的保险商品的数量总和。

保险供给可以从两个层面进行理解：第一个层面是物质层面，保险人对遭受损失或损害的投保人，按照保险合同的规定，给予一定额度之内的经济补偿和给付；第二个层面是心理层面，对投保人来说，购买了保险，若发生在保险责任范围之内的事故，可以得到补偿和给付，这或多或少减轻了投保人心理上的压力，解除了他们的后顾之忧，使他们更有精力投入到工作中去。

(二)保险市场的需求

消费者愿意并且能够购买某种商品或某种劳务的数量。保险需求特指在一定的费率水平下，保险消费者愿意并且能够从保险市场上购买的保险商品的数量。

与保险供给一样，保险需求也可以从上述两个层面来理解。

(三)保险市场供给的影响因素和保险商品供给弹性

1. 影响保险供给的因素

(1)保险资本。在一定的历史时期内，整个社会的资本总量是一定的，有限的资本总量成为制约保险供给的内在因素。保险资本总量越大，供给量也越大，两者之间呈正相关关系。

(2)保险供给者。保险供给者的主体越多，保险供给量越大。保险供给者的素质越高，保险供给的质量也会不断提高。所以，两者之间也是呈正相关关系。

(3)保险经营管理水平。保险业的经营管理是一项技术性、专业性很强的业务活动。保险人在险种设计、业务选择、准备金提存、费率计算、承保理赔方面，都需要非常高的水平。可以说，任何一项水平的高低，都会影响保险的供给。经营管理水平越高，保险的供给就越充分。

(4)保险费率。保险费率越高，就越刺激保险供给；反之，费率越低，就越抑制保险供给。

(5)保险利润率。保险利润率是制约保险供给的最为主要的因素。在资本主义国家，平均利润率像一根指挥棒支配着一切经济活动。如果保险企业的利润比较高，就诱导人们投资保险业，从而加大保险供给；反之，则抑制保险供给。

(6)政府行为。政府行为主要包括国家的政策、法规等。国家制定的政策、法规对保险供给会产生重要的影响。一个国家政治和经济秩序的稳定，国家对保险市场的有效管理，都能制约保险供给的规模。政府行为的效力与保险供给呈正比例关系。

2. 保险供给弹性

保险商品的供给弹性指的是保险商品供给的费率弹性，即保险费率变动所引起的保险商品供给量的变动。它反映了保险商品供给量对保险费率变动的反应程度。保险商品供给与保险费率呈正向关系，可以用公式表示为：

$$E_s = \frac{\Delta S/S}{\Delta P/P}$$

其中：S 为保险商品的供给量，ΔS 为保险商品供给量的变化量，P 为保险费率，ΔP 为保险费率的变动。

保险商品的供给弹性主要表现为以下几种情况：①保险供给无弹性，即无论保险费率怎样变化，保险商品供给量都保持不变；②供给无限弹性，保险费率不发生变化，供给量也会无限增长；③供给单位弹性，即保险费率的变动与供给量的变动比率相同；④供给富于弹性，保险商品供给量的变动比率大于保险费率变动的比率；⑤供给缺乏弹性，保险商品供给量的变动比率低于保险费率变动的比率。

由于保险商品提供的是风险保障，它不受经济周期的影响，所以总体来说，弹性比较稳定。

(四)保险市场需求的影响因素和保险商品需求弹性

1. 影响保险需求的因素

影响保险需求的因素有很多，主要有风险因素、经济发展水平因素、价格因素、风险管理因素、互补品与替代品价格、利率因素、经济体制与非制度性因素。当这些因素发生变化时，保险市场的需求就会跟着发生变化。

(1)风险因素。俗话说："无风险，无保险。"风险是保险产生、存在和发展的前提条件。风险程度越高，风险范围越大，那么保障的需求也越大，两者之间呈正相关关系。

(2)经济发展水平。经济发展既是刺激保险需求产生的因素，也是促进保险需求增长的因素。历史证明，经济越发达，保险需求的增长速度越快。保险需求总量和国内生产总值的增长呈正比关系。

(3)价格因素。保险商品的价格就是保险费率。保险费率对保险市场的需求有一定的外在约束力。保险费率越高，保险购买者需要支付的费用就越高。保险费率低，就有可能刺激保险消费者的需求。所以，价格因素与保险需求成反比关系。

(4)风险管理因素。风险管理对保险需求总量的增或者减有直接影响。一般来说，风险管理好，出险的可能性越小，保险需求就越小；反之，保险需求就越大。两者之间成反比关系。

(5)互补品与替代品价格。与任何商品一样，保险需求受到互补品与替代品价格的影响。比如，在财产保险中，汽车保险与汽车就是一对互补品，当汽车的价格上升时，人们对汽车的需求量就会下降，从而导致汽车保险需求量的下降。

(6)利率因素。在人身保险中，很多产品具有投资性，特别是长期性人身保险。银行利率如果高于保险公司的投资收益率，那么资金就会流向银行，保险需求就会减少；反之，保险需求就会增加。两者之间成反比关系。

(7)经济体制。市场经济条件下，个人与企业会面临更多的风险，保险是分散风险的最佳途径，人们对保险的需求就会增强。如果政府行政干预的力量大，那么，个人和企业的风险就相对小一点，保险的需求也会减少。

(8)文化传统。保险需求往往受到一个国家、一个地区经济文化及宗教信仰的影响。在一个思想封建，行为守旧的国家，人们宁愿求助神灵的庇佑也不愿意接受保险来转移风险，保险需求自然就很低。

2. 保险需求弹性分析

保险需求弹性是指保险需求对其影响因素变动的反应程度，通常用需求弹性系数来表示：

$$E_d = \frac{\Delta D / D}{\Delta f / f}$$

其中：D 为保险需求，ΔD 为保险需求的变动，f 为影响保险需求的因素，Δf 为影响保险需求的因素的变动。

三、保险市场供给主体

保险市场的供给者是指提供保险商品和劳务的各类保险人。保险人的组织形式多种多样。保险供给者主要有保险股份有限公司、相互保险与合作保险组织、个人保险组织、政府保险组织等形式。其中，占主体地位的是保险股份有限公司。

(一)保险股份有限公司

保险股份有限公司是当今世界上保险业的主要组织形式。保险股份有限公司以营利为根本目的。投资者通过购买公司股份，成为公司的股东，组成股东大会，推举董事会负责经营，董事会任命经理层管理公司的日常事务，实行公司所有权与经营权的分离。

(二)相互保险组织和合作保险组织

相互保险和合作保险均是保险市场的重要组成部分。与股份有限公司相比，相互保险组织和合作保险组织有如下特点：第一，相互保险和合作保险中的被保险人就是保险人，它为全体投保人所有，投保人对保险组织的经营管理有一定的参与权；第二，相互保险和合作保险组织的收费方式是多种多样的，并不是按照固定费率制度来厘定费率水平。

🔗 知识链接

农村合作医疗保险

农村合作医疗保险是由我国农民(农业户口)自己创造的互助共济的医疗保障制度，在保障农民获得基本卫生服务、缓解农民因病致贫和因病返贫方面发挥了重要的作用。新型农村合作医疗(简称"新农合")是指由政府组织、引导、支持，农民自愿参加，个人、集体和政府多方筹资，以大病统筹为主的农民医疗互助共济制度。其采取个人缴费、集体扶持和政府资助的方式筹集资金。

2002年10月，中国明确提出各级政府要积极引导农民建立以大病统筹为主的新型农村合作医疗制度。2009年，中国作出深化医药卫生体制改革的重要战略部署，确立新农合作为农村基本医疗保障制度的地位。2015年1月29日，国家卫计委、财政部印发关于做好2015年新型农村合作医疗工作的通知提出，各级财政对新农合的人均补助标准在2014年的基础上提高60元，达到380元。

2017年，各级财政对新农合的人均补助标准在2016年的基础上提高30元，达到450元。其中，中央财政对新增部分按照西部地区80%、中部地区60%的比例进行补助，对东部地区各省份分别按一定比例补助。农民个人缴费标准在2016年的基础上提高30元，原则上全国平均达到180元左右。探索建立与经济社会发展水平、各方承受能力相适应的稳定可持续筹资机制。

(三)个人保险组织

除了以上两种形态的保险组织外，在英国、美国的保险市场上还存在着少量的个人保险组织，如英国的劳合社以及美国纽约的保险交易所。相比于前两种组织形态，个人保险组织有其自身独特的优越性。它用严格的自律机制约束保险经纪人的行为，经营险种丰富多样，财务制度非常健全。因此，尽管劳合社在面临变化复杂的现代保险市场时遇到重重压力，但是仍然在整个保险市场中独占一隅。

🔗 知识链接

劳合社

劳合社是一个名叫爱德华·劳埃德的英国商人于 1688 年在泰晤士河畔塔街所开设的咖啡馆演变发展而来的。17 世纪的资产阶级革命为英国资本主义的发展扫清了道路，英国的航运业得到了迅速发展。当时，英国伦敦的商人经常聚集在咖啡馆里，边喝咖啡边交换有关航运和贸易的消息。由于劳埃德咖啡馆临近一些与航海有关的机构，如海关、海军部和港务局，因此这家咖啡馆就成为经营航运的船东、商人、经纪人、船长及银行高利贷者经常会晤交换信息的地方。保险商也常聚集于此，与投保人接洽保险业务。后来这些商人们联合起来，当某船出海时，投保人就在一张纸即承保条上注明投保的船舶或货物，以及投保金额，每个承保人都在承保条上注明自己承保的份额，并签上自己的名字，直至该承保条的金额被 100% 承保。

劳合社是一个由经纪人统治的市场，其主要分保接受人都在劳合社大厦设有承保座箱(铺位)。劳合社实际上是一个保险人管理协会，它本身不签发保单。劳合社的法律地位受英国议会法特别批准，1871 年制定的"劳合社法"赋予劳合社法律地位，组织原则是在自愿的基础上由承保人预先接受而成为社员。法律授予选举出的委员会执行社章及其法则，组成劳合社承保人会员并规定会员委员会经营社务。

(四)政府保险组织

政府保险组织是政府出于整个国民经济政策的考虑而承办的，商业保险公司不愿意提供或没有能力提供的保险产品，如政策性农业保险、地震等大范围的自然灾害保险、社会保险。政府承办这些保险的初衷并不是营利，而是为了保障整个经济社会能正常运行，社会能够稳定协调发展。这类保险组织的管理体制一般都类似于行政式的管理方式，有的国家又称其为强制保险或社会保险。

四、保险市场中介

保险中介市场是指介于保险人之间或保险人与投保人之间专门从事保险业务咨询与招揽、风险管理与安排、价值衡量与评估、损失鉴定与理赔等中介服务活动，并从中依法获取佣金或手续费的企业或个人。保险市场中介主要包括保险代理人、保险经纪人和保险公估人等。

(一)保险代理人

1. 保险代理人的概念

保险代理人是保险人的代理人，其佣金或手续费由保险人承担。保险代理人办理保险业务时，不得滥用代理权，不得超出代理权的范围。

法律链接

《中华人民共和国保险法》第一百一十七条 保险代理人是根据保险人的委托，向保险人收取佣金，并在保险人授权的范围内代为办理保险业务的机构或者个人。

保险代理机构包括专门从事保险代理业务的保险专业代理机构和兼营保险代理业务的保险兼业代理机构。

2. 保险代理人的特征

(1)保险代理人的行为都被视为保险人的行为。保险代理关系属于委托代理关系，其权限范围受制于保险人的授权。保险代理人只能在授权范围内从事保险业务活动，由此产生的一切法律后果由保险人承担。因此，凡是在授权范围内，保险代理人所知晓的情况，都假定为保险人也知晓，保险人不得以投保人未直接向保险人履行如实告知义务而拒绝保险补偿或给付保险金。

(2)保险代理关系是一种劳务关系。保险代理人从事保险业务活动是为了获得劳动报酬。获得劳动报酬是任何性质的保险代理人从事保险代理活动的基本动机。因此，保险代理关系是劳务关系，必须在代理合同中注明代理权限范围以及代理手续费的提取标准等。

知识链接

我国的保险代理人制度

我国的保险代理人制度由友邦保险公司1992年引入中国，继而成为中国保险业10多年来高速发展的原动力之一。1992年，美国友邦保险公司落户上海，带来了寿险营销个人代理制。到1994年年底，友邦保险公司共招收保险营销员近5 000人，业务量超过1亿元人民币。1995年美国友邦又获准在广州开展寿险业务，发展势头也相当惊人，当年公司营销队伍就发展到8 000人，新单标准保费收入近3.88亿元人民币。

美国友邦保险公司这种个人寿险营销制度，引起国内保险公司纷纷效仿，在极短的时间内这一制度被快速复制，带动了中国寿险业超常规发展，保费收入快速超过产险，改变了产险和寿险的市场格局。1996年以后，中国寿险市场保费收入以平均每年40%的速度增长，这主要归根于寿险的个人营销。尽管近年来银行保险突飞猛进，但统计显示，个人代理销售仍处于市场主导地位。2002年，个人险仍占全部寿险保费收入的80%以上。2004年，全国的寿险代理人大军已扩充到了150多万人。随着保险业的发展，寿险代理人人数不断壮大，截至2019年达到顶峰，为912万人，但由于新型冠状病毒感染疫情的影响，2020年略微下降，为842.8万人；2021年为590.7万人。

寿险的发展直接带动了保险业的发展，因此，有人曾这样直言不讳地描述了寿险个人营销制度对行业发展的贡献："没有个人营销，就没有中国保险业的今天！"同时，寿险个人营销为社会提供了大量的就业岗位，并对保险知识的普及和传播，起到了积极的推动作用。

(二)保险经纪人

1. 保险经纪人的概念

保险经纪人是投保人的代理人，是独立于保险人的保险中介人，是站在投保方立场为其代办投保、续保、交付保险费、索赔以及保险档案管理等手续的人。保险经纪人一般没有约束保险人的权利。

> **法律链接**
>
> 《中华人民共和国保险法》第一百一十七条　保险经纪人是基于投保人的利益，为投保人与保险人订立保险合同提供中介服务，并依法收取佣金的机构。

2. 保险经纪人的特征

(1)保险经纪人是投保人或被保险人利益的代表者。其受投保人的委托，为投保人提供防灾、防损或风险评估、风险管理咨询服务，安排保险方案，办理投保手续，并在出险后为投保人或受益人代办检验、索赔的机构。

(2)由于保险合同是一种附和合同，其条款与费率都是保险公司单方面预先制定的，被保险人只需附和，合同即可成立。这种状况需要从事保险经纪业务的人必须是保险方面的专家，经过一定的专业训练，凭借其专业知识、对保险条款的精通、理赔手续的熟悉，以及对保险公司信誉、实力、专业化程度的了解，根据客户的具体情况，与保险公司进行诸如条款、费率方面的谈判和磋商，以使客户花费最少的保费获取最大的保障。

(3)作为独立的专业机构和投保人的代理人，法律规定因保险经纪人在办理保险业务中的过错，给投保人、被保险人造成损失的，由保险经纪人承担赔偿责任，所以保险经纪人承担的风险较大。世界各国一般都强制保险经纪人为其可能产生的这种职业伤害责任购买职业伤害责任保险并缴存保证金，以使保险经纪人对其业务失误产生的民事赔偿责任得到保障。

(4)各国对保险经纪人的监管都比较严格。除提供职业伤害责任保险外，还要求保险经纪人每年向主管机关进行登记，在有资格的银行开设"保险经纪人"账户，并且每年须向主管机关提交经过专业审计的账目。保险经纪人为了达到监管政策规定的要求，各种费用支出较多，经营成本也比保险代理人高出许多。

> **知识链接**
>
> 我国保险经纪公司在近几年得到迅猛发展，2000 年还只有江泰、长城、东大 3 家经纪公司获得批准，2001 年新增联合、浦东、恒泰、长安、海达 5 家经纪公司，2002 年又新增 6 家公司，然而到了 2003 年，一年内猛增 68 家，截至 2005 年年底，全国共有保险经纪公司 268 家，实现经纪保费收入 100.78 亿元，占全国总保费收入的 2.05%。截至 2021 年年底，我国的保险经纪公司已超过 400 家，成为保险行业不可小觑的队伍。

(三)保险公估人

保险公估人是依照法律规定设立，受保险人或保险人客户委托，向委托人收取佣金，办理保险标的的查勘、设定、鉴定、估损，以及赔款的理算并予以证明的企业或个人。公估人在执行任务时，不仅要具备丰富、深厚的专业知识和经验，同时要保持客观公正的立场，以保证所作判断和结论的权威性和独立性。保险关系双方如果对保险公估人所下结论并无太大疑义，就按照此意见处理、结案，如果有较大争议，则由一方提起诉讼，由法院作出最终判决。

保险市场的供给者、需求者和中介之间的关系，如图 7-1 所示。

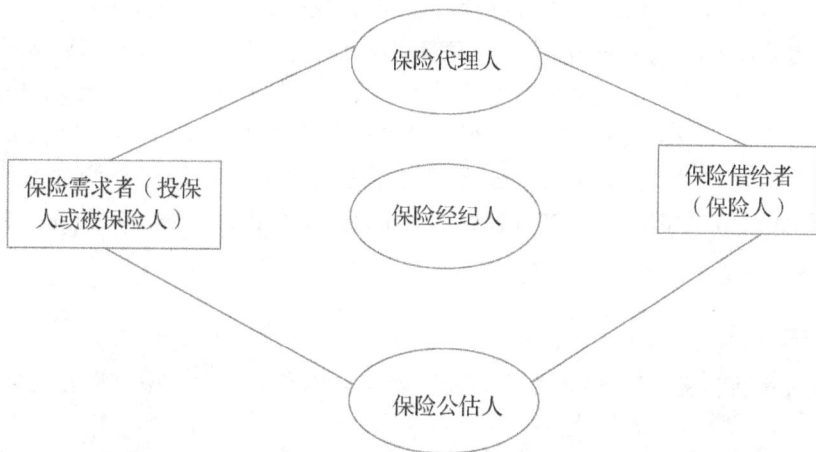

图 7-1　保险需求者、供给者以及中介之间的关系示意图

扫描二维，获取独立个人保险代理人的相关内容。

拓展阅读	学习笔记

五、再保险市场

（一）再保险的概念

再保险（reinsurance）是保险人在原保险基础之上，通过签订合同，将自己所承保的部分风险和责任向其他保险人进行保险的行为。这种以承保的形式，将保险人承担的保险责任，部分转移给其他保险人的方法也称作分保。

法律链接

《中华人民共和国保险法》第二十八条　保险人将其承担的保险业务，以分保形式部分转移给其他保险人的，为再保险。

应再保险接受人的要求，再保险分出人应当将其自负责任及原保险的有关情况书面告知再保险接受人。

《中华人民共和国保险法》第一百零三条　保险公司对每一危险单位，即对一次保险事故可能造成的最大损失范围所承担的责任，不得超过其实有资本金加公积金总和的百分之十；超过的部分应当办理再保险。

保险公司对危险单位的划分应当符合国务院保险监督管理机构的规定。

一般来说,分出保险业务的保险人称为原保险人(original insurer)或分出公司(ceding company),接受分保业务的保险人称作再保险人(reinsurer)或分入公司(ceded company)。

与直接保险一样,原保险人通过办理再保险将其所承保的一部分风险责任转移给再保险人,相应地需要支付一定的保险费,这种保费称为再保险费或分保费(reinsurer premium);同时,为了弥补原保险人在直接承保业务过程中支出的费用开支,再保险人也必须向原保险人支付一定金额的费用报酬,称为分保手续费或分保佣金(reinsurance commission)。

不同的再保险方式,合同中对于分保佣金的规定方式是不同的。通常情况下,分保公司只能将所承保业务的部分责任进行分保,而不能全部分出。国际上,往往把再保险称为保险的保险(the insurance of insurance)。

法律链接

《中华人民共和国保险法》第二十九条　再保险接受人不得向原保险的投保人要求支付保险费。

原保险的被保险人或者受益人不得向再保险接受人提出赔偿或者给付保险金的请求。

再保险分出人不得以再保险接受人未履行再保险责任为由,拒绝履行或者迟延履行其原保险责任。

《中华人民共和国保险法》第九十六条　经国务院保险监督管理机构批准,保险公司可以经营本法第九十五条规定的保险业务的下列再保险业务:

(一)分出保险;

(二)分入保险。

《中华人民共和国保险法》第一百零五条　保险公司应当按照国务院保险监督管理机构的规定办理再保险,并审慎选择再保险接受人。

再保险是保险人之间分散风险损失的经营活动。通过再保险,原保险人将其所承担的部分风险责任转移给再保险人并向再保险人交付再保险费,当该风险成为损失时,则原保险人可以从再保险人处取得分保部分的损失赔款。而对于再保险人来说,再保险人接受分保业务,就承担了分摊未来损失的责任。由于再保险涉及的保险标的比较大,再保险安排不仅仅涉及国内再保险人,常常牵涉到国外再保险人。比如,航天飞机、万吨巨轮、大型工程、卫星发射等大型风险,往往需要通过国际再保险公司进行风险分散。因此,再保险具有明显的国际性。

(二)再保险的方式

再保险转移风险的方式有两大类:比例分保和非比例分保。

1. 比例分保

比例分保也称垂直再保险,是以风险——保险金额为基础的。根据比例分保合同,再保险人承诺对原保险人承保的、符合再保险合同规定的风险,按照约定的比例部分给予再保险,并按照相同的比例收取保费,再保险人和原保险人按照相同的比例承担损失赔偿责任。

比例分保有下面三种做法。

（1）成数再保险。成数再保险就是原保险人将所承保的每一保险单的保险金额，按照合同订明的固定比例分给再保险人，使危险责任在原保险人与再保险人之间实行成数比例分配。由于成数再保险是按约定比例进行分保的，因而再保险费和赔款也都按同一比例分配，成数再保险是比例再保险的代表方式。成数再保险是以原保险人与再保险人利益完全一致为特点的再保险方式。由于承担的危险责任和所获的再保险费收入都以同一比例分配，因此所取得的经营结果，不论盈余或亏损，双方的利益关系始终是一致的。可见，这种再保险方式具有合伙经营的性质，也是唯一利害关系完全一致的分保方法。

（2）溢额再保险。溢额再保险是由原保险人根据承揽的各类保险业务的危险性质及自身承担能力，对每一个危险单位确定一个具体的自留责任限额，对超过确定的自留额以上部分视为溢额，转让给再保险人，并以约定的自留额的一定倍数，作为分出额，然后按照自留额与分出额对保险金额的比例分配保险费和分摊赔款。由于原保险人确定了自身所承担的自留额，再保险人的责任则是以自留额的一定倍数为计算原则，因此原保险人的责任自担数额与再保险人的责任分担数额就形成了一定的倍数关系，这便是溢额再保险归属于比例再保险方式的原因所在。

（3）成数、溢额混合再保险。由于成数与溢额再保险同属于比例再保险，两者也可混合运用，因此形成了成数、溢额混合再保险。这种再保险方式是将成数分保比例作为溢额分保的自留额，然后再以自留额的若干线数作为溢额分保的最高限额。这种混合运用在实践中也很普遍。这种再保险方式综合了成数再保险和溢额再保险的特点，既可节省再保险费用，又可简化再保险手续，因而能更好地满足多种需要。

2. 非比例再保险

非比例再保险又可称为超额损失再保险。该再保险方式对于原保险人与再保险人之间的责任分配，是按约定的赔款限额或赔付率来决定的。凡损失在赔款限额以内的，由原保险人自行负担，超过规定限额的赔款部分，则由再保险人根据合同规定履行责任。其中保险责任、再保险费及赔款的分摊都与原保险金额没有任何比例关系，而是另行约定。这种超额损失再保险，将原保险人的赔款限定在一个固定的数额或比率之内，一旦发生巨额损失，也不致影响原保险人的日常经营。当然每一再保险人也有其自身的责任限制，因而当遇到大保额的业务还需与数家再保险公司进行分摊。

超额损失再保险的具体种类可以分为险位超赔分保、事故超赔分保和年赔付率超赔分保。

（1）险位超赔分保。险位超赔分保是以每一危险单位的损失赔款作为计算原保险人自留责任和分保责任数额的基础。在规定限额内的损失赔款由原保险人自担，超过限额的则由再保险人负责赔偿。由于险位超赔分保是以每一危险单位的损失赔款为基础的，因而对于危险单位的正确划定是非常重要的，也就是要恰当判定一次灾害事故可能造成的最大损失程度，据此才能确定自负责任和分保责任。当然再保险人在接受分保责任的同时，也意味着同意原保险人关于一个危险单位的划定。

（2）事故超赔分保。事故超赔分保是以一次保险事故在特定时间内所造成的赔款总和来计算自负责任额和分保责任额的，它可以解决一次事故造成多个危险单位损失而形成的责任累积。这在科学技术和经济高度发展，一次灾害可能造成巨额损失不断增多的今天，具有十分重要的意义。既然事故超赔是以一次保险事故在特定时间内所造成的损失为估算基础的,那么对一次事故的准确界定无疑成为关键性的问题。一次事故的划定,一般是从时间和空间两个方面加以限定的。如通常规定飓风、暴风雨持续48小时造成的损失为一次事故。地震、火山爆发72小时造成的损失为一次事故。空间限制是对受灾地区的划定,如洪水以河盆或分水岭划分洪水区。

(3)年赔付率超赔分保。年赔付率超赔分保即赔付率超赔再保险,是按每个年度的赔付率来计算自留责任和分保责任的,是以原保险人某类保险业务全年损失的赔付比率为基础的。而赔付率是以一年中积累的赔款额与全年保费收入净额的比率计算得出的,在约定的赔付率以下由原保险人自己承担,超过约定的赔付比率,再保险人才予以负责,但其也有责任限制,超过再保险人责任限制以上的,仍需由原保险人负责。

(三)再保险形式

再保险形式是分出公司与分入公司建立再保险关系所采用的具体的合同形式,包括临时再保险、固定再保险和预约再保险三种形式。

1. 临时再保险

临时再保险(faculative reinsurance)是最早采用的再保险方式,是指在保险人有分保需要时,临时与再保险人协商,订立再保险合同,合同的有关条件也是临时约定的。对合同双方来说,是否分出、分出多少和是否接受、接受多少都不加限制,具有充分的选择权。在20世纪70至80年代曾有被合同分保取代的趋势,然而目前国际再保险市场上,临时再保险仍占有较大市场份额。临时再保险通常是以一张保单或一个危险单位为基础逐笔办理分保,分保的风险责任、摊赔的条件都有很大的针对性,因此这种再保险合同特别适合于高风险、新开办或不稳定的业务。

临时再保险的优点在于针对性强,收费快;但是,临时再保险手续复杂,工作量大,费用开支大,对合同双方的人力、物力要求比较高。临时分保时间性比较强,要求办理手续要及时,否则很有可能协商不一致,导致合同无法生效。

2. 固定再保险

固定再保险(treaty reinsurance)合同也称合同再保险,是由保险人与再保险人通过签订合同的形式,约定分保业务范围、条件、额度、费用等。根据合同约定,分出公司有义务分出、接受公司有义务接受合同限额内的某种业务。合同再保险是一种长期性的再保险,但订约双方都有终止合同的权利,通常是由要求终止合同的一方于当年年底前三个月以内以书面形式通知对方,在年底终止合同。

合同再保险手续简便,分保效率高。同时,通过合同再保险,分保双方可建立长期的合作关系。目前,国际再保险市场广泛采用这种方式安排再保险。

3. 预约再保险

预约再保险(open reinsurance)也称临时固定再保险(facultative obligatory reinsurance),是一种介于临时再保险和固定再保险合同之间的再保险方式,是在临时分保基础之上发展起来的一种再保险安排方式。它规定对于约定的业务,原保险人可以自由决定是否分出,而原保险人一旦决定分出,再保险就必须得接受这笔业务,不得拒绝。也就是说,这种保险方式对于原保险人没有强制要求,但是对于再保险人具有强制性。因此,这种再保险方式对于原保险人来说是有利的,但是对再保险人来说,就不太有利。

有时,分出公司已经安排了固定再保险,对于超过固定再保险合同限额的业务,再办理固定再保险则手续过于繁杂，为简便起见，往往采用预约再保险方式。所以，预约再保险往往是合同再保险的一种补充。

（四）我国再保险市场

我国再保险市场开始于 20 世纪 30 年代。当时的再保险业务主要由外商操纵，华商保险公司因实力薄弱，主要通过联合经营，增强对巨额业务的承保能力。中华人民共和国成立初期，主要由中国人民保险公司和中国保险公司接受私营保险企业的分出任务。此外，私营保险公司组成上海民联分保交换处，经营参加该交换处的保险公司的互惠分保，并与在天津成立的华北"民联"订立分保合约，接受其预约分保。1953 年，随着私营保险公司合并经营和外商保险公司的退出，再保险市场主体逐渐减少，分保业务逐步演变成由"人保"一家办理国际再保险业务的局面。1959 年，我国国内保险业务停办以后，涉外保险业务和国际分保业务由中国人民银行国外业务管理局保险处统一负责。

改革开放以后，1979 年恢复了国内保险业务，与此同时，再保险业务也重新由中国人民保险公司经营。随着我国保险体制的改革，1996 年 2 月，中保再保险公司正式成立，从此结束了新中国成立以来无专业再保险公司的历史。1999 年，中保再保险公司又改组成中国再保险公司，成为独立的一级法人，经营各类再保险业务。2003 年，中国再保险公司实施股份制改革，并于 2003 年 8 月 18 日正式更名为中国再保险（集团）公司，由中再集团作为主要发起人并控股，吸收境内外战略投资者，共同发起并成立了中国财产再保险股份有限公司、中国人寿再保险股份有限公司、中国大地财产保险股份有限公司。2003 年，中再集团实现分保收入 192.72 亿元，其中商业分保收入 28.62 亿元，占 14.85%。

随着我国加入 WTO，外资保险公司进入我国保险市场，外资再保险公司也开始进入我国再保险市场。2003 年下半年，拿到中国保监会颁发的设立分公司许可证的慕尼黑再保险公司、瑞士再保险公司、通用科隆再保险公司相继开业。这三家均为国际再保险市场上位列前三名的再保险巨头，对中国再保险市场觊觎已久，随着其分公司的开业，中国再保险市场由中国再保险公司垄断的局面彻底宣告结束。

保险公司在不超出原保险业务范围的情况下，可以经营再保险业务。我国再保险经营主体包括专业的中国再保险公司和其他保险公司。

目前，我国再保险公司经营的业务包括：接受财产保险公司的分出业务；接受人身保险公司的分出业务；经中国银保监会批准，接受境内保险公司的法定分保业务；办理转分保业务；经营国际再保险。

（五）国际再保险市场

目前，再保险的主要市场为发达国家，国际再保险市场主要分布在英国、美国、德国和瑞士等。

欧洲再保险市场主要是专业再保险公司，其特点是完全自由化（无法定分保）、商业化，竞争激烈，国际地位举足轻重。德国是欧洲最大的再保险市场，目前与世界上多个国家的多家国外公司有联系，对外扩展的最佳业务是工程保险的再保险。欧洲第二大再保险中心是瑞士。瑞士再保险市场也是专业再保险公司占统治地位。瑞士再保险市场建于 1864 年，公司的发展以国际业务为基础，以其高居首位的国外保险费收入和广泛的信息网络闻名于世。

英国伦敦的再保险市场由劳合社和保险公司市场两部分组成，尤以劳合社更为显著，其主要业务体现在再保险市场。其特点是所有再保险业务均须经过经纪人，且业务多来源于国外。虽然近年来劳合社再保险业务供过于求，但在世界再保险市场上仍占有重要地位。

美国的保险业发展相对较晚，相应地，再保险的发展时间也相对较晚，但其实力不可忽视。纽约再保险公司现跻身于世界再保险市场的前列。美国再保险市场的发展偏重于业务交换、共同保险和联营方式，比欧洲再保险公司的自留额高。

日本再保险市场上专业再保险公司很少，大部分是兼营再保险公司。日本保险法中没有法定分保的规定，国内风险主要采取共保或分保的方式解决，从日本市场流向国际市场的业务主要是高风险和巨灾风险。目前主要通过与国外再保险的互惠交换业务进入世界再保险市场。

第二节　保险监督管理

一、保险监督管理概述

保险监督管理是指政府的保险监督管理部门为了维护保险市场秩序，保护被保险人及社会公众的利益，对保险业实施的监督和管理。

> **法律链接**
>
> 《中华人民共和国保险法》第一百三十三条　保险监督管理机构依照本法和国务院规定的职责，遵循依法、公开、公正的原则，对保险业实施监督管理，维护保险市场秩序，保护投保人、被保险人和受益人的合法权益。
>
> 《中华人民共和国保险法》第一百三十四条　国务院保险监督管理机构依照法律、行政法规制定并发布有关保险业监督管理的规章。

(一)保险监督管理的必要性

由于保险经营具有特殊性，在市场经济条件下保险市场运行可能出现市场失灵，因此，保险监督管理是必要的。

1. 保险经营的特殊性

(1)保险经营的公共性。保险公司的投保人或被保险人是社会上的千家万户，保险公司能否持续经营，会广泛、长期地影响到广大客户的利益。如果保险公司经营不善，破产或倒闭退出而不能正常履行其补偿或给付职能，将使广大客户即社会公众利益受到损害，影响社会稳定。

(2)保险经营的负债性。保险公司经营的负债是指保险公司通过收取保险费建立保险基金来履行其赔偿或给付职能，保险基金很大一部分是以保险准备金的形式存在的，保险公司提取准备金所形成的负债是确定的，而保险公司因承担义务所形成的负债因风险事故的不确定而不确定。因此，对于保险公司而言，如何对保险公司的负债项目进行评估，如何合理计提准备金，以及如何运用负债准备金进行投资都是非常重要的。而银行等金融机构和一般企业的负债往往是确定的。

(3)保险合同的特殊性。保险合同具有附和性和射幸性。

保险合同的附和性表现为保险人确定承保的基本条件，规定双方的权利与义务，投保人一般只能依据保险人设定的标准合同进行选择，难以对合同的内容提出变更意见。加之保险合同专业性强，所以，保险合同往往是在一种信息不对称、交易力量不对等的基础上建立起来的。一些国家从保护被保险人权益的角度出发，对保险合同的条款、保险费率等内容进行严格审核，以达到公平合理的目的。

保险合同具有射幸性，是因为保险合同约定的是在未来保险事故发生时，由保险人承担赔偿损失或给付保险金责任的合同。保险人所承保的保险标的的风险事故是不确定的，而投保人购买保险时支付的保费与保险标的发生保险事故时被保险人所能获得的赔偿或给付金是不对等的。从个体保障的角度看，保险人的保险责任远远高于其所收取的保费，这种关系需要通过政府监督管理的手段来确保保险合同交易的公平合理。

(4)保险交易过程的特殊性。现代商业保险交易总是先向众多的被保险人收取保费，保险事故发生后才向个别被保险人支付赔款或给付保险金，这是事前分摊的方式，而不是事后分摊方式，保险公司无论何时破产，破产的保险公司的客户都会遭受损失。另外，保险交易过程持续的时间远远长于一般企业的交易过程，对于大部分财产保险而言，保险期限是1年的时间，对于大部分人身保险则可能是5年、10年，甚至几十年的时间，保险交易过程期限的延长，使保险公司的经营风险具有隐蔽性、累积性和社会性。保险经营具有的特殊性使保险业隐含的风险增加，需要加强保险监管防范和控制风险。

2. 保险市场的"市场失灵"

保险市场运行可能出现的"市场失灵"主要表现在以下几个方面。

(1)市场功能有缺陷，如有一些当事人不付代价便可得到来自外部经济的好处。

(2)市场竞争失灵，如市场竞争可能导致垄断，垄断会产生进入市场的障碍，从而破坏市场机制，排斥竞争，导致效率的损失。

(3)市场调节本身具有一定的盲目性，从价格形成、信号反馈到产品开发的时间差，可能造成保险产品的供给与需求的某种失衡。另外，企业和个人掌握的经济信息不足，微观决策也带有一定的被动性和盲目性。

(4)市场信息的不对称性会导致市场失灵，如与保险人相比，被保险人的信息相对不足，被保险人的经济福利不能最大化，有时还由于虚假的信息和不公正交易使被保险人的利益受到损失。此外，投保人或被保险人也会利用信息不对称进行逆选择。因此，为了弥补保险市场运行本身的弱点和缺陷，为了减少或消除这些"市场失灵"的情况及其影响，保险监督管理无疑具有必要性和合理性。

(二)保险监督管理的目的

1. 保护被保险人的利益

保险合同的附和性特点使被保险人在与保险人进行交易时处于相对不利的位置，即使被保险人可以通过保险经纪人办理保险业务，或者可以拟定协议条款或合同，但与保险公司的地位和能力相比，或者从保险交易方式看，被保险人先缴费，在发生保险事故后才向保险人索赔，被保险人还是处于相对不利的地位和属于弱势群体。如果保险公司经营行为不规范、不守信用就会损害被保险人的利益，因此需要通过保险监督管理来保护被保险人的利益。

2. 维护保险市场的秩序

保险监督管理可维护保险市场秩序，为保险业提供公平竞争的机会和环境。为保险业提供公平竞争的机会体现在：保证社会资源在保险业中的公平合理配置，保证不同的保险公司享有均等的业务经营机会。为保险业提供公平竞争的环境是指保险监督管理部门对于保险公司采取不正当的竞争手段的行为，必须采取处罚等措施，纠正不规范的竞争行为，从而保证保险公司之间能够公平竞争。

(三)保险监督管理的原则

1. 依法监督管理的原则

保险监督管理部门必须依照有关法律或行政法规实施保险监督管理行为。保险监督管理行为是一种行政行为，不同于民事行为。凡法律没有禁止的，民事主体就可以从事民事行为；对于行政行为，法律允许做的或要求做的，行政主体才能做或必须做。保险监督管理部门不得超越职权实施监督管理行为，同时，保险监督管理部门又必须履行其职责，否则属于失职行为。

2. 独立监督管理原则

保险监督管理部门应独立行使保险监督管理的职权，不受其他单位和个人的非法干预。当然，保险监督管理部门实施监督管理行为而产生的责任(如行政赔偿责任)也由保险监督管理部门独立承担。

3. 公开性原则

保险监督管理需体现透明度，除涉及国家秘密、企业商业秘密和个人隐私以外的各种监管信息应尽可能向社会公开，这样既有利于提高保险监督管理的效率，也有利于保险市场的有效竞争。

4. 公平性原则

保险监督管理部门对各监督管理对象要公平对待，必须采用同样的监管标准，创造公平竞争的市场环境。

5. 保护被保险人利益原则

保护被保险人利益和社会公众利益是保险监督管理的根本目的，同时也是衡量保险监督管理部门工作的最终标准。

6. 不干预监督管理对象的经营自主权的原则

保险监督管理对象是自主经营、自负盈亏的独立企业法人，在法律、法规规定的范围内，独立决定自己的经营方针和政策。保险监督管理部门对监督管理对象享有实施监督管理的权力，负有实施监督管理的职责，但不得干预监督管理对象的经营自主权，也不对监督管理对象的盈亏承担责任。

(四)保险监督管理的方式

保险业监管的方式分为三种：公告管理方式(公示方式)、规范管理方式、实体管理方式。我国主要是采取实体管理方式。

1. 公告管理方式(公示方式)

公告管理方式是指国家对保险业的实体并不加以任何直接管理，仅规定保险企业必须按照政府规定的格式及内容，定期将资产负债、营业结果以及其他有关事项予以公告。公告管理方式是国家对保险市场最为宽松的一般管理方式。公告管理方式的优点是使保险业在自由竞争的环境中得以自由发展；其局限性是一般公众对保险业的优劣的评判标准不易准确掌握、对不正当的经营无能为力。随着保险业竞争的激烈，政府对保险业监管会更加严格，这种方式逐渐被放弃。

2. 规范管理方式

规范管理方式是由政府规定保险业经营的一定准则，要求保险业共同遵守的方式。政府对保险经营的重大事项，如最低资本额、资产负债比例、投资运用等，均有明确规定。这种管理方式较公告管理方式有进步，但政府对保险业的管理只是形式上的合法审查。由于保险经营专业技术性强，有关法规很难适应各个方面。所以实务中时有发生形式上合法而实质上不合法的现象，难以管理。因此，这种管理方式也已不被采用。

3. 实体管理方式

实体管理方式指国家制定完善的保险管理规则，国家保险管理机关具有较高的权威和灵活处理的能力，对保险企业的设立、经营、财务、业务及破产清算等均实行有效监管。这是一种较为严格的监管方式。目前大多数国家采用此种方式，如日本、美国、德国等。我国保险监督管理机构对保险业的监管亦采用此种方式。

（五）保险监督管理目标模式

保险监督管理的目标模式是指保险监督管理的核心或重点，大致分为三种：一是重点监督管理保险公司的偿付能力，如英国，保险监督管理部门对保险公司的偿付能力不仅有一套详细的、完整的评估方法，而且要对偿付能力不足的保险公司进行严格的处理；二是主要监督管理保险公司的市场行为，如亚洲金融危机前的日本，政府对保险费率的控制很严；三是既监督管理市场行为，也监督管理偿付能力，但以偿付能力监督管理为主，如美国。

此外，由国际保险监督官协会提出了一种新的监督管理模式，即把公司治理结构与偿付能力和市场行为监督管理并列的模式。目前，这一新的监督管理模式已得到众多国家和地区保险监督管理部门的重视和认可。中国银行保险监督管理委员会不断推进监管创新，借鉴国际保险监督官协会核心监管原则，引入了保险公司治理结构监管制度，已初步形成了偿付能力、市场行为和公司治理结构监管为三大支柱的现代保险监管框架。

二、保险监督管理内容

（一）偿付能力监督管理

偿付能力是指保险公司偿付其到期债务的能力。在保险经营中，保险人先收取保险费，后对保险损失进行赔付。先收取的保险费被视为保险人的负债，赔偿或给付保险金被视为对负债的偿付。偿付能力大小用偿付能力额度表示。偿付能力额度等于保险人的认可资产与实际负债之间的差额。

法律链接

《中华人民共和国保险法》第一百三十七条　国务院保险监督管理机构应当建立健全保险公司偿付能力监管体系，对保险公司的偿付能力实施监控。

保险公司偿付能力监督管理是指保险监督管理部门对保险公司的偿付能力实行的监督和管理，包括偿付能力评估和偿付能力不足处理两个环节。

偿付能力评估是对保险公司的偿付能力是否充足进行的评估、检测。

偿付能力不足处理是对偿付能力不足的保险公司所作的处理决定，包括责令保险公司补充资本金、办理再保险、转让业务、停止接受新业务、调整资产结构等措施直至对保险公司实行接管。

法律链接

《中华人民共和国保险法》第一百三十八条　对偿付能力不足的保险公司，国务院保险监督管理机构应当将其列为重点监管对象，并可以根据具体情况采取下列措施：

(一)责令增加资本金、办理再保险；

(二)限制业务范围；

(三)限制向股东分红；

(四)限制固定资产购置或者经营费用规模；

(五)限制资金运用的形式、比例；

(六)限制增设分支机构；

(七)责令拍卖不良资产、转让保险业务；

(八)限制董事、监事、高级管理人员的薪酬水平；

(九)限制商业性广告；

(十)责令停止接受新业务。

(二)市场行为监督管理

保险市场行为监督管理是指对保险公司经营活动过程所进行的监督管理，主要包括以下环节。

1. 保险机构监督管理

(1)对保险人的组织形式的限制。保险人以何种组织形式进行经营，各个国家和地区根据本国国情均有特别规定。随着我国保险业的不断发展，行业自保和互助合作保险等保险组织形式已相继出现。

(2)保险公司申请设立的许可。目前在保险市场准入的处理原则上，各国大致有两种制度：一种是登记制，即申请人只要符合法律规定的进入保险市场的基本条件，就可以提出申请，经政府主管机关核准登记后进入市场。对于符合条件的申请，政府主管机关必须予以登记。另一种是审批制，即申请人不仅必须要符合法律规定的条件，而且还必须经政府主管机关审查批准后才能进入市场。对于符合条件的申请，主管机关不一定予以批准。我国对保险市场的准入采用的是审批制。

法律链接

《中华人民共和国保险法》第六十七条　设立保险公司应当经国务院保险监督管理机构批准。

国务院保险监督管理机构审查保险公司的设立申请时，应当考虑保险业的发展和公平竞争的需要。

《中华人民共和国保险法》第六十八条　设立保险公司应当具备下列条件：

（一）主要股东具有持续盈利能力，信誉良好，最近三年内无重大违法违规记录，净资产不低于人民币二亿元；

（二）有符合本法和《中华人民共和国公司法》规定的章程；

（三）有符合本法规定的注册资本；

（四）有具备任职专业知识和业务工作经验的董事、监事和高级管理人员；

（五）有健全的组织机构和管理制度；

（六）有符合要求的营业场所和与经营业务有关的其他设施；

（七）法律、行政法规和国务院保险监督管理机构规定的其他条件。

《中华人民共和国保险法》第六十九条　设立保险公司，其注册资本的最低限额为人民币二亿元。

国务院保险监督管理机构根据保险公司的业务范围、经营规模，可以调整其注册资本的最低限额，但不得低于本条第一款规定的限额。

保险公司的注册资本必须为实缴货币资本。

《中华人民共和国保险法》第七十条　申请设立保险公司，应当向国务院保险监督管理机构提出书面申请，并提交下列材料：

（一）设立申请书，申请书应当载明拟设立的保险公司的名称、注册资本、业务范围等；

（二）可行性研究报告；

（三）筹建方案；

（四）投资人的营业执照或者其他背景资料，经会计师事务所审计的上一年度财务会计报告；

（五）投资人认可的筹备组负责人和拟任董事长、经理名单及本人认可证明；

（六）国务院保险监督管理机构规定的其他材料。

《中华人民共和国保险法》第七十一条　国务院保险监督管理机构应当对设立保险公司的申请进行审查，自受理之日起六个月内作出批准或者不批准筹建的决定，并书面通知申请人。决定不批准的，应当书面说明理由。

（3）保险公司合规经营的监督管理。政府对保险企业监督管理的基本目的是保证保险公司依法经营，以保障被保险人的合法权益。如发现保险公司存在某些违反保险法规的行为时，可以责令保险公司限期改正。若保险公司在限期内未改正，保险监督管理机关可以责令保险公司进行整顿。对于违法、违规行为严重的公司，保险监督管理机关可对其实行接管。被接管公司已资不抵债的，经保险监管机关批准可依法宣告破产。

（4）外资保险企业的监督管理。对外资保险企业的监督管理取决于各国社会制度、经济发展水平和民族保险业发展程度等因素。一般发达国家对外资保险企业限制较少，而发展中国家为维护本国利益，对外资保险企业的开业条件、经营业务范围、投资方向及纳税等都有严格要求。

《中华人民共和国保险法》七十九条　保险公司在中华人民共和国境外设立子公司、分支机构,应当经国务院保险监督管理机构批准。

《中华人民共和国保险法》第八十条　外国保险机构在中华人民共和国境内设立代表机构,应当经国务院保险监督管理机构批准。代表机构不得从事保险经营活动。

2. 经营范围的监督管理

保险公司所能经营的业务种类和范围由保险监督管理部门核定,保险公司只能在被核定的经营范围内从事保险经营活动。对经营业务范围的监督管理一般表现在两个方面:一是保险人可否经营保险以外的其他业务,即兼业问题;二是同一保险企业内部,是否可以同时经营性质不同的保险业务,即兼营问题。

3. 保险条款的监督管理

鉴于保险的专业性以及保险合同的附和性,有的国家保险监督管理部门对保险条款进行比较严格的监督管理。对保险条款的监督管理,先是对保险条款内容的监督管理,即对保险标的、保险责任与责任免除、保险价值与保险金额、保险费率、保险期限等的监督管理。除此之外,不少国家还对保险条款的格式、字体和用词都有严格的规定。对于保险条款的监督管理,主要是通过保险条款的审批和备案进行操作。

4. 保险费率的监督管理

对市场行为监督管理的核心是对保险费率的监督管理。保险费率监管的目的在于规范保险费率的范围,确立保险费率的政策及厘定原则;引导保险市场向合理竞争与健康方向发展;促使保险人致力于费用管理,提高经营效率;避免保险公司偿付能力不足的情况发生,维护被保险人的权益。

5. 再保险的监督管理

对再保险业务进行监督管理,有利于保险公司及时分散风险,保持经营稳定。一般在发达国家,对再保险很少直接进行行政干预,也无具体的法定分保内容。但在发展中国家和地区,一般都由政府出资成立了官方专业再保险公司或开展半官方的政策性再保险业务,并对再保险进行监督管理,达到限制保险费外流,保护本国保险业发展的目的。

《中华人民共和国保险法》第九十九条　保险公司应当依法提取公积金。

《中华人民共和国保险法》第一百条　保险公司应当缴纳保险保障基金。

保险保障基金应当集中管理,并在下列情形下统筹使用:

(一)在保险公司被撤销或者被宣告破产时,向投保人、被保险人或者受益人提供救济;

(二)在保险公司被撤销或者被宣告破产时,向依法接受其人寿保险合同的保险公司提供救济;

(三)国务院规定的其他情形。

保险保障基金筹集、管理和使用的具体办法,由国务院制定。

6. 资金运用的监督管理

资金运用是保险企业收入的一项重要来源，也是保证保险企业偿付能力的重要手段。保险公司可运用的资金总体来讲有资本金、准备金(包括未到期责任准备金、未决赔款准备金、寿险责任准备金、长期责任准备金、长期健康险责任准保金和保户储金等)和其他资金三部分。

保险公司资金存在的形式是各种资产。保险公司的资产按用途的不同，可以分为两大类：一是投资性的资产，其目的在于保值增值；另一类资产属于保险公司营业用资产。在比较成熟的保险市场上，在保险公司的总资产中，投资性的资产一般占绝大部分。

三、保险监督管理方法

保险监督管理部门对保险监督管理对象进行监督管理的方法主要有现场检查和非现场检查两种。

(一)现场检查

现场检查是指保险监督管理机构及其分支机构派出监督管理小组到各保险机构进行实地调查。现场检查有定期检查和临时检查两种，临时检查一般只对某些专项进行检查，定期检查要对被检查机构作出综合评价。现场检查的重点是被检查保险机构内部控制制度和治理结构是否完善，财务统计信息是否真实准确，保险投诉是否合理。

为保证现场检查管理的质量，保险监督管理机构要建立清楚的、与检查频率和范围有关的规定，同时制定必要的检查程序和处理方法，以确保工作的严格进行，保证既定指标和检查结果相统一。现场检查一般分为检查准备阶段、检查实施阶段、报告与处理阶段、执行决定与申诉阶段、后续检查阶段。

(二)非现场检查

非现场检查是指保险监督管理部门审查和分析保险机构各种报告和统计报表，依据报告和报表审查保险机构对法律、法规和监督管理要求的执行情况。非现场检查能反映保险机构潜在的风险，尤其是现场检查间隔阶段发生风险的可能，从而提前防范风险。由于非现场检查要汇总分析各类报表资料，从中既可以发现个别保险机构存在的问题，也可以把握整个保险系统以及市场体系的总体趋势，还能为保险监督管理机构的业务咨询工作提供依据。

为确保非现场检查方式在保险风险监督管理中发挥应有的效力，要求保险公司的报表具有时效性、准确性和真实性。在西方发达国家，非现场检查得到了普遍的重视和应用。而在大多数发展中国家，由于报告信息资料和数据准确性差，使风险分析和评估缺乏可靠性和科学性。

法律链接

《中华人民共和国保险法》一百五十四条　保险监督管理机构依法履行职责，可以采取下列措施：

(一)对保险公司、保险代理人、保险经纪人、保险资产管理公司、外国保险机构的代表机构进行现场检查；

（二）进入涉嫌违法行为发生场所调查取证；

（三）询问当事人及与被调查事件有关的单位和个人，要求其对与被调查事件有关的事项作出说明；

（四）查阅、复制与被调查事件有关的财产权登记等资料；

（五）查阅、复制保险公司、保险代理人、保险经纪人、保险资产管理公司、外国保险机构的代表机构以及与被调查事件有关的单位和个人的财务会计资料及其他相关文件和资料；对可能被转移、隐匿或者毁损的文件和资料予以封存；

（六）查询涉嫌违法经营的保险公司、保险代理人、保险经纪人、保险资产管理公司、外国保险机构的代表机构以及与涉嫌违法事项有关的单位和个人的银行账户；

（七）对有证据证明已经或者可能转移、隐匿违法资金等涉案财产或者隐匿、伪造、毁损重要证据的，经保险监督管理机构主要负责人批准，申请人民法院予以冻结或者查封。

保险监督管理机构采取前款第（一）项、第（二）项、第（五）项措施的，应当经保险监督管理机构负责人批准；采取第（六）项措施的，应当经国务院保险监督管理机构负责人批准。

保险监督管理机构依法进行监督检查或者调查，其监督检查、调查的人员不得少于二人，并应当出示合法证件和监督检查、调查通知书；监督检查、调查的人员少于二人或者未出示合法证件和监督检查、调查通知书的，被检查、调查的单位和个人有权拒绝。

为有效发挥非现场检查的作用，保险监督管理机构要制定各种各样的标准报表，每个保险公司根据不同的内容分别按月、季、半年、年向监督管理机构报送。一般来说，资产负债表按月报送，反映资产流动性的报表按季报送，反映经营业绩的报表按年报送。保险监督管理机构收到这些报表后，对保险公司的各种风险进行评估，如果发现问题，便责令保险公司立即整改。必要时，聘用外部注册会计师或审计师检查，这是现场检查方式的协同检查，这种检查工作不是由保险监督管理机构来操作，而是由其聘请的注册会计师和审计师来操作，或者由双方共同完成。

现场检查与非现场检查这两种监管方法各有特色。非现场检查限于反映一个时点信息，能够帮助我们有效地确定开展现场检查的范围，调整现场监督的频率，增强现场检查的针对性，它的作用的发挥完全依赖于资产负债表等报表的真实性。而现场检查方法可以获得真实和全面的信息，为被检查单位作出准确评价提供了依据。通常情况下，应该将现场检查和非现场检查两种方法结合运用。

思维导图

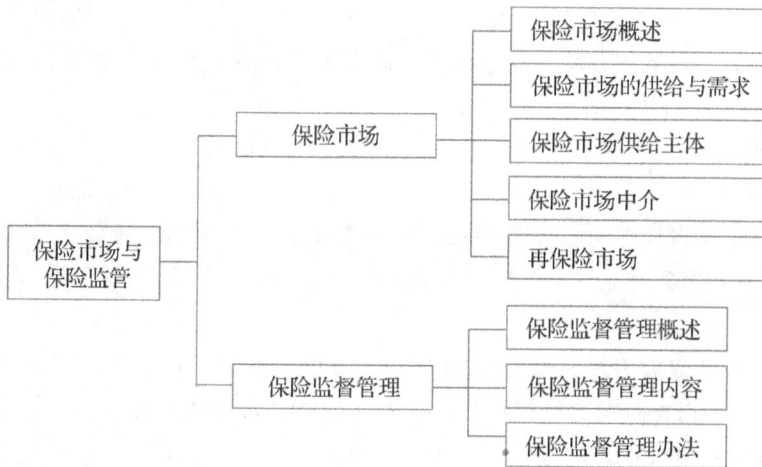

本章习题

一、简答题

1. 保险市场的特征有哪些？

2. 简述保险市场供给的影响因素和保险市场需求的影响因素。

3. 简述保险中介市场的主体及各自的区别。

4. 简述再保险有哪些形式。

5. 简述保险监督管理的原则。

6. 简述保险监督管理的内容。

二、单选题

1. 保险代理人进行代理活动的名义是（　　）。

A. 以投保人的名义
B. 以保险人的名义

C. 以被保险人的名义
D. 以保险代理人的名义

2. 保险代理合同是保险人与保险代理人关于委托代理保险业务所达成的协议，其作用是（　　）。

A. 证明保险人有关保险授权的法律文件

B. 证明保险代理人有关代理权的法律文件

C. 证明投保人有关保险投保权的法律文件

D. 证明被保险人有关受保障权的法律文件

3. 保险代理人与保险经纪人的区别之一是代理权限不同。其中，保险代理人的权限是（　　）。

A. 代理销售保险人的全部保险产品

B. 代理销售保险人授权的保险产品

C. 代理保险人向投保人提供保险咨询服务

D. 代理保险人向被保险人提供风险管理服务

4. 保险代理人与保险经纪人的区别之一是委托人不同。其中，保险经纪人的委托是(　　)。

A. 保险人　　　　B. 投保人　　　　C. 受益人　　　　D. 被保险人

5. 参加保险代理从业人员资格考试且考试成绩合格者，要取得中国保监会颁发的《资格证书》，还需满足的基本条件之一是(　　)。

A. 道德楷模　　　　B. 营销高手　　　　C. 行业标兵　　　　D. 品行良好

三、判断题

1. 保险公司应当具有与其业务规模相适应的最低偿付能力。保险公司的实际资产减去实际保险费的差额不得低于保险监督管理机构规定的数额；低于规定数额的，应当增加资本金，补足差额。　　　　　　　　　　　　　　　　　　　　　　　　(　　)

2. 保险监督管理机构对违反规定的保险公司作出限期改正的决定后，保险公司在限期内未予改正的，由保险监督管理机构决定选派保险监督管理人员和指定其他保险公司的有关人员，组成整顿组织，对该保险公司进行整顿。　　　　　　　　　　　　(　　)

3. 保险公司更换董事长、总经理，应当报经保险监督管理机构审查其任职资格。

(　　)

4. 保险监督管理机构对保险公司实行接管的期限届满，保险监督管理机构可以决定延期，但接管期限最长不得超过二年。　　　　　　　　　　　　　　　　　(　　)

5. 经保险监督管理机构核定，保险公司除可以经营财产保险业务或人身保险业务以外，也可以经营再保险业务。　　　　　　　　　　　　　　　　　　　　　(　　)

6. 保险公司应当按照保险行业协会的有关规定办理再保险。　　　　　　　(　　)

7. 保险监督管理机构对保险公司实行接管的目的是对被接管的保险公司采取必要措施，以保护被保险人的利益，恢复保险公司的正常经营。但被接管的保险公司的债权债务关系会因接管而变化。　　　　　　　　　　　　　　　　　　　　　　　(　　)

8. 国家工商行政管理总局依照《保险法》负责对保险业实施监督管理。　　(　　)

9. 保险代理人是根据被保险人的委托，向保险人收取代理手续费，并在被保险人授权的范围内代为办理保险业务的单位或者个人。　　　　　　　　　　　　　(　　)

10. 设立保险公司，必须经保险监督管理机构审核批准。　　　　　　　　(　　)

🔗 **实训项目**

实训项目1：案例分析

实训目的：通过案例分析，掌握保险业监督管理的原理和作用。

环境要求：教室。

实训步骤：

步骤一：教师发放相关案例资料。

步骤二：学生以个人为单位进行案例分析。

步骤三：学生写出案例分析报告。

步骤四：教师点评案例分析正确结果。

考核标准：根据撰写的实训报告评定实训成绩。

实训报告：实训报告要求思路清楚，能用保险法条款具体分析案例，表述详细，有理有据。

实训项目 2：保险需求调研

实训目的：通过该项目的实训，使学生了解保险需求的影响因素，同时能根据客户的个人需求进行产品方案设计。

环境要求：社区、公共场所。

实训步骤：

步骤一：以小组为单位，每组 8 个人，成立调研小组。

步骤二：设计保险需求调查问卷。

步骤三：在指定的区域进行问卷调研。

步骤四：问卷回收，并进行相应的问卷分析。

步骤五：形成调研报告，并进行小组交流。

考核标准：根据撰写的实训报告评定实训成绩。

实训报告：实训报告要求思路清楚，表述详细，能把调研过程中的问题及调研结果清楚反映出来。

思政融入

推动高水平对外开放　支持外资再保险在华投入

中国再保险市场显现发展潜力，对国外再保险机构的吸引力不断增强。

日前，中国银保监会批复同意德国汉诺威再保险股份公司上海分公司（以下简称"汉再上分"）增加注册资本 15.60 亿元人民币（币种下同），增资后该公司注册资本由 25.45 亿元增加至 41.05 亿元。

据了解，汉再上分在华业务持续快速增长，尽管今年以来新型冠状病毒感染疫情对包括中国在内的全球经济产生较大冲击，但公司继续对中国再保险市场未来发展作出积极乐观的研判和展望，持续加大在华资本投入。2019 年 9 月，汉再上分将注册资本由 15.45 增加至 25.45 亿元，并在不到一年的时间内再次增资，将资本增加至 41.05 亿元，在华业务发展能力大幅提升。

近年来，我国再保险市场在高度开放的竞争环境下稳健发展，再保险市场规模快速增长，主体稳步增加，创新能力逐步增强，再保险保障保险行业稳健运行、服务经济发展和社会治理、服务国家战略的作用逐渐发挥。

2019 年 11 月，首届上海陆家嘴国际再保险会议顺利召开，建立了我国的国际性再保险会议交流机制，进一步提升了我国在国际再保险市场的影响。国外再保险机构更加重视并长期看好中国再保险市场发展，纷纷加大对中国市场投入，申请开设机构，增加资本实力，以适应中国市场发展需要，提升在华发展能力。

数据显示，2019 年 12 月，银保监会批准大韩再保险公司上海分公司开业，境内外资再保险公司达到 7 家，超过中资再保险机构。2019 年 11 月，批准德国通用再保险公司上海分公司注册资本由 3 亿元增加至 4.39 亿元。2020 年 4 月,批准瑞士再保险公司北京分公司注册资本由 3 亿元增加至 13.55 亿元。外资再保险公司数量稳步增加,在华资本实力和持续发展能力显著增强。

中国银保监会表示,推动银行业保险业高水平对外开放,支持外资再保险机构参与我国再保险市场建设,促进外资再保险公司在华业务健康发展,提高我国保险业的市场化、国际化和对外开放程度。

资料来源:张文婷.人民网,2020-05-12.

第八章 保险从业人员的职业道德

知识目标

1. 了解保险代理人的权利、义务与职业道德。
2. 了解保险经纪人的含义、特点和职业道德
3. 了解保险公估人的含义、职能和职业道德

能力目标

能够以一名保险代理人的职业道德要求开展保险营销和展业活动。

素质目标

1. 培养学生注重职业道德，具备基本职业素养。
2. 培养学生理论联系实际、实事求是的工作作风。
3. 培养学生科学严谨的工作态度和团队精神。

导入案例

2021年9月，王女士因为一次偶然的机会认识了保险业务员陈某。在陈某的再三劝导下，王女士购买了保险，但并没有亲自在投保单上签字，只是将保险单交给业务员陈某，陈某也同样给了一张没有客户签字的收据，自始至终业务员都没有告诉客户本人签字的重要性。

几个月后，王女士从其他渠道了解到，投保人购买保险时应由当事人亲笔签字后，保险合同方能有效，否则为无效合同，保险公司也不会承担保险责任。王女士在了解到相关情况后，对业务员的素质及该保险公司的信誉产生怀疑，要求退保，并要求保险公司全额退还其所缴纳的保险费。

【案例分析】本案例中，作为保险业务员的陈某并没有意识到自己的职业角色，即保险业务员的职业角色不仅是让公司赚到保费就可以了，还需要对客户的利益负责。陈某的这种行为不仅损害了客户与公司的利益，也将造成社会对保险的不信任感。因此，树立正确的角色意识和责任感对于保险从业人员来说至关重要，这关系到保险公司和保险整个行业的持续发展。

第一节 保险代理人员的职业道德

一、保险代理人概述

保险代理人在整个保险行业的发展过程当中扮演了非常重要的角色，他们对保险市场的开拓、保险业务的发展可谓功不可没。我国《保险法》专门以一章的形式阐述了有关保险代理人和保险经纪人的内容，这都说明保险代理人在保险行业发展过程中重要的地位和作用。

(一)保险代理人的含义

保险代理人是指受保险人的委托，向保险人收取手续费，并在保险人授权的范围内代为办理保险业务的单位和个人。保险代理人实际上代表了保险人，它从保险人的角度出发开展工作。

(二)保险代理人的法律特征

保险代理人具有以下几个法律特征：①保险代理人以保险人的名义开展代理活动；②保险代理人在保险人授权范围内做独立的意思表示；③保险代理人与投保人实施的民事法律行为，具有确立、变更或终止一定的民事权利义务关系的法律意义；④通过保险代理人与投保人签订的保险合同所产生的权利义务，视为保险人自己的民事法律行为，其后果由保险人来承担。

(三)保险代理人的权利和义务

1. 保险代理人的权利

(1)获取劳务报酬的权利。保险代理人有权就其开展的保险代理业务所付出的劳动向保险人收取劳务报酬。获得劳务报酬是保险代理人最基本的权利之一。劳务报酬具体的支付标准和支付方式，都会在保险代理合同中进行明确的规定。一般来说，保险人会根据保险代理人完成的业务量和工作质量来决定支付其报酬的多少。

(2)独立开展活动的权利。保险代理人在代理合同规定的授权范围内，具有独立进行意思表示的权利，即有权自行决定如何同投保人洽谈业务。

保险代理人开展的活动主要包括：①负责代理推销保险产品，协助保险公司的勘查和理赔工作；②向客户宣传和普及保险知识，解释保险条款，结合个人财务情况进行需求分析；③为客户设计保险方案，制订保险计划书；④协助客户办理相关投保手续(签订投保单、保单送达、保费收取)；⑤为客户提供优质的售后服务，定期回访老客户，开发潜在客户。

2. 保险代理人的义务

(1)如实告知义务。保险代理人是经保险人授权而从事保险代理义务，其作为保险人的代理人，同样应该承担保险人所应承担的义务。一方面，保险代理人应将有关保险公司的情况和保险条款的内容及其含义，尤其是免责条款的内容明确告知投保人、被保险人；另一方面，保险代理人也应将投保人、被保险人所反映的有关投保人、被保险人风险的实际情况和重要事实如实告知保险人。

(2)如实转交保险费的义务。受保险人委托，保险代理人可以在其授权的业务范围内代理收取保险费，代收的保险费应立即上缴保险人或按合同规定的方式转账上缴保险人，保险代理人无权挪用代收的保险费。此外，对于投保人欠交的保险费，保险代理人也没有垫付的义务。

(3)维护保险人权益的义务。保险代理人作为保险人的授权代理人，二者承担的义务是一致的，保险代理人不得与第三者串通或合伙隐瞒真相，损害保险人的利益。在代理过程中，保险代理人有义务维护保险人的利益。

(四)保险代理人的作用

纵观保险行业的发展过程，保险代理人的出现，为完善保险市场和促进保险行业的发展发挥了重要作用。

保险代理人的作用主要包括：①为各保险公司收取了大量的保险费，取得了可观的经济效益；②各种保险代理人的展业活动渗透到各行各业，覆盖了城市乡村的各个角落，为满足社会各个层次的保险需求，提供了最方便、最快捷、最直接的保险服务；③在展业过程中对保险知识进行了最直接、最有效的宣传和普及，对提高整个社会的保险意识起到了不可替代的作用；④保险代理人的运行机制决定了保险代理人在保险行业发展过程中是不可或缺的，各国保险行业的发展都离不开保险代理人，保险行业的发展势必能带动大量人员的就业，从而在安置就业方面，能发挥一定的积极作用。

二、保险代理机构(人)

保险代理机构(人)主要分为专业代理机构、兼业代理机构和个人代理人三种。

(一)保险专业代理机构

保险专业代理机构是指符合中国保监会规定的资格条件，经中国保监会批准取得经营保险代理业务许可证，根据保险人的委托，向保险人收取保险代理手续费，在保险人授权的范围内专门代为办理保险业务的单位。保险代理机构的组织形式包括合伙企业、有限责任公司、股份有限公司三种。

(二)保险兼业代理机构

保险兼业代理机构是指在从事自身业务的同时，根据保险人的委托，向保险人收取保险代理手续费，在保险人授权的范围内代办保险业务的单位。

从事保险兼业代理业务必须向银保监会申请保险兼业代理资格，并经银保监会核准后取得保险兼业代理许可证。

申请保险兼业代理资格应具备下列条件：①具有工商行政管理机关核发的营业执照；②有同经营主业直接相关的一定规模的保险代理业务来源；③有固定的营业场所；④具有在其营业场所直接代理保险业务的便利条件。

兼业保险代理机构的主要业务包括代理推销保险产品和代理收取保费。

(三)个人代理人

个人代理人是指根据保险人的委托，在保险人授权的范围内代办保险业务并向保险人收取代理手续费的个人。

个人代理人负责的业务范围因代理保险人的不同而有所区别，财产保险公司的个人代理人只能代理家庭财产保险和个人所有的经营用运输工具保险及第三者责任保险等。而人寿保险公司的个人代理人能代理个人人寿保险、个人人身意外伤害保险和个人健康保险等业务。

扫描二维码，获取《保险代理人监管规定》的相关内容。

拓展阅读	学习笔记

三、保险代理从业人员职业道德

(一)职业道德的含义和特征

1. 职业道德的含义

《公民道德建设实施纲要》指出："职业道德是所有从业人员在职业活动中应该遵循的行为准则，涵盖了从业人员与服务对象、职业与职工、职业与职业之间的关系。"

2. 职业道德的特征

(1)具有鲜明的职业特点。在内容方面，职业道德总是要鲜明地表达职业义务的职业责任，以及职业行为上的道德准则。职业道德主要是对本行业从业人员在职业活动中的行为所作的规范，是在特定的职业实践基础上形成的，着重反映本职业、本行业特殊的利益和要求。

(2)具有明显的时代性特点。一定社会的职业道德，总是由一定社会的经济关系、经济体制决定，并反过来为之服务。

(3)职业道德是一种实践化的道德。职业道德是职业实践活动的产物。从职业道德的应用角度来考虑，只有付诸实施，职业道德才能体现其价值和作用，才能具有生命力。

(4)职业道德的表现形式呈具体化和多样化。在表达上，往往采取如制度、章程、守则、公约、承诺、须知、誓词、保证或标语口号等简洁明快的形式，使职业道德具体化。这样比较容易使从业人员接受和践行，形成本职业所要求的道德习惯。

(二)保险代理从业人员职业道德

1. 遵纪守法

遵纪守法是指遵守国家的法律、法规、部门规章、行业公约、行业纪律、企业纪律等。遵纪守法不仅是公民的基本义务之一，它同样也是保险代理从业人员的基本职业道德之一。保险中介从业人员应以《中华人民共和国保险法》为行为准绳，遵守有关法律和行政法规，遵守社会公德；遵守保险监管部门的相关规章和规范性文件，服从保险监管部门的监督与管理；遵守保险行业自律组织的规则；遵守所属机构的管理规定。

(1)遵纪守法的意义。

①对所有保险从业人员的基本要求。遵纪守法是维护社会主义法律权威、贯彻社会主义法治原则的基本要求。对于保险公司来说，严格遵守保险法规，依法合规经营，有利于维护保险市场的正常秩序和保户的合法权益、防范经营风险；对于保险代理从业人员来说，遵纪守法、规范展业，有利于杜绝欺诈和误导保险客户的行为，营造诚实守信的经营氛围，树立保险业的良好形象，这对于保险行业的健康稳定持续发展来说可谓有百利而无一害。

②有利于提高保险代理从业人员个人素质。保险代理从业人员的个人素质包括专业技能、职业道德、行为规范等诸多方面，其中遵纪守法是保险代理从业人员个人素质的基本体现。它体现了一个保险代理从业人员的基本法治观念和法律意识。自觉用法律法规来约束自己的行为，不仅是保险代理从业人员对自己的行为负责，也是对客户的负责，能在客户中树立起良好的代理从业人员形象，从而取得客户的信任，有利于保险业务的顺利开展和保险事业的发展壮大。

（2）遵纪守法的要点。对保险代理从业人员来说，遵纪守法主要表现在以下四个方面。

①遵守国家制定的法律、法规。保险代理从业人员要以国家各项法律、法规为行为准绳，遵守社会公德。《中华人民共和国保险法》是为了规范保险相关活动，加强对保险业的监督管理，约束和保障保险关系相关当事人的应尽义务和合法权益，促进保险事业的健康发展而制定的，是规范我国保险业经营的基本法律，是保险代理从业人员开展业务活动的行为准绳。除了《中华人民共和国保险法》以外，保险代理从业人员还要遵守与其业务活动内容相关的其他法律、法规，如《中华人民共和国民法典》等。

②遵守保险监管部门的规章。保险代理从业人员要遵守保险监管部门的相关规章制度和规范性文件，服从保险监管部门的监督与管理。中国银保监会是我国保险业的行业监管部门，负责制定各项保险规章制度和规范性文件。

③遵守行业自律组织的规范。保险代理从业人员也要遵守保险行业自律组织的规范。保险行业自律组织是各保险机构自愿组成的自律性社团组织，包括中国保险行业协会、各地方保险行业协会以及保险行业学会等。这些保险行业自律组织在我国保险业发展过程中发挥了重要的作用。这些行业协会所制定的规则，对代理从业人员具有实质性的指导与规范的作用。

④遵守所属机构的管理制度。保险代理从业人员还要遵守所属保险机构的管理。保险代理从业人员在其日常具体工作中，应当认真履行所属保险经营机构制定的各项劳动纪律、技术规范、服务质量规程等各项内部管理制度。

2. 诚实信用

诚实信用是指保险代理从业人员在保险活动中，应当讲求信用，严守承诺。

（1）诚实信用的意义。

①有利于保险行业的持续健康发展。诚实信用作为中华民族的传统美德，不仅是我国公民道德建设的重要内容之一，也是《中华人民共和国保险法》规定的基本原则之一，诚实信用同样也是保险代理从业人员应当遵从的基本道德之一。《中华人民共和国保险法》中突出了诚信原则的核心地位，强调了对诚信原则的运用和提倡，为营造良好的信用环境，确保我国保险业健康发展提供了法律保障。

②有利于维护被保险人的根本利益。诚实信用对于被保险人来说就是要求做到信守承诺，忠实履行自己应承担的义务。保险公司及其工作人员、保险代理人、保险经纪人在办理保险业务活动中应自觉遵守诚信原则，不得欺骗保险人、投保人、被保险人或者受益人；不得对投保人隐瞒与保险合同有关的重要情况，否则将受到相应的惩罚。

在保险关系中涉及很多专业性较强的术语或情形，特别是保险合同和条款通常都是格式合同或条款。这些都是由保险人决定的，对投保人、被保险人来说不能随意变更，只能简单地作出接受或不接受的决定。这对投保人或被保险人而言不容易理解和掌握，如保险费率是否合理、承保条件及赔偿方式是否苛刻等。这就必然要求保险代理从业人员在面对客户时，一定要履行如实告知义务，应将保险合同内容(条款)特别是免责条款向投保人进行明确说明，避免客户的利益受到侵害，避免不必要的纠纷和争议。

③有利于保险机构的规范化经营。在现代市场经济条件下，诚信是每一个经济主体在市场竞争中立足的基本条件。保险人作为一个经营风险的经济主体，诚信原则同样也是对保险人的一种约束。

(2)诚实信用的要点。保险代理从业人员应在其执业活动的各个方面和各个环节恪守诚实信用原则。

①履行如实告知义务。如实告知是指保险代理从业人员必须尽职尽责地履行投保人或被保险人与保险人双方信息交换中介的功能，客观、准确、如实地传递自身业务的服务信息，并对由自身所引起的任何信息误导、误传承担责任。

保险代理从业人员具体要做到：在执业过程中应主动向投保人或被保险人出示法定执业证件，向客户如实告知所属保险机构的名称、营业场所、业务性质和范围等；向客户介绍的保险产品与服务的信息应客观、全面、准确，不得随意夸大和歪曲保险产品或服务的保障范围和保障功能；对于保险合同中载明的相关法律、法规规定的责任免除条款，应向客户进行明确说明；应客观公正地向客户介绍不同保险人的不同产品的区别以及特点；若向客户介绍或推荐的保险产品的提供者与保险代理从业人员所在保险机构存在关联方关系时，应向客户如实披露该关联方关系的性质与内容。

②避免对客户的误导。保险代理从业人员在办理保险业务时，必须采用正当合法的手段和途径，不得采用不正当的手段进行竞争，应尽力为客户争取价格实惠且服务最优的保险产品。

保险代理从业人员应明确告知投保人，其对保险公司的如实告知义务以及违反如实告知义务的法律后果，并将客户的投保信息迅速准确地提供给保险人；应告知客户可以采取的保费缴付方式及其区别，并告知客户不按时支付保费可能导致的后果；在保险合同有效期内，保险代理从业人员应与保险公司和客户保持联系，在保险标的危险程度减少或增加、保险合同内容发生变更、保险事故发生等情况出现时，应及时通知保险合同应知情的一方。

📅 案例分析 8-1

用诚信打造个人品牌，用服务感染客户

"人无信而不立，有诚信才能成人。"这句格言是某人寿保险公司邱经理总结了六年寿险业务经验的心得。诚信不但使她成就了今天的辉煌，更重要的是她得到了客户的支持和认可，客户不仅把她当作保险代理人员，更把她当作一生的朋友。

邱经理经常利用周末的时间举办客户联谊会，这是她认为最值得骄傲的事。通过联谊会的举办，客户们不断地反馈对服务的需求，使得她的服务更加专业、到位，也因此得到了大量的转介绍客户。

当客户遇到生活中的困难时，她总是主动伸出援助之手。客户没有工作，她会帮忙联系工作；客户生病了，她会帮忙找医生，办理理赔事项。无论客户遇到什么困难，她都能在第一时间，尽自己最大的努力去帮助他们。

五月的一天深夜里，经过一整天的辛劳奔波，邱经理已经酣然入睡。忽然，一阵急促的电话铃声吵醒了她。她接起电话，一位姓夏的客户在家中突发急性胃出血，希望她能过去。她急忙穿好衣服，这时她的爱人也被惊醒，并心疼地说："客户出险，你明天去公司报案不就行了，半夜三更的你去干什么？"她说："不行，客户的老公这段时间出差不在家，家里只有孩子和她自己，我要过去把她送到医院，顺便了解一下情况。"话音未落，她就匆匆赶出去了。她把客户从家送到公司的定点医院，安顿好后已接近凌晨3点，客户的孩子看到她累得满头大汗，很感激地说："阿姨，谢谢您了，您回去休息吧！明天还要上班呢！"她说："没关系，你先回家，别耽误了明天上课，你妈这儿有我在，不用担心。"就这样她在急诊室外一直守到第二天早上。一大早她又去了公司，并向运营部的理赔人员报了案。在夏某住院期间，她每天都要去看望，并打电话到夏某家中询问孩子的学习情况。

由于邱经理给客户设计的险种合理、保障齐全，提供的客户资料真实、准确，公司的理赔工作很快就结束了。当运营部经理和邱经理一起把理赔款送到夏某手中时，客户感动得流下了眼泪，哽咽着说："感谢邱经理为我提供的服务，保险给我带来了安心。"这件事在医院里很快就传开了，很多想了解保险的医务人员也向夏某打听邱经理的电话号码，并主动提出找她做保险代理。

【案例分析】诚信是做人的最基本品德，更是保险代理从业人员的生存之本。诚信可以表现在很多方面，对客户、对公司、对自己……当利益与道德发生冲突时，当诱惑与规则无法统一时，诚信是最好的解决方法，也是保险代理从业人员必须坚守的职业准则。邱经理正是因为用心经营、诚信服务，所以在行业内的口碑人人皆知，也为她的事业打下坚实的基础。作为寿险代理人，真诚服务、用心经营是最重要的做事态度，也是我们应该坚守的经营理念。只有每个代理人都坚守诚信的原则，才能为构建诚信社会添砖加瓦，使得社会早日形成完善的信用机制。

3. 专业胜任

专业胜任是指保险代理从业人员通过不断加强学习，更新、充实专业知识，提高专业执业水平和保持优质执业水准。

(1)专业胜任的意义。党的二十大报告指出："人才是第一资源。"保险行业的发展越来越依赖于高素质的人才，人才是保险业发展的第一动力。保险业的竞争归根结底就是人才的竞争。

专业胜任，先要建设数量充足、结构合理的保险行业从业人才队伍，既要培养精算、核保、理赔、投资等专业化的人才，也要培养复合型人才；然后是要建设适应国际化趋势要求的保险业人才队伍，培养具有国际意识和国际经营能力的保险从业人员。以此树立保险业高技术含量的良好行业形象，保证保险从业人员的基本素质和职业道德水平。

我国保险业的人才队伍正在不断发展壮大，人才管理制度在不断健全，人才教育和培训工作也在不断加强，但同时也应该看到当前保险业人才队伍建设中还存在着一些问题。只有保险代理从业人员能做到专业胜任，才能解决这些问题，从而适应我国保险业不断开放和快速发展的需要，才能不断提升我国保险业的核心竞争力和整体实力。

(2)专业胜任的要点。保险业务具有很强的专业性，其技术密集性与知识密集性特征非常显著。因此,保险代理从业人员必须要具有过硬的经济学基础、风险管理、保险销售、保险经营管理等专业知识,从而为客户提供高质量的专业服务。

专业胜任对保险代理从业人员的要求具体包括以下三个方面。

①在执业前要具备法定资格和专业能力。目前世界上许多国家都规定,保险代理从业人员必须先取得法定的从业资格,才能从事保险业务,这是专业胜任的一种体现。

②在业务活动中加强学习并提高业务技能。随着保险行业的不断发展,对保险代理从业人员专业技能的要求也日益提高。保险代理从业人员必须在获得法定代理资格的基础上,不断地加强学习、提高自身的专业知识和业务技能,才能为客户提供高质量的专业服务,才能为客户提供更好的保险产品和服务。

③参加各类培训。保险代理从业人员要积极参加保险监管部门、保险行业自律组织和所属保险机构组织的培训,使自身能够不断适应保险市场和行业的发展。对于保险代理从业人员而言,积极参加培训,有利于不断提高自身的专业水平和职业素养,更有利于为客户提供高质量的服务。

4. 客户至上

客户至上是指各类保险机构的各项经营活动都以客户为中心,以客户需求为导向,向客户提供周到和优质的专业服务,同时在执业活动中主动避免可能与客户产生的利益冲突,并确保客户和所属机构的利益不受损害。

(1)客户至上的意义。

①有利于保险业的生存发展。唯有将客户至上这一理念贯穿保险企业经营管理过程,才能使保险公司在同行中脱颖而出,在同质的产品中形成自身独特并具差异化的经营特色。

②有利于充分体现以人为本。保险业服务的对象是人,提供服务的主体也是人。接受服务的客户无论在年龄、性格特征,还是文化、生活背景等因素上都有差异,这些差异直接导致了客户的消费偏好具有多样性,从而使同一服务在不同客户身上的感受和体验具有差异性。另外,提供服务的保险代理从业人员同样具有个性化特质,不同的保险代理人员提供的同一项服务,会由于他们的素质及个性方面的差异而在服务质量上有所不同。

(2)客户至上的要点。保险业属于第三产业中的服务行业,客户至上就是要求各类保险机构按照客户需求组织业务活动,在产品开发过程中把客户需求作为出发点;业务流程设计、理赔、保全服务等方面以服务客户为第一准则;在机构的内部培训中,把客户至上的理念贯穿到对代理从业人员的培训中。

5. 勤勉尽责

勤勉尽责指的是保险代理从业人员秉持勤勉的工作态度,努力避免执业活动中的失误,忠诚服务客户,不侵害所属机构利益,切实履行对所属机构的责任和义务,接受所属机构的管理,不挪用、侵占保费,不擅自超越合同的权限或所属机构授权,确保客户利益得到最好保障。

(1)勤勉尽责的意义。

①有利于保险代理从业人员完成本职工作。每个岗位都承担着一定的社会职能,保险代理从业人员也在社会分工中担当了一定的职业角色。无论做任何工作,都要具有敬业精神,都要认真地履行工作职责,都要热爱自己的本职工作。

保险部门的任何一个岗位，任何一种工作，都是保险业和保险公司发展必不可少的。因此，保险代理从业人员无论是在什么岗位上，从事着什么性质的工作，都要充分认识到自己的岗位和职责对于保险事业的重要意义，都要勤勉尽责，圆满地完成自己的工作。

②有利于树立责任感和职业荣誉感。勤勉尽责是保险代理从业人员树立职业责任感和职业荣誉感的前提。勤勉尽责是对自己的职业有责任感的最基本的体现。

保险代理从业人员如果没有形成勤勉尽责的理念，就难以意识到自己的职业责任和珍惜自己的职业荣誉感，就很可能无视国家和本行业的利益，以不正当竞争的手段揽同行业务，贬低、毁损其他保险公司和保险代理从业人员，欺骗投保人、被保险人或受益人，骗取保险金，这一系列的行为将会给社会经济活动和保险业的形象及声誉带来破坏性的影响。

③有利于激发献身保险事业的精神。献身事业就是要求保险代理从业人员把自己的才华、能力投入到保险事业当中，兢兢业业，毫不马虎。保险代理从业人员只有勤勉尽责，才能体会到从事本职工作的快乐，从而对保险职业岗位产生强烈的责任感和使命感，为了实现个人的职业理想而不断坚持奋斗，奉献自己，献身保险事业。

（2）勤勉尽责的要点。勤勉尽责是对保险代理从业人员工作态度的基本要求，它要求保险代理从业人员在保险业务活动中以客户利益为上，勤奋工作、尽职尽责。

具体来说，勤勉尽责要求保险代理从业人员做到以下几点。

①秉持勤勉尽责的工作态度。保险代理从业人员要秉持勤勉尽责的工作态度，把自己的职业当成事业，要有献身事业的精神。这是对保险代理从业人员在执业活动中工作态度方面的总要求。

②履行忠诚服务的职责。保险代理从业人员要做到忠诚服务，不侵害所属保险机构的利益。切实履行对所属保险机构的责任和义务，接受所属保险机构的管理。

③不超越客户及公司的授权。保险代理从业人员不能擅自超越客户的委托范围或所属保险机构的授权范围。保险代理从业人员必须在此范围内按照有关法律、法规和规定执业，不得擅自越权。

④正确处理执业中各方的利益冲突。保险代理从业人员要在执业活动中主动避免各方利益冲突，实在不能避免时，应立即向客户或所属机构作出说明，并确保客户和所属保险机构的利益不受损害。也就是说，保险代理从业人员要把自己的个人利益置于客户利益和所属保险机构的利益之下，以客户利益和保险机构利益为重，这是保险代理从业人员处理利益冲突问题的基本原则。

案例分析 8-2

意外中毒难辨真假，模拟实验戳穿谎言

某寿险公司接到报案，称客户周某在家里因液化气泄漏中毒死亡。接报后，理赔人员立即调阅了周某的投保资料，发现周某是一个年近六十的老太太，刚刚于3月份投保，并且投保险种为低保费、高保障的意外伤害险，保额达7万元。

由于案情重大，理赔人员迅速赶到周某家，对现场展开调查。理赔人员注意到，周某的住所是两间平房，一间为卧室，即案发地点，另一间为厨房，液化气罐放在厨房的南窗台下。理赔人员仔细查看了房间的封闭性，发现厨房与卧室之间的门封闭性较好，

但厨房通向室外的门封闭性较差，门下面有一条很大的缝隙。理赔人员进一步勘察，发现在液化气罐的旁边有一个直径近五厘米的洞，一条细水管从室外穿墙而入，把手放到洞口能够明显感觉到空气流动。周某的丈夫蔡某称，当晚周某独自在家，使用液化气烧水，水开了把液化气浇灭了，周某没有注意到，液化气漏气导致周某中毒身亡。

经走访周围居民，理赔人员又获得了一条重要信息，周某患胃癌两年多了，但理赔人员对多家医院进行调查，均未查到周某的治疗记录。虽然没有查到周某的治疗记录，但结合对投保情况的分析和现场勘查情况，理赔人员断定本案属于骗保案件。

为了验证自己的判断，理赔人员找了一个与周某家里同样的液化气罐，把水壶装满水后烧开，看是否能把火浇灭。前后共进行了四次模拟试验，每次水烧开后即使溢了出来也没有把火浇灭。这个结果更坚定了理赔人员的判断。做完以上工作，理赔人员决定向蔡某摊牌，和他进行一次心理战。理赔人员来到蔡某家，和蔡某闲谈周某的有关情况，谈话过程中理赔人员提出口渴了，请蔡某烧点水喝，此时蔡某还没有觉察到理赔人员的意图。水烧开后，蔡某去倒水，理赔人员说烧得不多，多烧点、加满水。理赔人员注意到蔡某的脸色有些变了，很不情愿地把水加满。过了一会儿水开了，蔡某急着去关火，理赔人员说不急，再烧开点，这时蔡某脸色很难看了。水一直开着，向外大量溢出，但始终没有把火浇灭。理赔人员觉得时机已到，单刀直入地告诉蔡某，我们已经知道周某患癌症两年多，所谓液化气漏气中毒的说法都是编造的。在证据面前，蔡某不得不承认了周某带病投保的事实，此案最终告破。

【案例分析】通过这个案例，我们可以认识到处理理赔案件高度的责任心是多么的重要。虽然工作经验使理赔人员对大多数理赔案都有很好的直觉，能够发现案件存在的疑点，但真正取得有力的证据是非常困难的，这种情况下责任心就非常关键了。

就本案来说，在进行大量的调查后，始终无法取得周某带病投保的有力证据，但理赔人员并没有放弃，而是选择进行模拟实验，通过多次模拟实验证实蔡某说法的错误性。如果轻易放弃了，不但公司遭受损失，而且会助长骗保的气焰，这不仅对整个国内保险市场非常不利，而且还会在一定程度上不利于社会诚信的建立与成长。

6. 公平竞争

公平竞争是指保险机构及其代理从业人员之间要采取合法、正当的手段展开竞争。公平竞争具体是指保险机构及其代理从业人员都要尊重竞争对手，不恶意诋毁、贬低或负面评价其他保险机构及其代理从业人员，要依靠自身专业的技能和服务质量展开竞争，通过加强与同行同业之间的交流与合作，相互学习，实现共同进步。

(1)公平竞争的意义。

①有利于遵循自愿的市场原则。我国《保险法》第四条规定："从事保险活动必须遵守法律、行政法规，尊重社会公德，不得损害社会公共利益。"保险人根据自己的经营状况、被保险人和保险市场的实际情况，决定按照何种费率承保；投保人则根据自己的承受能力及需求大小决定选用何种保险产品和保险金额等。保险合同双方遵循公平互利、协商一致、自愿订立的原则，来订立保险合同。

公平竞争有利于保险关系各方根据自己的意愿，共同协商，选择最适合的保险合同，有利于自愿的市场原则的贯彻，有利于保险市场的持续、健康、稳定地发展。

②有利于遵循公平的市场原则。我国《保险法》第十一条规定："订立保险合同,应当协商一致,遵循公平原则确定各方的权利和义务。除法律、行政法规规定必须保险的外,保险合同自愿订立。"

公平竞争客观上有利于形成公平、合理、有序的竞争环境,有利于贯彻平等、公平的市场交易原则,有利于维护保险合同相关各方的平等地位,有利于保险市场的持续稳定运行。

③有利于遵循诚信的市场原则。我国《保险法》第五条规定："保险活动当事人行使权利、履行义务应当遵循诚实信用原则。"最大诚信原则是在整个保险业务中所必须遵守的一项基本原则之一。最大诚信原则可以确保市场的公平,维护保险当事人的利益关系的平衡。由于保险经营的特殊性,保险市场属于典型的信息不对称市场,存在着大量的逆向选择和道德风险。保险市场的良性运作需要各市场主体都秉持最大诚信原则进行交易。

公平竞争排除了不当竞争行为,有利于各保险机构自身素质的提高,有利于诚实信用的市场交易原则的施行,有利于降低保险市场信息不对称带来的交易成本。

(2)公平竞争的要点。我国《保险法》第一百一十五条规定："保险公司开展业务,应当遵循公平竞争的原则,不得从事不正当竞争。"这是对保险代理从业人员从事保险业务活动的基本要求。

具体地说,保险代理从业人员在保险业务活动中要注意以下两个方面的内容。

①尊重竞争对手。要尊重竞争对手,不诋毁、贬低或负面评价保险公司、其他保险代理机构及其代理从业人员,无正当理由不能排斥其他经营者。公平竞争原则要求保险代理从业人员在市场交易中应当遵循自愿、平等、公平的原则,互相尊重,遵守商业道德。保险代理从业人员与其他保险公司工作人员在市场交易中的法律地位是平等的,参与市场竞争的机会都是均等的,都平等地享有相关权利和承担相应的义务。他们在交易服务过程中,可能会扮演不同的角色与身份,无论选择哪种具体的职业角色,都要在法律规定范围内自主地开展相关业务,取得委托人的信任,竭力为委托人服务,同时要注重对自身及社会权益的维护,不能损害自身职业形象乃至社会的稳定。

②遵守商业道德。要依靠专业技能和服务展开竞争,竞争手段正当、合规、合法,不借助行政力量或其他非正当手段开展业务,不向客户给予或承诺给予保险合同以外的经济利益,这直接关系到保险市场是否能规范发展,是否能维护广大保险当事人的利益,是实现保险机构及其保险代理从业人员社会价值及自身利益最大化的必要保证。保险代理从业人员在竞争中不能采取非法或不道德的手段获得竞争优势。尤其在中国入世之后,外国保险机构陆续进入我国保险市场,其代理从业人员在管理理念、运营技术、客户服务等方面无不贯彻着以质量取胜、以效益取胜的鲜明特征,这一形势强化了我国保险代理从业人员必须不断提高自身素质,保持有序竞争的重要性。

保险代理从业人员必须时刻遵守这一行业所公认的商业道德,创造和维护公开、公平、公正的竞争格局。

7. 保守秘密

保守秘密是指保险机构及其代理从业人员应当依法或依约对国家秘密或商业秘密进行保护的行为。保守秘密是国家法律的基本要求,也有利于实现保险市场的公平竞争,保证保险市场的健康有序发展。

（1）保守秘密的意义。

①国家法律的基本要求。保守秘密要求保险机构及其代理从业人员要对客户的信息向所属机构以外的其他机构或个人保密。保守秘密是我国保险机构及其代理从业人员的应履行的基本义务之一。

②有利于市场的公平竞争。保守秘密要求保险机构及其代理从业人员对业务过程中获知的客户信息进行保密，避免泄露客户信息给客户造成的损失。保守秘密的规定防止了保险机构及其代理从业人员利用其所掌握的保险客户信息进行不正当的竞争，可极大地减少保险公司的道德风险，促使保险代理从业人员选择提升专业技能和服务质量等其他的正当竞争方式来争取客户，保证市场的持续健康有序发展。

（2）保守秘密的要点。

①保守国家秘密。国家秘密是指关系到国家的安全和利益，依照法定程序确定，在一定时间内只限一定范围的人员知悉的事项。按照国家有关保密规定，一切国家机关、武装力量、政党、社会团体、企业事业单位和公民都有保守国家秘密的义务。

保守国家秘密应做到如下要求：不泄露党和国家的秘密；不在家属、亲友、熟人和其他无关人员面前谈论党和国家的秘密；不在私人通信及公开发表的文章、著述中涉及党和国家秘密；不在社交活动中携带秘密文件资料；不在出国访问、考察等外事活动中携带秘密文件、资料；不在接受记者采访中涉及党和国家秘密，经批准的除外；不擅自复制或销毁秘密文件、资料。

②保守客户秘密。保险代理从业人员在从事保险业务过程中，必须深入接触其所服务的客户，了解并掌握客户的特征、风险偏好和控制等许多内部情况，从而为客户设计出最佳的保险方案。在这一过程中，保险代理从业人员势必会接触到客户的个人信息，保险代理从业人员对这些客户的信息负有严格的保密义务，在实务中通常表现为与客户签署保密协议。

③保守商业秘密。

除了保守国家秘密和客户秘密之外，保险代理从业人员还应该保守所属保险机构的商业秘密。在从事保险业务活动的过程中，代理从业人员也经常会接触到所属机构的一些商业秘密，如客户信息、重要的公司内部文件等，保险代理从业人员对这些信息也负有严格的保密义务。

一般来说，保险代理从业人员在进入所属保险机构工作时，劳动合同中会附有相应的保密条款，这些保密条款具体规定代理从业人员应负的保密义务。另外保险机构也会与客户签署保密协议，规定双方的保密义务。保险代理从业人员应该积极地促成和完成相关保密条款和保密协议的签署，并认真遵守执行。

扫描二维码，获取《保险代理人办事指南》的相关内容。

拓展阅读	学习笔记

第二节　保险经纪人员的职业道德

一、保险经纪人概述

(一)保险经纪人的概念

我国《保险法》第一百一十八条规定:"保险经纪人是基于投保人的利益,为投保人与保险人订立保险合同提供中介服务,并依法收取佣金的机构。"

🔗 **知识链接**

国际保险市场上的现代保险经纪

国际上,现代保险经纪已有百年历史,保险经纪在一些保险发达国家是保险营销的一种重要形式。通过观察分析保险经纪在这些发达国家的发展情况,对发展我国保险经纪可以有所借鉴。

在国际保险市场上,英国的保险经纪制度影响最大,保险经纪人的力量最强。英国第一家保险经纪公司成立于1906年,并于1910年被英国政府贸易委员会予以注册。1977年,英国通过了《保险经纪人法》,并设立了专门的法案机构即英国保险经纪人协会和英国保险经纪人注册理事会。

在德国保险市场上,保险经纪人作用也很显著。根据德国相关法律规定,保险经纪人在从事保险经纪活动过程中,因自身过错造成委托人损失的,应单独承担民事法律责任,而且保险经纪人必须投保职业责任保险,以维护他们所服务对象的利益。

美国保险市场是世界上最大的保险市场之一。保险经纪人在美国市场上发挥着一定的作用,但远没有英国那么重要。在寿险方面,保险经纪人几乎不介入。在一些州(如纽约州)有规定,保险经纪人不得办理人寿保险和年金保险业务。在财险方面,美国以保险代理人和保险经纪人为中心,进行保险营销。经纪人主要招揽大企业或大项目保险业务,经纪公司多设在大城市。

日本保险营销制度有自己鲜明的特点。日本保险营销主要依靠公司外勤职员和代理店来进行。日本引进经纪人制度采用的是登记制(申请登记即可),而不是执照制。经纪人直接向大藏省登记注册,但要求经纪人寄存一定数目的保证金,超过最低保证金的部分由经纪人投保赔偿责任保险。由于日本保险业长期以来都实行代理店制度,这种制度效果良好,而且这些代理店在一定程度上也具有保险经纪的功能,日本的保险经纪要取得实质性发展,仍需付出巨大努力。

(二)保险经纪人的特点及分类

1. 保险经纪人的特点

保险经纪人和保险代理人是截然相反的两个范畴。保险经纪人是受投保人或被保险人的委托,而保险代理人是受保险人的委托,所以保险经纪人的特点也是相对于保险代理人来说的。

保险经纪人的特点具体可以归纳为:①保险经纪人提供的业务范围广,服务专业性强;②保险经纪人要独立承担法律责任;③保险经纪人必须接受投保人的委托,基于投保人或被保险人的利益,按照投保人的要求进行业务活动;④对保险经纪人的报酬支付方式多样化;⑤对保险经纪人的市场准入条件及监管要求较高。

知识链接

保险经纪市场的特征

1. 业务量大,市场份额高

保险经纪人的业务涉及保险方案设计、保险安排、风险管理及协助索赔等,能够为客户提供许多高附加值服务。因此,在许多发达国家的保险市场上发挥着重要作用。通过保险经纪人促成的保险业务量很大,占有较高的市场份额。

2. 主体众多,竞争激烈

一般情形,各国保险市场上的保险经纪公司的数量往往多于保险公司的数量。众多市场主体使得保险经纪市场竞争激烈。

3. 市场集中度高,国际化程度高

尽管保险经纪市场上公司数量多,但在市场上占主导地位的却是一些大公司,它们拥有大部分市场份额。同时,保险经纪业务的运营也越来越呈现出国际化的特点。一些跨国经纪公司的国际业务占到了相当大的比重,不少保险经纪公司已经跨越国界,进行收购、兼并、参股或设立分支机构等活动。

4. 制度成熟,政府与行业自律并重

保险经纪人自出现以来,到现在已有数百年的历史,有关的保险经纪制度也日趋成熟、完善。

2. 保险经纪人的主要分类

根据委托方的不同,保险经纪人可以分为狭义的保险经纪人(专指原保险市场的经纪人)和再保险经纪人。狭义的保险经纪人是指直接介于投保人和原保险人之间的中间人,直接接受投保客户的委托。再保险经纪人是促成再保险分出公司与接受公司建立再保险关系的中介人。他们把分出公司视为自己的客户,在为分出公司争取较优惠的条件的前提下选择接受公司并收取由后者支付的佣金。

按业务性质的不同,(狭义的)保险经纪人又可分为寿险经纪人和非寿险经纪人。寿险经纪人是指在人身保险市场上代表投保人选择保险人、代办保险手续并为此从保险人处收取佣金的中间人。非寿险经纪人是安排各种财产、利益、责任保险业务,在保险合同订约双方间斡旋,促使保险合同成立并为此从保险人处收取佣金的中间人。

(三)保险经纪人的作用

1. 保险经纪人的宏观作用

保险经纪人的宏观作用包括:①有利于促进保险市场的发展;②有利于保险市场机制的完善;③有利于规范保险市场竞争;④有利于保险中介市场的完善与发展;⑤有利于与国际市场接轨。

2. 保险经纪人的微观作用

保险经纪人的微观作用包括:①对投保人、被保险人的作用主要有为投保人、被保险人提供风险管理服务，节约风险管理成本，以及为投保人、被保险人提供保险安排和协助索赔等保险服务；②对保险人的作用主要有扩大保险需求，增加保费收入，降低保险销售成本，提高保险销售效率，转变经营机制，促进产品创新。

二、保险经纪人的职业道德

保险经纪从业人员在执业活动中应当做到：守法遵规、诚实信用、专业胜任、勤勉尽责、友好合作、公平竞争、保守秘密。

(一)守法遵规

以《中华人民共和国保险法》为行为准绳，遵守有关法律和行政法规，遵守社会公德。遵守保险监管部门的相关规章和规范性文件，服从保险监管部门的监督与管理。遵守保险行业自律组织的规则。遵守所属保险经纪机构的管理规定。

(二)诚实信用

在执业活动的各个方面和各个环节中恪守诚实信用原则。在执业活动中主动出示法定执业证件并将本人或所属保险经纪机构与保险公司的关系如实告知客户。客观、全面地向客户介绍有关保险产品与服务的信息，向保险公司披露与投保有关的客户信息，不误导客户和保险公司。

(三)专业胜任

保险经纪从业人员在执业活动中加强业务学习，不断提高业务技能。参加保险监管部门、保险行业自律组织和所属保险经纪机构组织的培训，使自身能够不断适应保险市场对保险经纪从业人员的各方面要求。

(四)勤勉尽责

秉持勤勉的工作态度，努力避免执业活动中的失误。代表客户利益，对于客户的各项委托尽职尽责，确保客户的利益得到最好保障，且不因手续费(佣金)或服务费的高低而影响客户利益。忠诚服务，不侵害所属保险经纪机构利益；切实履行对所属保险经纪机构的责任和义务，接受所属保险经纪机构的管理。不擅自超越客户的委托范围或所属保险经纪机构的授权。在执业活动中主动避免利益冲突，不能避免时，应向客户或所属保险经纪机构作出说明，并确保客户和所属保险经纪机构的利益不受损害。

(五)友好合作

与保险公司、保险代理机构和保险公估机构的从业人员友好合作、共同发展。加强同业人员间的交流与合作，实现优势互补、共同进步。

(六)公平竞争

尊重竞争对手，不诋毁、贬低或负面评价保险中介机构、保险公司及其从业人员。依靠专业技能和服务质量展开竞争，竞争手段正当、合规、合法，不借助行政力量或其他非正当手段开展业务，不给予或承诺给予客户保险合同以外的经济利益。

(七)保守秘密

对客户和所属保险经纪机构负有保密义务。

第三节 保险公估人员的职业道德

一、保险公估人概述

(一)保险公估人的含义及其特征

1. 保险公估人的含义

保险公估人是指依照法律规定设立，受保险公司、投保人或被保险人委托办理保险标的的查勘、鉴定、估损及赔款的理算，并向委托人收取酬金的公司。公估人的主要职能是按照委托人的委托要求，对保险标的进行检验、鉴定和理算，并出具保险公估报告，其地位超然，不代表任何一方的利益，使保险赔付趋于公平、合理，有利于调停保险当事人之间关于保险理赔方面的矛盾。

2. 保险公估人的特征

(1)经济性。保险公估人通过储备专业技术人员，接受诸多保险人委托，处理不同类型的保险公估业务，积累保险公估经验，提高保险公估水平，从而可以帮助保险人降低成本，提高经济效益。

(2)专业性。由于面向众多保险当事人处理不同类型的保险理赔、评估业务，因此，保险公估机构必须拥有具有各种专业背景并熟悉保险业务的专业工程技术人员，他们处理保险理赔案件的技术更加熟练，经验更加丰富。

(3)超然性。相对保险当事人而言地位超然，在理赔过程中既为保险当事人提供理赔技术服务，又可以缓解保险双方的矛盾。

3. 保险公估人的职能、作用和法律地位

(1)保险公估人的职能。

①评估职能。保险公估人所具有的是一种广义的(保险)评估职能，包括评估职能、勘验职能、鉴定职能、估损职能和理算职能等。在国际上，保险公估人包括主要从事理(核)算事务的理算师，主要从事检查、勘测、鉴定事务的鉴定人，以及主要从事估算、评估的评估人等多种类型。尽管他们的名称不同，经营的侧重点有差别，但均能履行其保险评估职能。保险公估人对保险标的进行公估，得出公估结论，并说明得出结论的充分依据和推理过程，体现出其评估职能。评估职能是保险公估人的关键职能。保险公估人执行的评估职能，可使赔案快速、科学地得以处理。

②公证职能。保险公估人有丰富的保险公估知识和技能，在判断保险公估结论准确与否的问题上最具权威和资格；保险公估人是保险合同当事人之外的第三方，既不代表保险人，又不代表被保险人，完全站在中间、公正的立场上就事论事、科学办事。

公证职能是保险公估人的重要职能，并具有以下特征：第一，这种公证职能虽然不具备对赔案的定论作用，但却有促成结案的督促作用，因为保险双方难以找出与公估结论相左的原因或理由；第二，这种公证职能虽然不具备法律效力，但该结论可以接受法律的考验，因为保险公估人的公估结论确定之后，必须经保险关系当事人双方均接受才能结案，一旦保险关系当事人双方有一方不能接受，则最终决定权在法院。但是，保险公估人可以接受委托方委托出庭辩护，甚至可被聘请为诉讼代理人出庭诉讼，本着对委托方特别是对公估报告负责的原则，促成对方接受既定结论。

③中介职能。保险公估人作为保险中介人，从事保险经济活动，并参与保险经济利益的分配，为保险双方提供服务，具有鲜明的中介职能。其原因主要包括：第一，保险公估人既可以受托于保险人，又可以受托于被保险人；第二，保险公估人以保险关系当事人之外的第三方身份从事保险公估经营活动，保险公估人从保险合同方那里获得保险公估委托，是以中间人立场执行保险公估，并收取合理费用。这样，保险公估人以中间人身份，独立地开展保险公估，得出公估结论，并促成保险关系当事人接受该结论，淋漓尽致地发挥了中介职能。

（2）保险公估人的作用。保证保险当事各方的合法利益。保险公估人客观公正的立场，容易被保险双方当事人认可，从而可以减少理赔纠纷，防止无休止的僵持或诉诸法律，实现尽快赔付，恢复生产生活。促进保险企业组织变革，提高经营绩效。保险企业将一部分费时费力且易造成品牌损失的理赔工作交由保险公估人完成，既可以降低人力资源等经营成本，还有助于专注发展公司核心能力、提高效率，树立良好的品牌形象。

（3）保险公估人的法律地位。保险公估人的地位独立，主要表现在以下几个方面：第一，保险公估人执行保险公估业务，既不代表保险人，也不代表被保险人，而且不受行政权力等外界因素干扰，表现出超然的独立性；第二，在开展保险公估业务的整个进程中，保险公估执业人员保持着自己独立的思维方式和判断标准；第三，保险公估人的评估分析和结论，保持应有的独立性，这一特征在保险公估人所出具的公估报告中得以充分体现。

保险公估人因具有知识密集性和技术密集性的特征，因而在保险评估领域具有一定的权威地位，但从法律的角度看，这种权威地位是相对的。如前所述，保险公估人所出具的公估报告及其结论并不是最终裁定，并不具有法律裁定效力，尽管保险公估人可依托公估报告，为委托人出庭辩护。在保险中介市场上，不同于保险公估人、保险代理人，保险公估人将保险中介的属性体现得淋漓尽致，既可以受托于保险人，也可以受托于被保险人。正因为如此，保险公估人的职业要求就更为严格。从市场地位而言，保险公估人必须坚持独立的立场，无论针对哪一方委托的事务都应作出客观、公平的评判。

（二）保险公估人的组织形式及分类

1. 保险公估人的组织形式

从国际上来看，保险公估人的组织形式主要包括有限责任公司、股份有限公司、合伙制和合作制等几种。

（1）保险公估有限责任公司。有限责任公司是指股东以其出资额为限对公司承担责任，公司以其全部资产对公司债务承担责任的公司组织形式。设立有限责任公司，一般应当具备的条件包括：股东符合法定人数；股东出资达到法定资本最低限额；股东共同制定公司章程；有公司名称，建立符合有限责任公司要求的组织机构；有固定的生产经营场所和必要的生产经营条件。保险公估有限责任公司的优点包括：投资者风险较小，易于筹集资金；设立手续简易，组织机构简单，便于管理运作；股东人数较少，容易达到相互了解、信任，公司内部关系密切；资本金数额确定，公司员工稳定，对外保持良好的信用。

（2）保险公估股份有限公司。股份有限公司是指全部资本分为等额股份，股东以其所持股份对公司承担有限责任，公司以其全部资产对公司债务承担责任的企业法人。设立股份有限公司，一般应当具备的条件包括：发起人符合法定人数；发起人认缴和社会公开募集的股本达到法定资本最低限额；股份发行、筹办事项符合法律规定；发起人制定公司章程，并经创立大会通过；有公司名称，建立符合股份有限公司要求的组织机构；有固定的生产经营场所和必要的生产经营条件。按照我国《公司法》的有关规定，股份有限公司的设立，可以采取发起设立或者募集设立的方式。保险公估股份有限公司的优点包括：属于完全的合资公司，即资本的集合体，实行股份等额化和转让自由化，对股东身份、股东资格和人数都没有限制，易于广泛集聚资金，便于保持公估公司人格的独立性和永存性。在国际保险公估市场上，大型保险公估集团公司几乎无一例外地采用这种组织形式。

(3)合伙制保险公估行。合伙制是国内外众多行业普遍采用的一种组织形式。合伙制保险公估行的优点包括：组织形式简单，集资迅速灵活，创办手续简便且费用低廉；合伙内部关系紧密，成员较稳定，内部凝聚力较强；合伙人员对债务承担无限责任，有利于刺激合伙成员的责任心和巩固合伙组织的对外信用。但是，合伙制保险公估行也存在着自身所无法克服的缺点：合伙人对合伙债务负无限连带责任，合伙人承担的风险很大；合伙协议引起买卖份额的法定程序复杂化。只要一个合伙人退伙，就可以使一个合伙制企业解散。合伙制的法律也使得如果没有全体合伙人的同意，原有合伙人不能对外转让其出资。合伙组织解散的危险较大，由此导致债权人对合伙制企业的不信任。

合伙制保险公估行是一种"人合"中介机构，最重要的是各种专业技术人员的聚集，而不是资金的膨胀和经营规模的扩大。因此，合伙制的缺点对保险公估行的影响并不是太大。由于合伙人对合伙制保险公估行的债务承担无限连带责任，因此对合伙制保险公估行的注册资本要求可以适当降低，以利于取得保险公估人资格的公民个人，通过设立合伙制的保险公估行进入保险公估市场，从而增加保险公估市场的供给主体。

(4)合作制保险公估行。合作企业是法人企业，有独立资产，自主经营，自负盈亏，合作企业的合作双方仅以各自出资额为限，对合作企业承担有限责任，无须负无限连带责任。允许成立合作制保险公估行，既能保持合伙制保险公估行所具有的人数较少、内部联系紧密、合作人之间凝聚力强的优点；又因其仅要求合作人承担有限责任，有利于吸引更多的取得保险公估人资格的人进入保险公估市场，从而繁荣保险公估市场。当然，因合作人仅对合作保险公估行债务承担有限责任，为保护委托人利益，应适当提高合作制保险公估行的注册资本金；同时，强调合作制保险公估行的成员，必须投保职业责任保险，以转嫁因其疏忽或过失给委托人造成损失应由其承担的民事损害赔偿责任。

在我国，保险公估机构的组织形式可以是合伙企业、有限责任公司或股份有限公司。

2. 保险公估人的分类

(1)按业务活动顺序分类。根据保险公估人在保险公估业务活动中先后顺序的不同，保险公估人可以分为两类：一类是承保时的公估人，另一类是理赔时的公估人。

①承保时的公估人。承保公估人主要从事保险标的的承保公估，即对保险标的作现时价值评估和承保风险评估。由承保公估人提供的查勘报告是保险人评估保险标的的风险，审核其自身承保能力的重要参考。现时价值评估和承保风险评估是国际保险公估人新拓展的业务领域。

②理赔时的公估人。理赔公估人是在保险合同约定的保险事故发生后，受托处理保险标的的检验、估损及理算的专业公估人。保险理赔公估人包括损失理算师、损失鉴定人和损失评估人。

损失理算师是指在保险事故发生后，计算损失赔偿金额，确定分担赔偿责任的理算师，他们主要确定保险财产的损失程度，确认是否全损或可以修复，修复费用是否超过财产的实际价值。根据国际保险实务习惯，损失理算师又分为陆上损失理算师与海损鉴定人。前者是处理一般非海事保险标的的理赔事项的理算师，后者则是专门处理海事保险标的理赔事项的理算师。

损失鉴定人是在保险事故发生后，判断事故发生的原因和责任归属的保险公估人，具体地说，他们负责查明事故发生的原因，判断是否有除外责任因素的介入，是否有第三者责任发生，进行损失定量等。

损失评估人是指接受被保险人的委托，办理保险标的的损失查勘、计算的人。他们通常只接受被保险人单方面的委托，为被保险人的利益而从事保险公估业务。

（2）按业务性质分类。按照业务性质的不同，保险公估人可分为保险型公估人、技术型公估人和综合型公估人。

①保险型公估人。这类保险公估人侧重于解决保险方面的问题，他们熟悉保险、金融、经济等方面的知识，但对其他专业技术知识知之甚少或者完全不知，对于技术型问题的解决职能作为辅助。

②技术型公估人。这类保险公估人侧重于解决技术方面的问题，其他有关保险方面的问题涉及较少。

③综合型公估人。这类保险公估人不仅解决保险型问题，同时还解决保险业务中的技术问题。综合型保险公估人由于知识全面，经验丰富，越来越为社会所需要。

（3）按业务范围分类。根据保险公估人从事活动范围的不同，保险公估人可以分为海上保险公估人、汽车保险公估人、火灾及特种保险公估人。

①海上保险公估人。海上保险公估人主要处理海上、航空运输保险等方面的业务。海上保险和航空运输保险均为国际型的保险，在国际上，船舶保险中的船身价值或其修理规模和费用的确定均与船舶的种类、吨位、用途直接相关，船上设备、机器、引擎、发电机等也有专业要求，保险公司必须请船舶公估公司处理；航空货物运输保险中的货运检验涉及发货人、收货人、承运人和保险公司多方利益和责任，各方当事人难以达成一致意见，保险公司通常委托居于独立地位的保险公估人处理，海上保险公估人由此应运而生。

②汽车保险公估人。汽车保险公估人主要处理与汽车保险有关的业务。汽车保险在各国保险市场上具有举足轻重的作用，保险公估人也由此分外重视汽车保险公估。汽车保险公估人参与汽车保险理赔公估，不仅可以减少保险公司和被保险人之间在修理费用、重置价值方面的直接冲突，避免保险公司理赔人员与被保险人、汽车修理行合谋骗取保险赔款，而且可以有效制止汽车保险理赔中的不正当行为，使各保险公司在公平的市场环境中平等竞争。

③火灾及特种保险公估人。火灾及特种保险公估人主要处理火灾及特种保险等方面的业务。随着经济的发展和科学技术的进步，财产保险的承保范围日益扩大，保险理赔的技术含量不断提高，保险公司自行处理理赔的难度加大，因此大量拥有专业技术的保险公估人的出现，满足了火灾和特种保险的需要。

（4）按委托方不同分类。根据委托方的不同，保险公估人可以分为接受保险公司委托的保险公估人和只接受被保险人委托的保险公估人。

①接受保险公司委托的保险公估人。接受保险公司委托的保险公估人,尽管是受保险公司的委托,但他们必须站在中立的立场处理保险承保和保险理赔。

②只接受被保险人委托的保险公估人。只接受被保险人的委托处理索赔和理算,而不接受保险公司委托的保险公估人。

(5)从保险公估人与委托方的关系来看,保险公估人可分为雇用保险公估人和独立保险公估人。

①雇用保险公估人。雇用保险公估人是指长期受聘于某一家保险公司,按该公司的委托或指令处理各项理赔业务,这类公估人一般不能接受其他保险公司的委托业务。

②独立的保险公估人。独立的保险公估人是指可以同时接受数家保险公司的委托处理理赔事务,其间的委托与被委托关系是暂时的,一旦公估人完成了保险公司的委托业务,他们之间的委托关系也相应结束。

二、保险公估从业人员的职业道德与执业操守

(一)保险公估从业人员的职业道德

保险公估从业人员在执业活动中应当做到:守法遵规、独立执业、专业胜任、客观公正、勤勉尽责、友好合作、公平竞争、保守秘密。

1. 守法遵规

以《中华人民共和国保险法》为行为准绳,遵守有关法律和行政法规,遵守社会公德。遵守保险监管部门的相关规章和规范性文件,服从保险监管部门的监督与管理。遵守保险行业自律组织的规则。遵守所属保险公估机构的管理规定。

2. 独立执业

在执业活动中保持独立性,不接受不当利益,不屈从于外界压力,不因外界干扰而影响专业判断,不因自身利益而使独立性受到损害。

3. 专业胜任

执业前取得法定资格并具备足够的专业知识与能力。在执业活动中加强业务学习,不断提高业务技能。参加保险监管部门、保险行业自律组织和所属保险公估机构组织的培训,使自身能够不断适应保险市场的发展。

4. 客观公正

在执业活动中以客观事实为根据,采用科学、专业、合理的技术手段,得出公正合理的结论。

5. 勤勉尽责

秉持勤勉的工作态度,努力避免执业活动中的失误。对于委托人的各项委托尽职尽责,不因公估服务费用的高低而影响公估服务的公正性和质量。忠诚服务,不侵害所属保险公估机构利益;切实履行对所属保险公估机构的责任和义务,接受所属保险公估机构的管理。

6. 友好合作

在执业活动中与保险人、被保险人等有关各方友好合作,确保执业活动的顺利开展。与保险公司、保险经纪机构和保险代理机构的从业人员友好合作、共同发展。加强同业人员间的交流与合作,实现优势互补、共同进步。

7. 公平竞争

尊重竞争对手，不诋毁、贬低或负面评价保险公司、其他保险中介机构及其从业人员。依靠专业技能和服务质量展开竞争，竞争手段正当、合规、合法，不借助行政力量或其他非正当手段开展业务，不向客户给予或承诺给予不正当的经济利益。

8. 保守秘密

对执业活动中的相关各方及所属保险公估机构负有保密义务。

(二)保险公估从业人员的执业操守

保险公估从业人员应当遵守社会公德，在执业活动中遵循守法遵规、独立执业、专业胜任、客观公正、勤勉尽责、友好合作、公平竞争、保守秘密的原则，自觉维护保险公估行业的信誉。

思维导图

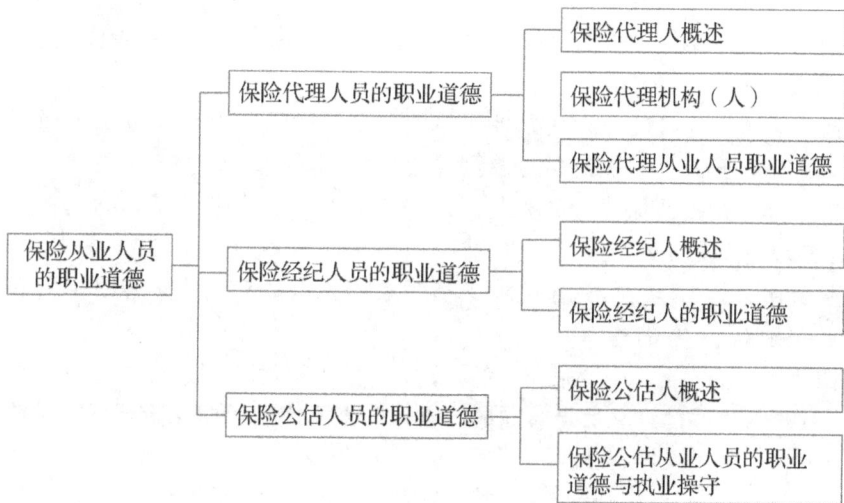

本章习题

一、简答题

1. 简述保险代理人的概念和特征。

2. 简述保险经纪人和保险代理人的异同点。

3. 保险代理人的职业道德分别有哪些？

二、单选题

1. 保险营销员销售分红保险、投资连结保险、万能保险等保险新型产品的，应当明确告知客户(　　)等。

　　A. 此类产品的税收缴存情况　　　　B. 此类产品的费用扣除情况

　　C. 此类产品的附加保障情况　　　　D. 此类产品的利润估算情况

2. 保险客户服务是保险经营的重要环节之一，保险客户服务的目标是(　　)。

A. 实现社会效益最大化　　　　　　B. 实现客户满意最大化

C. 实现业务结构合理化　　　　　　D. 实现效益增长快速化

3. 保险代理人代为销售保险单、收取保险费等的依据是(　　　)。

A. 保险代理合同中保险人的授权　　B. 保险代理合同中投保人的授权

C. 保险代理合同中受益人的授权　　D. 保险代理合同中银保监会的授权

三、判断题

1. 个人代理人在代为办理人寿保险业务时，不得同时接受两个以上保险人的委托。

(　　)

2. 因保险经纪人在办理保险业务中的过错，给投保人、被保险人造成损失的，由被保险人承担责任。　　　　　　　　　　　　　　　　　　　　　　(　　)

3. 保险代理人根据被保险人的授权代为办理保险业务的行为，由保险人承担责任。

(　　)

4. 保险公司及其工作人员在保险业务活动中不得有欺骗投保人、被保险人或者受益人的行为。　　　　　　　　　　　　　　　　　　　　　　　　　　(　　)

5. 保险代理人根据保险人的授权代为办理保险业务的行为，由保险代理人承担责任。

(　　)

6. 保险代理人、保险经纪人在办理保险业务活动时不得有阻碍投保人履行《保险法》规定的如实告知义务，或者诱导其不履行《保险法》规定的如实告知义务的行为。(　　)

7. 保险代理人是根据保险人的委托，向保险人收取代理手续费，并在保险人授权的范围内代为办理保险业务的个人。　　　　　　　　　　　　　　　　(　　)

8. 保险公司及其工作人员在保险业务活动中不得有故意编造未曾发生的保险事故进行虚假理赔，骗取保险金的行为。　　　　　　　　　　　　　　　(　　)

9. 保险代理人为保险人代为办理保险业务，有超越代理权限行为，虽然投保人有理由相信其有代理权，并已订立保险合同的，但保险人不应当承担保险责任；保险人可以依法追究越权的保险代理人的责任。　　　　　　　　　　　　　　　(　　)

实训项目

实训内容：保险代理人的保险营销和展业

实训目的：使学生体会保险销售过程中所应遵循的操守，能以一名保险代理人的职业道德作为行为准则。

环境要求：实训室。

实训步骤：

步骤一：以小组为单位，每组7个人，成立销售小组。

步骤二：模拟真实的营销环境，就保险代理人的职业道德设置7个道德困境。

步骤三：每一小组针对一个困境提出解决方案。

步骤四：各小组撰写实训报告，并进行经验交流和总结。

考核标准：根据困境解决方案的有效性和撰写的实训报告评定实训成绩。

实训报告：实训报告要求思路清楚，表述详细，能清楚地反映销售过程中的问题。

思政融入

中国银保监会发布《保险代理人监管规定》

为进一步促进保险中介监管法律制度体系协调统一，深化保险中介市场改革，银保监会近日正式印发了《保险代理人监管规定》。

《保险代理人监管规定》主要从以下几方面作出规范：一是理顺法律关系，根据《保险法》对保险代理人的定义，把保险专业代理机构、保险兼业代理机构和个人保险代理人纳入同一部门规章中规范调整，与《保险法》保持了一致。二是统一适用规则，对各类保险代理人在经营规则、市场退出和法律责任等方面建立了相对统一的基本监管标准和规则，进一步维护了市场公平。三是强化事中事后监管，理顺了"先照后证"的流程，作出一系列制度安排，完善准入退出管理，加强事中事后监管。强化保险机构主体责任，优化分支机构管理，强化机构自我管控，进一步整肃市场秩序。四是完善保险中介监管制度体系，《规定》的出台标志着以《保险代理人监管规定》《保险经纪人监管规定》《保险公估人监管规定》三部规章共同构建的保险中介制度框架基本建立完成，形成《保险法》为统领，三部规章为主干，多个规范性文件为支撑的科学监管制度体系。

在下一步工作中，银保监会将加强政策宣传和业务培训等工作，并以《保险代理人监管规定》为基础，尽快出台相关配套政策，促进保险代理市场健康稳健发展。

资料来源：中国银行保险监督管理委员会官网，2020-11-23.

参考文献

[1]申建英，王亚芬．保险理论与实务[M]．北京：经济科学出版社，2007.

[2]刘金章．保险经营与管理[M]．北京：高等教育出版社，2015.

[3]兰虹．财产与责任保险[M]．3版．成都：西南财经大学出版社，2015.

[4]杜鹃，祎华．人身保险[M]．3版．北京：中国人民大学出版社，2017.

[5]贾林青．保险法[M]．6版．北京：中国人民大学出版社，2020.

[6]孙祁祥．保险学[M]．7版．北京：北京大学出版社，2021.

[7]庹国柱．农业保险[M]．北京：中国人民大学出版社，2005.

[8]孙蓉，兰虹．保险学原理[M]．5版．成都：西南财经大学出版社，2021.

[9]蒋丽君．保险基础[M]．北京：机械工业出版社，2014.

[10]张虹，陈迪红．保险学原理[M]．北京：清华大学出版社，2018.

[11]徐昆．保险理论与实务[M]．北京：北京师范大学大学出版社，2018.

[12]王亚芬．保险理论与实务[M]．北京：北京师范大学大学出版社，2012.